U0516016

BLUE BOOK

智 库 成 果 出 版 与 传 播 平 台

天津法治蓝皮书

BLUE BOOK OF RULE OF LAW IN TIANJIN

天津法治发展报告 *No.2*（2022）

ANNUAL REPORT ON RULE OF LAW IN TIANJIN No.2 (2022)

主　　编／靳方华

执行主编／刘志松

副 主 编／王　焱

社会科学文献出版社

SOCIAL SCIENCES ACADEMIC PRESS (CHINA)

图书在版编目（CIP）数据

天津法治发展报告 . No. 2，2022 / 靳方华主编；刘
志松执行主编；王焱副主编 . --北京：社会科学文献
出版社，2022.11
（天津法治蓝皮书）
ISBN 978-7-5228-1012-6

Ⅰ.①天… Ⅱ.①靳… ②刘… ③王… Ⅲ.①社会主
义法治-建设-研究报告-天津-2022 Ⅳ.①D927.21

中国版本图书馆 CIP 数据核字（2022）第 205597 号

天津法治蓝皮书
天津法治发展报告 No. 2（2022）

主　　编 / 靳方华
执行主编 / 刘志松
副 主 编 / 王　焱

出 版 人 / 王利民
组稿编辑 / 曹长香
责任编辑 / 王玉敏　郑凤云
责任印制 / 王京美

出　　版 / 社会科学文献出版社（010）59367162
　　　　　地址：北京市北三环中路甲 29 号院华龙大厦　邮编：100029
　　　　　网址：www. ssap. com. cn
发　　行 / 社会科学文献出版社（010）59367028
印　　装 / 天津千鹤文化传播有限公司

规　　格 / 开　本：787mm×1092mm　1/16
　　　　　印　张：22　字　数：329 千字
版　　次 / 2022 年 11 月第 1 版　2022 年 11 月第 1 次印刷
书　　号 / ISBN 978-7-5228-1012-6
定　　价 / 139.00 元

读者服务电话：4008918866

序

天津市委常委、市委政法委书记　王庭凯

党的十八大以来，以习近平同志为核心的党中央从坚持和发展中国特色社会主义的全局和战略高度定位法治、布局法治、厉行法治，将全面依法治国纳入"四个全面"战略布局有力推进。习近平总书记以马克思主义政治家、思想家、战略家的深刻洞察力和理论创造力，坚持把马克思主义法治理论同中国具体实际相结合、同中华优秀传统法律文化相结合，创造性提出关于全面依法治国一系列具有原创性、标志性的新理念新思想新战略，形成了习近平法治思想，指引我国社会主义法治建设发生历史性变革、取得历史性成就。

党的二十大报告对这一伟大成就进行了深刻总结，明确指出，十年来社会主义法治国家建设深入推进，全面依法治国总体格局基本形成，中国特色社会主义法治体系加快建设，司法体制改革取得重大进展，社会公平正义保障更为坚实，法治中国建设开创新局面。同时，在我们党的历史上，党代会报告首次把法治建设作为专章论述、专门部署，对新时代新征程推进全面依法治国提出了新思想新论断，明确要求完善以宪法为核心的中国特色社会主义法律体系、扎实推进依法行政、严格公正司法、加快建设法治社会，全面推进国家各方面工作法治化，为在法治轨道上全面建设社会主义现代化国家指明了前进方向、提供了根本遵循。

近年来，天津坚持以习近平法治思想为指引，坚决贯彻落实党中央关于全面依法治国的重要决策部署，锚定法治建设先行区目标，坚持依法治市、

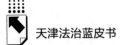
依法执政、依法行政共同推进，坚持法治天津、法治政府、法治社会一体建设，将法治贯穿于改革发展稳定全过程，融入经济、政治、文化、社会、生态文明建设和党的建设各方面，推动法治天津建设迈上新台阶，科学立法、严格执法、公正司法、全民守法提质增效，法治化营商环境明显改善，全社会法治观念显著增强。

为系统反映全市学习贯彻习近平法治思想经验做法，全面展示法治天津建设成就，自2021年始，市委依法治市办每年组织编辑出版天津法治蓝皮书。2022年是第二本，由市委依法治市办、市司法局、市法学会、天津社会科学院共同编写。按照习近平总书记"推进全面依法治国，法治政府建设是重点任务和主体工程"的重要指示精神，蓝皮书聚焦学习贯彻习近平法治思想、推进法治政府建设率先突破主题，全面总结2018年以来天津市法治政府建设的创新举措、主要成就、典型事例，并坚持问题导向，提出加强和改进的工作建议。

公开出版天津法治蓝皮书很有意义，既方便全市广大党员干部群众学习掌握法治建设进展，也有益于兄弟省市和各方面专家学者加强交流互鉴，凝心聚力推进法治建设。

征程万里风正劲，重任千钧再扬帆。党的二十大吹响了全面建设社会主义现代化国家、全面推进中华民族伟大复兴的奋进号角。新时代新征程上，全市法治战线将深入贯彻落实党的二十大精神，深入学习贯彻习近平法治思想，统筹推进科学立法、严格执法、公正司法、全民守法，以高质量法治服务保障高质量发展、高水平改革开放、高效能治理、高品质生活，以加快打造法治建设先行区的实际行动体现坚定捍卫"两个确立"、坚决做到"两个维护"，为全面建设社会主义现代化大都市提供坚强法治保障！

是为序。

摘　要

党的二十大报告就"坚持全面依法治国、推进法治中国建设"作出战略部署，为中国特色社会主义巍巍巨轮乘风破浪、行稳致远注入了强大法治动力。

近年来，天津市深入学习宣传习近平法治思想，全面贯彻落实中央全面依法治国总体部署，坚持党对全面依法治市的领导，坚持以人民为中心，坚持法治天津、法治政府、法治社会一体建设，加快经济、政治、文化、社会和生态文明建设各领域法治化进程，法治天津建设不断取得新进展。在法治政府建设方面，强化问题导向、目标导向、效果导向，着力先行先试、改革创新，切实服务大局、统筹推进，加快构建职责明确、依法行政的政府治理体系，全面建设职能科学、权责法定、执法严明、公开公正、智能高效、廉洁诚信、人民满意的法治政府，为全面建设社会主义现代化大都市提供了有力的法治保障。

由天津市委依法治市办、天津市司法局、天津市法学会、天津社会科学院编撰出版的《天津法治发展报告 No.2（2022）》，全景展示了习近平法治思想在津沽大地的生动实践，总结了天津推进法治政府建设的主要成就，反映了天津市全面贯彻落实中央全面依法治国总体部署、推进法治政府建设的创新举措、突出成效和经验启示，对进一步扎实推进法治天津建设具有重要意义。

全书由总报告和各专题板块 21 篇分报告组成。其中，总报告全面系统总结了 2018 年以来天津市贯彻落实党中央关于全面依法治国的重大决策部

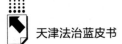

署，深入推进法治建设的成效与经验，梳理了天津法治政府建设各方面的大量实践创新，介绍了法治政府建设中的重点突破情况。强化领导责任、提升科学决策和依法行政能力、加强对行政权力的监督、深入推进政务公开、完善行政执法监督机制和化解社会矛盾等，都是具有天津特色的法治政府建设举措，并提出了下一步展望。

分报告系列详细阐述了天津法治政府建设的重要方面。重点梳理了天津市推进营商环境法治化的改革实践，以法治思维和法治方式开展优化营商环境工作、深化行政审批制度改革、创新和完善市场监管、推动市场主体创新发展。总结了推进行政决策法治化的具体做法，完善重大行政决策制度体系，通过目录管理提升重大行政决策法治化水平。总结推动行政执法规范化、完善内在制度体系和规则体系、加强执法监督的成功经验。行政诉讼方面的实践创新，介绍了法治督察和第三方评估的相关经验，还对推进党政机关法律顾问、公职律师工作和加强国家工作人员学法用法考法的情况作了梳理分析。

专题报告系列对天津法治政府建设中的若干重点项目和重点工作进行专题研究。在法治政府示范创建方面，系统总结了滨海新区的执法监督平台和西青区法治政府综合示范区的创建经验。滨海新区打造综合、立体、全覆盖的行政执法监督平台，推动法治滨海和智慧滨海深度融合，升级行政监督平台功能，助力法治政府创新发展。西青区深入推进"放管服"改革，优化营商环境，简化政府组织结构，加强行政规范性文件管理的法治化，促进行政决策科学化、民主化、法治化，深化行政审批制度与行政执法体制改革、健全行政执法监督工作机制、加强监督制约机制。天津市开展全市行政执法"典型差案"评查和"示范优案"评选工作。这种"优差双评"的行政执法典型经验是天津市行政执法工作的创新做法，已获得中央依法治国办推介。此外，对法治政府建设中的重点项目，如"飞地"基层社会治理属地化、12345政务服务热线、数字化法治政府中的"津心办"、不动产登记制度、应急管理的法治化与突发公共事件管理，都进行了具体方法和举措的归纳分析。

　　改革创新系列对天津市法治政府建设的实践探索和改革创新的若干方面进行了分析研究，并提出了对策建议。天津市建立市、区、街（乡镇）三级联动的社会矛盾纠纷调处化解中心，形成矛盾纠纷调处化解"一站式"平台，矛盾纠纷预防调处化解的"一揽子"解决和"一体化"运行，突出畅通群众利益诉求表达，注重源头预防工作，依托牢靠坚实的基层治理体系，形成自己的特色和创新。另外，天津市在公益诉讼、基层治理法治化等方面，也取得了较多改革成果，还处于不断探索创新和健全完善阶段。

　　典型案例系列从知识产权行政保护、危险废物治理法治化、行政复议妥善解决等方面选取典型案例，总结实践中的亮点，分析具体案例对法治政府建设的推动作用。

关键词： 法治发展　法治政府　依法行政　实践探索

目 录 ↖

I 总报告

Ⅱ　分报告

Ⅲ　专题报告

Ⅳ　改革创新

Ⅴ　典型案例

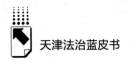天津法治蓝皮书

皮书数据库阅读使用指南

总 报 告
General Report

B.1
天津市法治政府建设发展
与展望（2022）

天津市法治政府建设总报告课题组*

摘　要：　党的二十大报告指出，"法治政府建设是全面依法治国的重点任务和主体工程"。近年来，天津市深入推进法治政府建设，在政府科学立法、转变政府职能、优化决策机制、严格行政执法、优化营商环境、加强执法监督等方面取得重大成果。通过提升依法行政能力和行政执法水平等，全市法治政府建设跃上一个新台阶。强化领导责任、助力科学决策、提升依法行政能力、加强对行政权力的监督、完善行政执法监督机制、深入推进政务公开和化解社会矛盾等，都是具有天津特色的法治政府建设举措。针对

---

  *　执笔人：王焱，法学博士，天津社会科学院法学研究所副所长，副研究员；刘志松，天津社会科学院法学研究所所长，研究员。市委宣传部、市委政法委、市委依法治市办、市委网信办、市委编办、市高级人民法院、市政府办公厅、市司法局、市政务服务办及市政府相关部门和各区政府提供资料。本文系天津市法学会 2022 年度法学研究专项委托课题"天津市法治政府建设发展与展望"（课题编号：TJWT2022001）研究成果。

当前存在的问题，"十四五"时期，天津市法治政府建设将加强党的领导，进一步推动探索和创新，完成法治政府建设目标。

关键词： 法治政府　天津市　依法行政　政务服务

党的二十大报告指出，"法治政府建设是全面依法治国的重点任务和主体工程"。要扎实推进依法行政、转变政府职能、优化政府职责体系和组织结构，提高行政效率和公信力，全面推进严格规范公正文明执法。党的十八大以来，天津市委、市政府深入学习贯彻习近平法治思想，认真贯彻党中央、国务院关于法治政府建设的决策部署，全面推进《法治政府建设实施纲要（2021～2025年）》落地落实，紧紧围绕"一基地三区"功能定位，坚持党的领导、人民当家作主、依法治国有机统一，坚持依法治市、依法执政、依法行政共同推进，坚持法治天津、法治政府、法治社会一体建设，为天津建设社会主义现代化大都市提供有力的法治保障。法治政府示范创建工作取得明显成效，在行政立法、严格执法和执法监督等方面都进行了深入探索和实践。

一　深入学习贯彻习近平法治思想，推进法治政府建设

天津市委、市政府始终坚持深入学习贯彻习近平法治思想，坚决贯彻党中央、国务院决策部署，全市党政主要负责人认真履行推进法治建设第一责任人职责，把法治政府建设摆在工作全局的重要位置，强化法治观念、法治思维、法治意识，深入推进全面依法治市、法治政府建设各项任务。各区、各部门主要负责人认真落实推进法治建设第一责任人职责，将学习宣传贯彻习近平法治思想作为重要政治任务，采取党委（党组）会议、理论学习中心组集体学习、政府常务会议等形式深入学习，普遍开展专家学者授课、法

治工作机构讲法、开设学习专栏等活动；将学习贯彻习近平法治思想纳入"八五"普法规划，通过媒体报道、普法宣传、研究阐释等形式，广泛宣传普及，有效带动本地区本部门推进法治政府建设再上新台阶。

市委宣传部会同市委依法治市办编写《深入学习贯彻习近平法治思想奋力开启"法治建设先行区"新征程宣讲提纲》，提供给全市各级党委（党组）理论学习中心组学习使用。会同市司法局、市普法办印发《2022 年天津市普法依法治理工作意见》，重点围绕推动习近平法治思想学习宣传贯彻走深走实、深化主题法治宣传实践活动等内容，对天津市普法依法治理工作进行总体部署。会同市司法局、市普法办等单位，开展"宪法宣传周""美好生活·民法典相伴"等活动，将学习宣传习近平法治思想作为首要内容，推动各区、各部门把学习宣传贯彻习近平法治思想引向深入。

利用"深学笃用　天津行动""见证天津·市第十一次党代会以来发展成就巡礼"等专栏专题，综合运用重大选题报道、消息、综述、评论等形式，推出了《一场"法"与"治"的创新实践——天津坚持以习近平法治思想为指引谱写依法治市新篇章》《强化责任担当　努力打造法治建设先行区》《天津用"硬指标"激发法治建设"内动力"》等一系列重头稿件，深入报道天津市学习贯彻习近平法治思想的成就成效，生动反映天津市扎实推进法治天津建设的亮点重点。发挥天津市作为中国特色社会主义理论体系研究中心的平台作用，组织多位专家学者深入研究阐释，在《光明日报》《天津日报》刊发《不难于立法，而难于法之必行》《发展全过程人民民主良法善治互动互促》等理论文章。

围绕学习宣传贯彻习近平法治思想、推动宪法法律宣传普及、常态化实施疫情防控等重点内容，综合利用天津市各级各类社会宣传资源平台，持续播发普法宣传短视频、海报、宣传口号，广泛开展形式多样的法治宣传活动，不断增强普法工作吸引力感染力。用好市级媒体法治类节目栏目，宣传法治先进人物和典型事迹，运用典型案例做好普法宣传，在全社会大力营造尊法学法守法用法的浓厚氛围。

二 依法全面履行政府职能，优化行政权力运行机制

依法全面履行政府职能、完善科学民主依法决策机制是法治政府建设的基础。政府职能法定是建设法治政府的前提，也是规范政府权力的基础条件。科学民主的依法决策机制是建立政府权力法治化运行机制的重中之重。

（一）优化政府机构设置和职能配置

2019 年天津市开始推进新一轮的全面政府职能改革和职能规范化。依据《天津市机构改革实施方案》，根据法定依据立改废释等调整情况，按照深化政府职能转变要求，进一步厘清市级部门之间、市区两级之间的职权边界等问题。

1. 对应国务院机构改革调整机构和职能配置

对应国务院机构设置组建有关政府部门，包括市规划和自然资源局、市生态环境局、市农业农村委员会、市文化和旅游局、市卫生健康委员会、市退役军人事务局、市应急管理局、市市场监督管理委员会、市医疗保障局、市药品监督管理局和市司法局、市知识产权局等。同时，优化市审计局的职责，配合做好国税地税征管体制改革，市财政局不再保留市地方税务局牌子。

2. 结合实际调整设置有关机构

整合市城乡建设委员会、市国土资源和房屋管理局的有关职责，组建市住房和城乡建设委员会；整合市市容和园林管理委员会、市城乡建设委员会、市交通运输委员会的有关职责，组建市城市管理委员会、市城市公用事业管理局。

整合市商务委员会、市政府口岸服务办公室有关职责，组建市商务局，挂市政府口岸服务办公室牌子。为优化配置科技资源、推动科技创新人才队伍建设，整合市科学技术委员会、市外国专家局的职责，组建市科学技术局，挂市外国专家局牌子。

为深入推进政务服务便民化，营造良好的营商环境，设立市政府政务服务办公室，挂市营商环境办公室牌子。整合市交通运输委员会、市客运交通管理办公室的有关职责，组建市道路运输管理局。

按照中央关于加强地方金融监管的要求，设立市地方金融监督管理局，挂市金融工作局牌子。按照政事分开的要求，整合市无线电管理委员会办公室职责和市工业和信息化委员会职责，组建市工业和信息化局，挂市无线电管理局牌子。

另外，按照简约集中、高效协调的要求，进一步整合规范有关机构设置，对市政府参事室、市粮食局、市社会组织管理局、市政府教育督导室等机构设置进行了调整。

通过改革，深入推进了全面履行政府职能的法治化进程，为实现法治政府建设目标提供了高质量保障。

（二）依法全面履行政府职能

天津市各级政府坚持依法行政，完善经济调节、市场监管、社会管理、公共服务、生态环境保护等职能，处理好政府与市场、政府与社会的关系。各级政府强化制定实施发展战略、规划、政策、标准等职能，更加注重运用法律和制度遏制不当干预微观经济活动的行为。

加大简政放权力度。统一规范政府部门权责清单和各类事项清单，加强动态调整和考核评估。深入推进承诺制、标准化、智能化、便利化审批制度改革，持续整治变相设置行政许可事项的违法违规行为。深入实施市场准入负面清单制度，落实"全国一张单"管理模式，普遍落实"非禁即入"。在市民服务方面，持续开展"减证便民"行动，全面落实证明事项告知承诺制。

不断完善政府组织结构，深化巩固机构改革成果。按照扁平化、综合化设置的要求，推动街道（乡镇）整合优化工作机构，构建简约高效的基层管理体制。

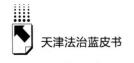

（三）优化行政权力运行机制

天津市坚持党的全面领导、坚持以人民为中心、坚持优化协同高效、坚持全面依法治国，不断优化行政权力运行机制。强化了市委职能部门归口协调和统筹管理职能，统筹优化了党政机构设置和职能配置，确保党的领导更加坚强有力。坚持上下基本对应，确保上下贯通、执行有力。市委职能部门和市政府组成部门及其职能，总体上与中央和国家机关机构职能基本对应。坚持优化协同高效的原则统筹配置事权，加大机构职责统筹设置和整合力度，体现了直辖市特点和天津特色。对合署办公机构、挂牌机构、议事协调机构、临时机构和派出机构，以及历史遗留的设置不规范、未计入限额的机构，进行了全面清理规范。

三 健全依法行政制度体系，提升行政立法工作质效

天津市严格落实科学立法、民主立法、依法立法的要求，提高立法的精细化精准化水平，在立法工作中坚持以上位法规定为依据，同党中央、国务院和市委、市政府决策部署，同改革发展实际需求对标对表，着眼于推动行政立法同改革发展决策更好地结合，着力于通过行政立法有效推动各类问题解决。

（一）提高站位、提前谋划，做好立法项目论证

为做好重点领域和新兴领域行政立法工作，天津市相关部门提高政治站位，从大局角度周密谋划，面对立法项目数量多难度大任务重的情况，坚决以高质量高效率的工作完成立法任务。一是提前做好立法项目论证工作。牢牢抓住加速提质增效这一目标，提前介入立法工作，积极同市人大常委会法工委等单位沟通，从立法程序要求和核心条款内容两方面对年度立法项目反复进行推敲，为稳妥有序推进立法工作进程打牢了基础。二是根据立法计划倒排工期。2022 年 5 月，天津市政府 2022 年度立法计划正式出台，安排提

请审议项目 15 项，审议项目 8 项。根据年度立法计划安排和市委、市政府决策部署要求，对每一个立法项目都制订了具体工作计划，规划时间表、制订路线图，盯紧关键时间节点。三是密切跟踪学习市委、市政府决策部署和最新法律法规。以服务改革发展大局为出发点和落脚点，第一时间学习领会国家有关文件内容和市委、市政府决策部署要求，力争以高质量立法推动高质量发展。

（二）高标准、高质量推进重点领域和新兴领域立法

其一，为贯彻落实党中央国务院的决策部署和国家粮食安全战略，在全面梳理天津市地方粮食储备方面存在问题的基础上，吸收借鉴北京市等地的经验做法，全面规范了地方粮食储备的经营管理和监督等活动，完成了《天津市地方粮食储备管理条例（草案）》的立法工作。《天津市地方粮食储备管理条例》已于 2021 年 7 月 1 日起正式施行。

其二，为贯彻落实党中央、国务院和市委、市政府决策部署，推动构建现代工业产业体系，加快建设全国先进制造研发基地，紧扣天津市智能制造发展现状和需求，在充分总结前期工作经验的基础上，完成了《天津市促进智能制造发展条例（草案）》的立法工作。《天津市促进智能制造发展条例》已于 2021 年 11 月 1 日起正式施行。

其三，为加强和规范天津市石油天然气管道保护工作，保障能源安全和公共安全，以保障天津市石油天然气管道安全为着眼点，在全面梳理石油天然气管道保护工作存在问题的基础上，完成了《天津市石油天然气管道保护条例（草案）》的立法工作。《天津市石油天然气管道保护条例》已于 2021 年 11 月 1 日起正式施行。

其四，为贯彻落实《契税法》，参考借鉴北京市、上海市和河北省的契税现有税率，对《关于天津市契税适用税率和减征免征办法的决定（草案）》进行了法律审核。《天津市人民代表大会关于天津市契税适用税率和减征免征办法的决定》已于 2021 年 5 月 26 日经市第十七届人大常委会第二十七次会议审议通过，并于 9 月 1 日起正式施行。

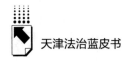

其五，为全面贯彻市委、市政府关于天津海河教育园区管理体制机制改革要求，紧密围绕天津海河教育园区打造创新发展聚集区、新时代职业教育创新发展全国标杆的示范窗口、国家产教融合型试点城市核心区的功能定位，聚焦园区体制机制改革、职业教育创新发展和产教融合，对原规章进行了全面修改和完善。修订后的《天津海河教育园区管理规定》已于 2021 年 5 月 14 日经市人民政府第 147 次常务会议审议通过，并于 7 月 1 日起正式施行。

其六，为推动天津市海水淡化产业高质量发展，促进海水淡化规模化利用，在广泛调查研究的基础上，对《天津市促进海水淡化产业发展若干规定（草案）》进行了法律审核。《天津市促进海水淡化产业发展若干规定》已于 2022 年 3 月 1 日起正式施行。

其七，为持续推进"放管服"改革，最大限度激发市场活力和社会创造力，在全面总结天津市市场监管部门商事登记创新举措的基础上，对《天津市市场主体登记管理若干规定（草案）》进行了法律审核。《天津市市场主体登记管理若干规定》已于 2022 年 3 月 1 日起正式施行。

（三）深入践行立法为民理念，拓宽社会参与立法渠道

一是深入践行立法为民理念，建立立法联系点，拓宽社会各方有序参与立法的途径和方式。结合年度立法计划安排，与立法起草单位沟通研究，围绕《天津市燃气管理条例》《天津市铁路安全管理规定》《天津市地震预警管理办法》《天津市院前医疗急救服务条例》等立法项目，建立天津泰达滨海清洁能源集团有限公司、天津铁路办事处、天津地震台、天津市急救中心等 4 个基层立法联系点。在立法过程中，对立法联系点加强立法调研，实地查看联系点工作流程。通过召开调研座谈会，逐条研究立法草案初稿，特别是论证吸纳部分人大代表、社会公众对初稿提出的修改意见和建议，并进一步提出完善指导意见。

二是进一步加强立法调研论证，广泛征求意见，充分听取相关单位、企业协会的意见，认真研究并合理采纳所提意见。针对《天津市推进北方国

际航运枢纽建设条例》，充分听取天津港（集团）有限公司、中远海运天津公司、天津港引航中心、天津市船东协会、中国铁路北京局集团有限公司的意见，赴上海、宁波开展立法调研 1 次，组织参加座谈会 4 次；针对《天津市燃气管理条例》，赴杭州、南京开展立法调研 1 次，在市内开展立法调研 1 次，组织参加座谈会 6 次；针对《天津市地震预警管理办法》，赴郑州、洛阳开展立法调研 1 次，在市内开展立法调研 2 次，组织参加座谈会 6 次；针对《天津市铁路安全管理规定》，组织参加座谈会 4 次；针对《天津市绿化条例》，组织参加座谈会 3 次；针对《天津市机动车停车管理办法》，组织参加座谈会 4 次；等等。

三是广泛征求专家、学者的意见，提高立法科学性。在立法过程中，针对不同的立法项目，征求相关行业领域的专家、学者意见。在《天津市中医药条例》立法过程中，征求张伯礼院士的意见。在《天津市重大行政决策程序规定》的立法过程中，多次征求高校学者的意见，并进一步研究论证和吸收采纳。在《天津市知识产权保护条例》的立法过程中，积极吸纳法学专家参与其中，深入专利审查协作天津中心等基层单位开展调研，听取知识产权保护工作中存在的实际问题。

（四）加强行政立法的系统性和区域协同性

将京津冀协同作为地方立法的重要内容和环节，在地方性法规、地方政府规章的制定过程中，加强同北京市、河北省的沟通衔接。一是立法过程中积极向北京市、河北省征求意见。在《天津市地方粮食储备管理条例》《天津市石油天然气管道保护条例》《天津市促进智能制造发展条例》等重点立法项目的草拟、制定过程中，均向北京市司法局、河北省司法厅征求意见，吸收先进经验。二是高度重视兄弟省份的意见征求工作。对《河北省数字经济促进条例（征求意见稿）》《河北省省级重要物资储备管理办法（征求意见稿）》均作出了高质高效的反馈。三是做好涉及京津冀协同发展的法律审核工作。对《关于天津市支持重点企业的政策措施（试行）》等涉及京津冀协同发展的规范性文件进行法律审核。

四 持续推进科学民主依法决策，加强行政决策规范化建设

在政府职能法治化的同时，天津市加大行政决策法治化的推进力度。重大行政决策应当贯彻创新、协调、绿色、开放、共享的发展理念，遵循科学、民主、依法决策原则，建立健全公众参与、专家论证、风险评估、合法性审查、集体讨论决定的决策机制。全面建立市、区人民政府重大行政决策事项目录管理制度，2021~2022年连续两年向社会公布《天津市人民政府年度重大行政决策事项目录》，2022年天津市人民政府安排"制定天津市环卫设施布局规划"等13个重大行政决策事项。同时加强对重大行政决策的跟踪反馈，要求决策执行单位采用科学、系统、规范的方式跟踪、调查、收集有关决策执行情况，形成书面报告并接受督查。

（一）坚持统筹推进，切实增强领导干部科学民主依法决策意识

2021年8月12日，市政府办公厅、市司法局召开全市重大行政决策工作推进会，深入学习贯彻习近平法治思想和习近平总书记"七一"重要讲话精神，以贯彻落实国务院《重大行政决策程序暂行条例》为抓手，统筹推进天津市重大行政决策工作再上新台阶。会议深刻阐明了做好重大行政决策工作的重要性和紧迫性，指出重大行政决策是一项政治性很强的工作，从工作理念、工作机制、工作制度、工作标准四个维度精准分析了天津市重大行政决策工作存在的问题和短板，并就进一步做好重大行政决策工作作出全面部署。

会议邀请中国政法大学法治政府研究院专家围绕《重大行政决策程序暂行条例》作专题讲座，并对如何做好重大行政决策工作进行指导。讲座对于增强天津市领导干部科学、民主、依法决策意识，提高运用法治思维和法治方式解决问题的能力，具有很强的指导意义。

（二）加强制度建设，不断完善重大行政决策制度体系

一是出台政府规章《天津市重大行政决策程序规定》。天津市以国务院《重大行政决策程序暂行条例》为主要依据，结合实际，坚持问题导向，科学设计重大行政决策程序制度，2020 年 10 月出台政府规章《天津市重大行政决策程序规定》（以下简称《程序规定》）。《程序规定》重点规范了重大行政决策事项范围和重大行政决策的作出、公布、执行、调整程序及责任追究等方面内容，共计 10 章 50 条。《程序规定》将市和区两级地方人民政府的重大行政决策活动全部纳入法治化轨道，充分保障了人民群众对重大行政决策的知情权、参与权、监督权，真正防止行政权力滥用，切实提高行政效率。《程序规定》的施行，对推进依法行政、加强政府自身建设有重要现实意义，为政府科学决策、民主决策和依法决策提供了法治保障。

二是出台政府法律顾问工作"一意见两规则"。为提升政府重大行政决策工作水平，充分发挥政府法律顾问和智库专家在重大行政决策中的作用，2020 年 1 月，市政府印发《天津市人民政府关于进一步深化政府法律顾问工作的意见》，2020 年 2 月，市司法局印发《天津市外聘政府法律顾问工作规则》和《天津政府法治智库规则》，对法律顾问、智库专家的遴选、聘任、考核等作出了明确规定。

三是制定重大行政决策程序配套文件。2021 年 10 月，天津市人民政府办公厅印发《天津市重大行政决策事项目录管理办法》《天津市重大行政决策跟踪反馈办法》《天津市重大行政决策后评估管理办法》《天津市重大行政决策过程记录和材料归档管理办法》四个重大行政决策程序配套文件，规范了重大行政决策事项目录管理、跟踪反馈、后评估、过程记录和材料归档工作，为精准、细化推进重大行政决策工作规范开展奠定了坚实基础。2022 年 6 月，天津市人民政府办公厅印发《天津市重大行政决策公众参与工作规则》等五项配套制度，进一步细化重大行政决策公众参与、专家论证等程序规定，切实提升天津市重大行政决策工作规范化水平。

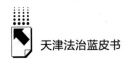
（三）努力形成合力，建立重大行政决策咨询论证专家库

根据《重大行政决策程序暂行条例》《天津市重大行政决策程序规定》的有关规定，市政府应当建立决策咨询论证专家库。为充分发挥各领域专家在推进重大行政决策规范化中的积极作用，市政府办公厅、市司法局合力推动建立市政府重大行政决策咨询论证专家库。

2021年12月，市政府办公厅印发《天津市人民政府办公厅关于开展市人民政府重大行政决策咨询论证专家库专家推荐工作的通知》，明确了拟入库专家条件、入库程序等，由市政府相关部门从行业主管部门、教育科研机构、行业协会商会、社会组织、有关企业等单位中可择优推荐熟悉本领域相关工作的专家3~5人。明确要求推荐部门要严把拟入库专家的政治关、品行关、能力关、作风关，坚持优中选优、择优推荐。经市政府相关部门推荐、市司法局对推荐材料进行审查、社会信用记录核查等程序，形成了天津市政府重大行政决策咨询论证专家库拟入库专家名单，经市政府批准，聘任于兵、马蔡琛等136人作为天津市人民政府第一届重大行政决策咨询论证专家库专家。2022年8月，专家库名单在市人民政府官方网站予以公告。专家库的建设和管理，遵循择优选聘、优化结构、整合资源、规范运作的原则，努力实现人才资源共享，形成"人尽其才、才尽其用、用当其时"的良好局面。

五　深化行政执法体制改革，加大重点领域执法力度

习近平总书记指出，全面推进依法治国，必须坚持严格执法。行政执法同基层和百姓联系最紧密，直接体现我们的执政水平，要加大力度、加快进度，推动改革平稳落实到位①。天津市深入贯彻落实习近平法治思想，立足超大型城市工作实际，在更多领域、以更大力度稳步推进综合行政执法改革，取得积极进展和明显成效。

---

① 《不断提升各地法治政府建设水平》，人民网，2022年6月14日。

（一）加强顶层设计，优化机构资源配置

天津市稳步拓展行政执法体制改革范围。将规划和自然资源、住房城乡建设、卫生健康、水务、人力社保等领域和直接关系企业生产、群众生活的领域纳入改革范围。明确市、区执法边界。市级队伍负责应由市本级承担的执法事项和组织协调跨区域执法等工作，其他执法事项强化属地管理。

按照减少层级、整合队伍、提高效率的原则，大幅减少各领域承担行政执法职能机构的数量。精简综合类内设机构。坚持精干高效、综合设置的原则，综合类内设机构一般为3个，对于执法事项多、执法队伍大、有特别需求的部分领域如交通等执法队伍，可设置4个综合类内设机构，确保主要力量用于一线执法，杜绝执法队伍机关化。执法队伍内设机构中一线执法机构占比达到68%。

依据机构改革方案、"三定"规定和转录文件，提出行政职权划入、划出意见，形成部门执法权责清单，落实执法责任，减少多头执法。建设天津市行政执法监督平台，市政府印发《天津市行政执法监督平台管理办法》，明确政府和相关部门职责、执法监督平台信息归集和共享的要求、利用平台开展执法监督的方式等内容，把部门执法权责清单与行政执法监督工作融为一体，加强全过程、全领域监督，并纳入年度绩效考评，推动各部门依法履职尽责。建立部门间协调配合机制。将发生频次高、适宜基层执法的事项，交由街镇综合执法队伍承担，接受有关部门指导监督，强化与有关部门的协调配合与联动执法。

（二）加强队伍建设，提升执法效能

全面梳理和整合执法职责，一个部门设有多支队伍的，原则上整合为一支队伍。对执法内容相近、适合由一个部门承担的职责，进行跨部门跨领域整合。制定《天津市街道综合执法暂行办法》，探索实行基层一支队伍管执法。执法队伍种类和人员编制也有较大压缩。全面排查涉及执法的机构、编制、人员，摸清执法力量、执法流程、办案数量情况，建账立册，制定

《天津市综合行政执法改革编制划转锁定标准和程序》，严把人员进口，综合考虑执法职责占比、任务量和执法频率等因素，从严核定人员编制，总量只减不增。

加强党建引领。建立健全党建工作机构，充分发挥基层党组织战斗堡垒作用，以机关党的建设引领促进执法队伍建设，杜绝执法扰民和执法不作为、乱作为。加强执法监督。全面推行行政执法公示、执法全过程记录、重大执法决定法制审核"三项制度"，强化事前告知、事中公示、结果公开，主动接受社会监督。强化执法保障。会同组织、财政、人社等部门制定人员经费、社会保险等配套政策，解决执法队伍在人事管理、经费保障、社会保险以及公积金账户管理等方面的政策衔接问题，严格落实罚缴分离和收支两条线制度，打造忠诚、干净、担当的执法队伍。

（三）提升执法规范化程度，加大重点领域执法力度

天津市重点在市场监管、城市建设、生态环境、人力资源和公共安全等方面加大执法力度，严格规范公正文明执法，打造法治化营商环境，维护市场秩序，保障安全生产。

市场监管部门加强"双随机、一公开"联合监管和信用监管。改版上线天津市市场主体信用信息公示系统。2021年，组织"双随机、一公开"联合抽查，依法处理700余户问题企业。对2458户（次）A级纳税人、海关高级认证企业实施激励，对1.96万户（名）失信主体、自然人予以惩戒。修复失信市场主体信用，约5.4万户退出经营异常名录，2万余户注销退出黑名单，7000余户修复处罚信息。大力维护市场秩序，依法保护知识产权。调处专利纠纷56起，拥有有效发明专利4.34万件，万人均发明专利拥有量31.31件；查处商标侵权案件400余件，注册商标申请9.5万件，有效注册商标3.5万件。与京冀两地市场监管部门签订知识产权、价格、食品安全、反垄断等领域协议。在全国率先将公平竞争审查纳入市级政府部门绩效考核体系。加强冷链食品监管，5645家市场主体在天津冷链食品追溯平台注册，累计上传19.8万批次进口（冷链）食品采购数据。抽检监测食品

10.94 万批次，办结食品违法案件 13654 件。强化药品、化妆品、医疗器械全流程监管，加强疫苗监管，查处"两品一械"违法案件 1250 件。扎实推进特种设备安全专项整治三年行动，督促整改特种设备安全隐患 1733 项。督促企业召回缺陷产品 272 件。

城市管理部门落实行政执法三项制度。在官方网站公开权责清单、执法程序、救济渠道、执法人员信息、行政许可、行政处罚信息等内容。2021年公示行政许可信息 2497 条，行政处罚信息 241 条。落实法制审核制度，对 3 件执法案件提请重大执法决定法制审核委员会进行法制审核。严格行政处罚裁量标准，加强行政执法与刑事司法衔接。出台规范统一的城市管理系统行政执法常用文书式样，制定城市管理系统综合行政执法适用行政处罚程序规定、行政处罚自由裁量基准以及城市管理系统轻微违法违规行为免罚清单等 21 件执法配套制度文件，为持续开展城管执法工作提供执法配套制度保障。制定行政执法与刑事司法联动机制和案件移送程序。加强校外培训机构户外广告专项治理，重点治理未经审批或者未按照审批内容设置户外广告的违法行为。全面推进垃圾分类等专项执法工作，突出治理主干道路、重点地区各类非法占路经营摊点。

生态环境保护部门对重点行业重点领域开展执法检查。对照年度执法工作要点，对重点行业重点领域开展清单式环境隐患排查，以全面实施蓝天使命行动为统领，开展钢铁、平板玻璃、燃煤锅炉、涉酸涉重、污水处理厂、挥发性有机物、垃圾焚烧发电、消耗臭氧层物质等专项行动，严查环评验收、排污许可、信息公开等环保制度落实情况和超标排放、设施不正常运行等违法行为。依托在线监控平台，对频繁报警的排污单位开展精准到排污口小时值的针对性执法，依法直接运用在线监测数据对钢铁企业超标排放实施行政处罚，作为典型案例在各区宣传。开展跨部门领域联合执法。积极做好"行刑衔接"工作。创新开展公安局向生态环境局派驻工作组模式，双方就污染环境犯罪的线索及时沟通，集体分析研判，分工协作、相互配合。全力推进区域联防联控，充分发挥生态环境保护协同机制在维护区域环境安全、推动区域环境质量共同改善、服务和保障京津冀协同发展环保一体化等方面

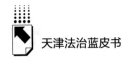
的积极作用。持续完善环境污染举报受理及查处机制，采用属地管理与市级执法相结合方式解决群众诉求，2020～2021年受理群众举报1万余件，均在规定时限内完成办理。实行市、区两级回访制度，确保举报事项件件有落实。完善修订有奖举报制度，提升奖励标准，进一步激发公众参与生态环保监管的积极性。

人力资源和社会保障部门坚持兜住兜牢民生底线，提高社会保障水平。2021年全市基本养老、工伤、失业保险参保人数分别达到937.1万人、408.41万人、372.3万人。加大欠薪查处力度，查处劳动保障违法案件千余件，为农民工追发工资4430万元，欠薪案件结案率达到100%。强化行政执法事前、事中、事后公开公示，实现案件受理、立案、调查、处理、结案、归档全过程记录，重大执法决定全部经过法制审核。动态调整随机抽查事项清单，制定并公开年度随机抽查计划，并公示检查结果信息，接受社会监督。联合相关部门开展欠薪清零专项执法，以易发、频发违法问题的行业和企业为重点，全面检查劳动合同签订、农民工实名制管理、农民工工资专用账户、按月足额支付等各项制度执行情况，大力推进根治欠薪问题。列入拖欠农民工工资"黑名单"15件，向社会公布重大劳动保障违法行为案件10起。规范行政执法案卷管理，组织开展行政执法案卷评查，促进执法水平提升。

六　加强行政权力监督，全面推进政务公开

天津市在全面行使政府职能的同时，加强对行政权力的监督，健全行政执法监督体系，推进行政执法规范化建设，加强执法队伍建设和信息化建设，深入推进政务公开，把各类行政行为置于阳光之下。近年来，天津市在此领域不断推进改革创新，形成了一系列经验做法，取得了良好的实效。

（一）建立健全规范执法监督制度体系

一是推进行政裁量权基准制定落实。组织市政府有关部门制定公布本单

位（系统）行政处罚裁量基准制度。按照《国务院办公厅关于进一步规范行政裁量权基准制定和管理工作的意见》要求，摸清天津市落实行政裁量权工作现状，推动相关行政裁量权基准制度制定落实工作。二是修订完善重大执法决定法制审核事项清单，各区均已制订本区重大执法决定法制审核事项清单。其中，滨海新区、和平区、河东区等10个区是由区司法局统一制订本区街镇重大执法决定法制审核事项清单；河西区、津南区、武清区等6个区是由街镇自行制订本单位重大执法决定法制审核事项清单。32家执法部门均已制订本单位（系统）重大执法决定法制审核事项清单，部分单位对清单进行了再次修改完善。

（二）着力加强行政执法规范化建设

1. 修订完善行政执法文书

一是规范执法部门执法文书，为正确实施行政处罚，各市级执法部门对标《行政处罚法》，组织修订完善本系统行政处罚、行政检查和行政强制等行政执法文书。目前，31个单位已经完成对本系统行政处罚、行政检查和行政强制等行政执法文书的修订完善工作，6个单位统一适用国家部委印发的执法文书。

二是规范街镇综合执法文书。2022年4月，市司法局会同滨海新区、南开区、河北区、西青区司法局有关人员召开天津市街镇综合执法文书研究座谈会，就现行执法文书座谈讨论，制订研修方案；5月24日，完成《天津市乡镇人民政府和街道办事处行政执法文书参考样式（2022版）》制定工作，印发各区人民政府参考执行。

2. 组织开展执法人员《行政处罚法》全员培训

2022年1月，市司法局印发《关于做好贯彻实施〈中华人民共和国行政处罚法〉有关工作的通知》，要求各区、各部门将《行政处罚法》作为行政执法人员法治教育培训的必修课，于6月底前完成全员培训工作；市政府各有关部门负责本系统行政执法人员的学习培训，各区重点加强对街道（乡镇）综合执法队伍的教育培训。目前，各区、各部门已完成《行政处罚法》全员培训工作。

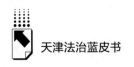

（三）加强行政执法队伍建设和信息化建设

经市政府同意，自 2022 年 3 月 15 日起，全市启用统一样式的"中华人民共和国行政执法证"。同时，在市司法局网站实现了全市行政执法人员集中统一公示，接受社会监督。印发了《关于做好 2022 年度全市行政执法人员培训考试和行政执法证件管理工作的通知》，对进一步加强行政执法队伍建设，规范行政执法人员培训、考试，严格行政执法证件管理作出了具体安排。依托天津市行政执法监督平台的基础数据平台子系统，研发升级全市行政执法监督人员信息查询管理功能，为构建全市行政执法监督人员信息库、加强行政执法监督人员管理奠定基础。

1. 全面推进统一的信息化数据标准建设

2022 年 5 月 25 日，市司法局根据司法部办公厅印发的《关于全国行政执法综合管理监督信息系统开发建设和推广应用的通知》（司办通〔2019〕9 号）要求，结合天津市行政执法监督平台建设数据标准，制定了《天津市行政执法、行政执法监督信息化系统数据规范（2022 版）》，印发各区、各行政执法部门，为有关单位建设本区、本系统行政执法和执法监督信息化系统提供数据标准参考，确保信息系统数据标准基本一致。

2. 共享执法数据

市司法局定期向市政务数据共享交换平台推送执法监督平台归集的执法数据；推送表单 26 张，推送字段 451 个，其中 22 张表单同时向司法部推送，推送的数据包括行政执法人员基本信息，以及执法人员基本信息中的主办人姓名、主办人执法证号、协办人姓名、协办人执法证号、参与人等信息和案件录入需用到的法律法规信息（包含违则依据、违则内容、罚则依据、罚则内容等）。

3. 对执法人员信息进行动态调整

市司法局根据各执法部门的申请，随时更新全市行政执法人员信息。目前市交通运输委、市市场监管委已经使用天津市行政执法监督平台所推送的人员信息，避免信息重复录入而增加执法人员负担。同时，市司法局与市卫健委、市规划资源局等部门进行行政检查、行政处罚等数据核对，力争通过共享交换平台实现数据共享，只需在专门业务系统平台上录入一次信息即可，从而有效减轻基层负担。

（四）有效发挥绩效考核、案卷评查监督作用

一是落实绩效考评要求，完善考评指标和考评细则。梳理各区、各部门报送的绩效考评材料，依托行政执法监督平台，完成 2021 年度绩效考评工作，起草完成《2021 年度绩效考评工作情况的报告》《各区、各部门绩效评分表》，及时解答部分单位有关绩效考核的问题，并提出 2022 年考评指标和考评细则，以严谨细致的绩效考评促进严格规范公正文明执法工作。

二是做好案件评查工作。结合天津市行政执法监督平台案卷评查功能实际，完成了案件评查标准的调研及修订工作。印发 2022 年行政执法案件评查通知，发挥执法监督人员作用，开展行政执法案件评查工作。

（五）深入推进政务公开，提升法治化水平

1. 主动公开方面

2021 年，通过天津市政府门户网站、公报、微博和微信公众号等平台发布政务信息 13985 条。聚焦开局起步，发布全市"十四五"规划纲要和制造业高质量发展、科技创新、智慧城市建设等一系列专项规划；聚焦营商环境，发布《天津市深化"证照分离"改革　进一步激发市场主体发展活力工作方案》等政策文件，上线"津策通"2.0 版，上传政策文件及解读2100 余条；聚焦社会关切，市人社局、市民政局等 9 个部门和 16 个区公开惠民惠农财政补贴清单，并推动财政补贴信息公开向街镇、村（居）延伸；聚焦重点政务，发布《天津市重大行政决策事项目录管理办法》等 4 个重大行政决策程序规定配套文件，公开市政府 2021 年度重大行政决策事项目录。

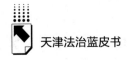

2. 依申请公开方面

依托全市政府信息依申请公开受理平台，进一步规范受理、办理、流转、审核等工作流程，提高便民服务水平。2021年，全市共接收政府信息公开申请14283件，较上年下降16.6%；答复13870件（含上年结转申请397件，另有810件顺延到下年度答复），均在法定期限内予以答复。

3. 政府信息管理方面

2021年，梳理汇总并集中公开现行有效的市政府规章172部、行政规范性文件9610件。坚持以公开为常态、以不公开为例外，严格做好公文公开属性认定和发布审查工作。经政务公开工作机构审核的市政府公文230件，其中主动公开172件，主动公开率达74.8%；依申请公开17件，占7.4%。

4. 公开平台建设方面

印发《天津市政府网站集约化建设标准规范（2021版）》，统一规范全市政府网站功能布局、栏目设置和公开内容。"市长信箱""政民零距离"等栏目共收到留言32436条，均按时答复。充分运用微博、微信公众号和手机客户端推送政务信息，扩大信息公开覆盖面。编辑出版《天津市人民政府公报》24期，赠阅12000份。

5. 监督保障方面

继续将政务公开工作纳入绩效考核，结合年度政务公开工作要点，优化考核内容，发挥导向作用。开展全市政务公开问题整改整治专项行动，按季度对政府网站和政务新媒体进行专项检查，着力提高政务公开规范化、法治化水平。召开全市政务公开系统业务培训会，加强统筹指导，建强工作队伍。

七 加强和规范行政调解、行政复议和行政应诉

在法治政府建设中，化解行政争议、调解社会矛盾是其中的重要组成部分。天津市近年来不断推进行政调解法治化，提高行政复议效率，改进行政诉讼，行政应诉效果良好。

（一）推进行政调解法治化

行政调解是矛盾纠纷多元化解机制的重要组成部分，是行政机关坚持发扬"枫桥经验"，运用法治思维和法治方式解决群众问题的有力实践。2018年重组后的天津市司法局承担了指导全市行政调解工作的职责。面对新职责新任务，天津市司法局高度重视，努力推动全市行政调解工作纳入制度化轨道。2020年初，天津市将《天津市行政调解规定》列入立法规划后，市司法局即启动《天津市行政调解规定》立法前期调研，组织专家学者通过问卷调查、基层走访、召开座谈会、研讨会、咨询专家学者和赴外地考察等方式，就《天津市行政调解规定》制定的必要性、可行性等问题进行调研。2020年底，立法调研报告和《天津市行政调解规定（初稿）》起草完成。后经多次征求相关职能部门和社会意见，并经市政府法律审核部门审核后，形成了《天津市行政调解规定（草案）》。2021年8月13日，市政府召开第159次常务会议，审议通过了《天津市行政调解规定（草案）》。同日，《天津市行政调解规定》（天津市人民政府令第23号）颁布，于2021年11月1日起正式施行。《天津市行政调解规定》是天津市第一部行政调解政府规章，填补了天津市行政调解法律制度的空白，是长期以来天津市行政调解实践的科学总结，是天津市行政调解法治体系建设的重要立法成果。

《天津市行政调解规定》的出台和实施，对于加强天津市行政调解，促进行政调解的法治化、规范化、程序化，构建安全规范、节约高效、公开透明、权责一致的行政调解体制机制，增强政府亲和力，助力优化天津市营商环境和法治环境，提高社会治理水平和治理能力具有重要意义。为推动做好《天津市行政调解规定》的学习、宣传、贯彻工作，2021年9月，市司法局与市普法办联合印发《关于学习宣传贯彻〈天津市行政调解规定〉的通知》和《〈天津市行政调解规定〉解读》，就《天津市行政调解规定》学习、宣传、贯彻工作进行部署。2022年以来，为进一步贯彻落实好《天津市行政调解规定》，结合工作职能，发送《关于商请提供行政调解工作开展情况的函》，进一步推动市级相关职能部门做好相应工作。

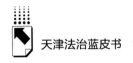

（二）行政复议效率不断提升

2021年，天津市深化行政复议体制改革，监督和保障行政机关依法行使职权，加快推动法治政府建设。自2021年9月30日起全市行政复议职责集中到市、区两级政府，除公安机关外，市、区政府各部门原则上不再办理新的行政复议案件，全年办理复议案件5844件、应诉案件4728件，全市行政机关负责人出庭应诉率实现大幅提升，出庭应诉率高达93.51%，行政复议公正高效、便民为民的制度优势进一步彰显，有力维护了人民群众的合法权益，有效监督各级行政机关依法行政，有效化解了大量行政争议，中央依法治国办在法治政府建设实地督察中，对天津市的行政复议体制改革和行政机关负责人出庭应诉工作予以充分肯定。

1. 全市行政复议案件情况

2021年，全市共办理行政复议案件5844件，比2020年的5769件增加了1.3%，其中：结转1500件，新收监督申请50件，新收行政复议申请4294件。全年审结案件4125件，其中：维持2309件，驳回319件，因调解和解作出终止决定832件，调解率为20.17%；以确认违法、撤销、责令履行、变更等方式共纠错643件，纠错率为15.59%；其他22件。纠错案件数量比2020年增加了43.85%，纠错率较2020年的10.73%有了大幅提升，反映了行政复议体制改革过程中，各级行政复议机关敢于动真碰硬，坚决纠正违法或者不当的行政行为。

2021年，全市立案受理行政复议案件3982件，受理率为92.73%。立案受理工作按照司法部"应收尽收"要求，将更多的行政争议纳入行政复议程序中，行政复议主渠道作用进一步加强，案件受理率进一步提升。复议体制改革后的市、区司法局全部设置了专门立案处（科）室，全市行政复议工作实现"立审分离"。新设立的立案机构不断提高咨询接待、受理审查和案前化解能力，2021年立案前化解行政复议案件443件，专职立案机构的作用初步发挥。

在受理的3982件案件中，市政府受理383件，市政府部门受理2176

件，区政府受理1331件，区政府部门受理92件（见图1）。在政府部门受理的案件中，各级公安机关共受理行政复议案件1661件，占全市受理案件的41.71%。

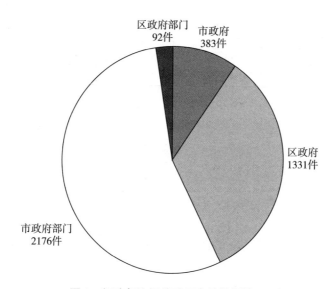

图1 行政复议机关受理案件数量情况

2. 市政府行政复议案件情况

2021年，天津市司法局作为天津市政府的行政复议机构，共办理行政复议案件573件。天津市集中复议职责后，经开区、保税区、高新区管委会及其工作部门、规划资源局各区分局、市社保中心及其分中心、市律协等行业协会作为被申请人案件均由市政府管辖。《行政复议法》修订后，由国家部委管辖的案件将集中到市政府，由此可能会导致市政府案件增加，市司法局在行政复议体制改革前进行了充分调研评估，有能力承接相关案件。

市政府全年审结案件386件，其中：维持203件；驳回47件；调解和解108件，调解率为27.98%；撤销、确认违法、责令履行共28件，纠错率为7.25%，其中2021年12月纠错率达39.19%，主要集中在规划资源领域，共撤销或确认违法12件。

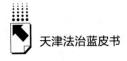

3. 各区政府行政复议案件情况

2021 年，各区司法局作为区政府的行政复议机构，共办理行政复议案件 1511 件（见图 2）。

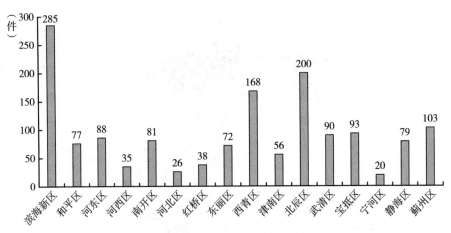

图 2　各区行政复议案件办理情况

2021 年第四季度各区共新收行政复议 514 件，比第三季度的 355 件增长了 44.79%，比第二季度的 314 件增长了 63.69%，比第一季度的 361 件增长了 42.38%，职责集中后案件数量有较大幅度增加。

4. 各级政府部门行政复议案件情况

2021 年，各级政府部门共办理行政复议案件 3756 件，其中各级公安机关共办理 2763 件，占政府部门办案数的 73.56%。《行政复议法》修订后，如公安类行政复议案件集中到政府管辖，需要各级复议机关积极研究应对。

（三）行政诉讼案件情况

1. 全市行政诉讼案件情况

2021 年，人民法院共新收一审行政诉讼案件 4972 件，比 2020 年的 3633 件增加了 36.86%。

全市各级行政机关一审败诉共 395 件，一审败诉率为 9.36%，比 2020

年的 10.11% 略有下降。败诉案件较多的区为东丽区 126 件、津南区 43 件、宝坻区 38 件、河东区 36 件、北辰区 30 件。市级机关共败诉 6 件，分别为市规划资源局 3 件、市人社局 1 件、市文旅局 1 件、市市场监管委 1 件。

2021 年，法院通知行政机关负责人出庭 2122 件，行政机关负责人实际出庭 1987 件，出庭应诉率达 93.64%，比 2020 年的 71.4% 有大幅增长，比 2019 年的 10.15% 有了质的飞跃，彻底改变了"告官不见官"的情况。市司法局、市市场监管委、市住房公积金中心等 19 个市级机关和蓟州区行政机关负责人出庭应诉率达 100%。行政机关出庭率较低的分别为市规划资源局 83.72%、武清区 75%、河北区 58.54%（见图 3）。

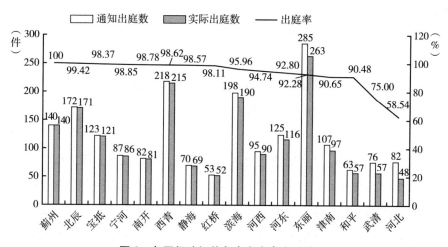

图 3　各区行政机关负责人出庭应诉情况

2. 以天津市政府为被告的案件情况

2021 年，人民法院共受理以市政府为被告的一审案件 169 件，比 2020 年的 155 件增加了 9.03%。其中因市政府具体行政行为成为单独被告 52 件，因市政府行政复议而成为共同被告 117 件。信息公开占市政府应诉案件的 25.44%，多数争议是由拆迁引起的，当事人通过向市政府申请信息公开，再提起复议、诉讼，以此将矛盾上移，达到引起市政府注意进而向基层机关施压的目的。从案件审结情况看，市政府积极履行应诉职责，在依法行政方

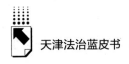

面起到了表率作用，认真分析判断每一件应诉案件基本情况，依法应对群众的诉求。

（四）主要经验做法

1. 高效完成行政复议体制改革任务

一是行政复议职责实现整合，除公安机关外，市、区政府各部门原则上不再办理新的行政复议案件，由市、区政府统一行使行政复议职责。二是行政复议机构设置和人员编制全部落实，市政府层面设立多个复议处和 33 个复议科（室），新增若干个政法专项编制，天津市改革经验做法受到司法部的肯定和好评。

2. 高质效办理行政复议案件

坚持"复议为民"实质化解矛盾纠纷，在司法部"复议为民促和谐"专项行动中，依法稳妥化解了一批涉及群众重大切身利益的行政复议案件，全市涌现出一批示范单位、办案标兵和典型案例。

3. 高标准推动行政机关负责人出庭应诉

市委、市政府始终高度重视行政机关负责人出庭应诉工作，副市长、市委全面依法治市委员会执法协调小组负责人多次就进一步提高行政应诉工作水平提出明确要求，并在市委全面依法治市委员会执法协调小组会议上专门进行部署。市司法局落实有关会议精神，建立了季度通报制度，通报制度自2020 年实施以来，行政机关负责人出庭率显著提升，由通报前的 10.15% 提升到 2020 年的 71.4%，再到 2021 年的 93.64%，全市多数市级机关和区政府行政机关负责人出庭应诉率达 100%，此项工作得到中央依法治国办法治政府建设实地督察的充分肯定。

4. 坚持"刀刃向内"与"源头预防"相结合，有效监督各级行政机关依法行政

加大行政复议监督和纠错力度，行政复议全年纠错 643 件，纠错率为15.59%，通过纠错、通报或者问责方式倒逼行政机关依法行政。对行政复议中发现的重大、带有共性的问题，通过行政复议意见书、建议书提出整改措施和建议，全年发出行政复议意见书、建议书共 85 份，从源头促进依法行政。

八 建设智能高效的数字法治政府

近年来，天津市加快推进数字法治政府建设，建成"津治通"社会治理综合应用平台和"津心办"数字社会综合应用平台（政务服务办事模块），打造政务服务智能化平台，基本建成智治协同、运转高效的整体数字政府，有效提升科学决策和精细化治理能力。

（一）深化政务数据开放共享

完善全市信息资源统一共享交换平台，完成与国家部委专属垂直管理系统的全面对接，推动政务数据跨部门、跨层级、跨区域无缝即时流动。构建以数据目录、供需对接清单为基础的政务数据开放共享体系。推动数据向基层服务部门回流，形成数据上下流通的循环体系。出台公共数据运营服务管理办法，提升公共数据资源开放利用能力。构建多方参与的数据合作机制。

天津市在全国率先建成了省级层面统一电子政务万兆骨干光网。全网光纤路由达 6.4 万芯公里，全网接入单位超万家。全市信息资源统一共享交换平台累计数据共享量超过 3254 亿条，为 230 余个政务服务应用场景建设提供数据共享，对外开放数据超亿条。

（二）强化政务信息系统的统建共用

集约建设全市政务云平台和数据中心体系。围绕系统设计、开发、部署、运行等关键环节，打造"平台化协同、数据化决策、在线化服务"的"大平台、大数据、大系统"。全面贯通市、区、街道（乡镇）、社区（村）4 级电子政务外网，完善政务内外网数据跨网共享机制，有效满足基层一线数据需求和业务运转需要。推动政务服务入口向基层延伸，打造街道（乡镇）"一门式办理""一站式服务"综合服务体系。推进 12345 政务服务便

民热线平台和 88908890 便民服务专线平台智能化建设，实现与"网上办事大厅""津心办""互联网+监管"等平台数据共享、信息互通。

（三）打造一体化政务服务及监管体系

加快推进政府机关内部运行机制数字化改革，建设横向全覆盖、纵向全联通的政务服务智能化平台（PC 端、移动端），提升数字化政务办理水平。优化"津心办"平台功能，推进政务服务事项应进必进，提升业务办理跨部门协调和前台综合、后台整合能力，构建以移动客户端、自助服务端、网厅服务端为主要入口，多种业务办理的"3+N"综合服务体系。

天津市"互联网+监管"体系已初步形成，有力支撑全市数字政府建设。依托天津市信息资源统一共享交换平台，建成"互联网+监管"大数据中心，汇集市、区两级 500 余个部门相关监管数据 2.1 亿余条，为各级监管部门决策提供有效、准确、可靠的大数据支撑。采用系统对接方式联通公安、应急、交通运输、市场监管等重点领域监管系统，可视化展示各系统的监管数据，通过对监管信息的全局展现、专题分析、事件聚焦等手段，为全市执法部门协同指挥、执法检查等工作提供数据支撑。印发《天津市关于进一步加快推进"互联网+监管"系统建设工作方案》，以城市大脑基础计算平台为基础支撑，构建天津市"互联网+监管""11227"体系：编制"1"张清单，建立"1"个监管大数据中心，建设"2"个系统界面、2 个支撑体系和"7"个应用系统。

天津市还完成了全国唯一的"互联网+监管"系统多级联动应用试点建设，汇聚市、区两级政府部门监管数据 6 亿余条，赋能全市执法人员，开展执法检查 21 万次，累计向国家平台推送各类监管数据 2 亿余条。

（四）建设数字化社会治理体系

围绕市域治理现代化，建立数字化分析决策、执行实施、监管督查闭环管理执行链。按照"街镇吹哨、部门报到、接诉即办"机制拓展"津治通"应用范围，加快政务服务"一网通办"和城市运行"一网统管"两网合一。

优先建设"智慧矛调""慧眼识津""城市智管""违章停车柔性执法"等社会治理应用场景。

"一网统管"平台"津治通"，依托网格化工作机制和信息化大数据技术，实现社会治理领域感知模式、治理模式和服务模式的多维提升。与"津心办"实现数据互通、业务协同，针对基层治理，推出"重大事项吹哨""随手拍"等模块，平台按治理事项分成九大类38小类239项，快速分发任务，各个环节全流程可见。只要街道、乡镇线上"吹哨"，各部门就能线下"报到"，让街道社区治理能精准触达居民的生活末梢。截至2021年底，"津治通"已在16个区、281个街道（乡镇）级战区全面贯通，累计办结社会治理事件超1450万起。

九　法治政府建设展望

（一）坚持党的领导，不断提升依法行政能力

深入学习领会习近平法治思想，把习近平法治思想全面贯彻落实到法治政府建设全过程和各方面。在党委领导下，全面提升各区政府、市政府各部门主要负责人的法治思维和依法行政能力，切实履行法治政府建设主体责任，谋划落实好法治政府建设各项任务。加大普法宣传力度，实施"八五"普法规划，充分利用"12·4"国家宪法日等重要节点开展宣传，着力提升全民法治素养。

各级党委切实履行推进法治建设领导职责，及时研究解决影响法治政府建设重大问题。各级政府要在党委统一领导下，切实履行法治政府建设主体责任，谋划落实好法治政府建设各项任务，将推进法治政府建设作为重要工作定期部署、狠抓落实。

（二）全力推动法治政府建设重点突破

坚持立法为民、立法惠民，探索"小切口"立法解决实际问题。严格

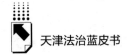
落实重大行政决策目录管理、跟踪反馈等制度，引导公职律师和法律顾问更好地提供法律服务，不断提升行政决策公信力和执行力。进一步深化政务服务"告知承诺"改革，统筹推进"政务一网通"平台建设。

继续推进简政放权。统筹推进行政审批制度改革，在更大范围和更多行业优化审批服务方式，深化投资审批制度改革。扩大快速审批机制应用范围；全面清理目录、备案、认定、认证等事项，持续整治变相设置行政许可行为。按照直接取消审批、审批改为备案、实行告知承诺、优化审批服务四种方式分类推进"证照分离"改革。

加强事中事后监管。完善全市统一的"双随机、一公开"监管信息化平台，实现"一次多查，一次彻查"和部门联合抽查相结合的常态化监管。推动构建以信用为基础的分级分类监管机制，加快建立权威、统一、可查询、可追溯的市场主体信用记录系统。健全完善市场主体信用"红黑名单"制度，探索建立重点监管清单制度。对特殊行业、重点领域实行全覆盖重点监管。强化全过程质量管理，加强安全生产监管执法，严格落实各环节质量和安全责任。同时为新技术、新产业、新业态、新模式留足发展空间①。

大力优化政务服务。完善首问负责、一次告知制度，推行"一窗"分类综合受理；推动"高效办成一件事"场景建设。严格履行向行政相对人依法作出的政策承诺，强化政策的连续性稳定性；制订政务诚信评价指标，加强政务诚信监测评价，开展政务诚信专项督导；强化政府采购、招标投标、招商引资、债务融资等政务失信易发多发领域的治理；完善政务诚信诉讼执行协调机制，加大对政务失信行为的追责和曝光力度。

提升行政执法满意度。推行柔性执法，积极运用说服教育、劝导示范、警示告诫、指导约谈等非强制执法手段引导当事人及时纠正违法行为。拓展轻微违法行为免罚清单涉及领域和范围，不断完善相关领域免罚清单。加强

---

① 参见《天津市法治政府建设实施纲要（2021～2025年）》，《天津日报》2022年2月25日。

日常行政执法监管力度，解决选择性、逐利性、运动式、"一刀切"执法问题①。

（三）全面加强对行政权力的制约和监督

监督和制约执法行为。全面落实行政执法责任制，加大行政执法违法责任追责力度。完善行政执法案卷管理和评查、评议等制度。做好天津市行政执法监督平台建设，加强行政执法投诉处理。大力整治行政执法不作为乱作为、执法不严格不规范不文明不透明等突出问题，开展行政执法监督专项行动。落实行政执法监督人员资格制度，推行行政执法监督员制度，探索社会人士、法律顾问和公职律师参与行政执法监督活动。

全面推进政务公开。落实政府信息公开清单制度，推进决策、执行、管理、服务和结果公开，提升信息公开的全面性和实用性。坚持法定主动公开内容全部公开到位，主动发布重点领域政策文件、便民服务类信息，增强政策解读的主动性和规范性。提高政府信息依申请公开工作质量，更好满足申请人个性化合理需求。

深入推进"互联网+监管"。开展监管事项关联使用、数据共享应用、信用分类结果应用、风险模型共建共用、"双随机、一公开"系统对接、政务服务和社会治理协同联动等试点。提升一线执法人员信息化移动执法设备配置配备，探索推行以远程监管、移动监管、预警防控为特征的非现场监管，运用大数据、物联网、人工智能等手段精准预警风险隐患②。

（四）全面凝聚推进法治政府建设合力

完善法治政府建设推进机制。深入推进法治政府建设示范创建，探索更多可复制、可推广的示范典型。完善全面依法治市考核标准。严格落实法治政府建设年度报告制度，按期向社会公开。加大考核力度，提升考核权重，

---

① 参见《天津市法治政府建设实施纲要（2021~2025 年）》，《天津日报》2022 年 2 月 25 日。
② 参见《天津市法治政府建设实施纲要（2021~2025 年）》，《天津日报》2022 年 2 月 25 日。

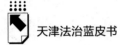
将依法行政情况作为对政府、政府部门及其领导干部综合绩效考核的重要内容。建立完善激励措施，对法治政府建设作出突出贡献的单位和个人按照有关规定给予表彰奖励。

强化考核评价和督促落实。落实党政主要负责人述法制度，将各级政府及其部门主要负责人履行推进法治建设第一责任人职责情况列入年终述职内容，纳入全面依法治市（区）考评指标体系，作为考察使用干部、推进干部能上能下的重要依据。严格落实中央和天津市法治政府建设与责任落实督察相关规定，深入推进法治政府建设督察工作。

天津市将全面贯彻落实中央和本市"一规划两纲要"，聚焦法治政府建设薄弱环节，着力解决人民群众关心的重点问题，不断增强人民群众对法治政府建设的获得感、满意度。

参考文献

［1］《天津市国民经济和社会发展第十四个五年规划和二〇三五年远景目标纲要》，《天津日报》2021年2月9日。

［2］《法治中国建设规划（2020~2025年）》，《人民日报》2021年1月11日。

［3］《天津市法治政府建设实施纲要（2021~2025年）》，《天津日报》2022年2月25日。

［4］廖国勋：《天津市2022年政府工作报告》，《天津日报》2022年2月21日。

［5］中国社会科学院法学研究所：《中国法治发展报告No.20（2022）》，社会科学文献出版社，2022。

［6］袁曙宏：《建设法治政府》，《人民日报》2017年12月27日。

分 报 告
Sub Reports

B.2

天津市推进营商环境法治化的改革实践

天津市营商环境法治化研究课题组*

摘 要： 近年来，天津市全面推进营商环境优化取得了突出成效。在法治化方面，着力以法治思维和法治方式开展优化营商环境工作，深化行政审批制度改革，创新和完善市场监管，推动市场主体创新发展；在国际化方面，加强与相关国际通行规则对接、持续优化外贸发展环境。其中，"一制三化"改革亮点突出，数字化政务服务工作成效显著。进一步深化天津市营商环境建设，可以从以下三个方面继续跟进和努力：深入推进政务服务数字化建设，优化服务运营；深耕"一制三化"改革，实现最大程度便民利企；加强制度建设和宣传推广，提升营商环境建设实际效能。

关键词： 营商环境 法治化 国际化

---

* 执笔人：寇大伟，天津社会科学院法学研究所，副研究员，研究方向：法治政府、政府治理。本文系天津社会科学院委托课题"关于深化对有为政府与有效市场关系的认识"（课题编号：22YWT-09）阶段性成果。市政府办公厅、市政务服务办提供相关资料。

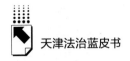

营商环境是一个城市、一个区域的核心竞争力，优化营商环境就是解放生产力、提升竞争力。天津市营商环境在法治化和国际化方面已经取得了阶段性成效，持续推进"一制三化"改革和数字化政务服务，持续推进政府职能转变和优化营商环境，不断将"放管服"改革推向深入，打造一流的营商环境。

一　天津市营商环境法治化建设的主要举措

法治是最好的营商环境，天津市以法治思维和法治方式开展优化营商环境工作，深化行政审批制度改革，创新和完善市场监管，推动市场主体创新发展。

（一）以法治思维和法治方式开展优化营商环境工作

推进优化营商环境立法工作。2019年7月31日，《天津市优化营商环境条例》（以下简称《条例》）经市十七届人大常委会第十二次会议二审，全票审议通过，正式颁布实施。《条例》颁布后，市政务服务办认真组织编印了《天津市优化营商环境条例解读》《天津市优化营商条例百问百答》等配套解读材料，对《条例》内容进行宣传解读，在全市掀起了一场宣传推动"营商环境优化"的热潮。组织市级各有关单位围绕贯彻落实《条例》、深化"放管服"改革、"一制三化"改革和营商环境建设各项重点任务，认真研究细化落实方案，制订颗粒化的具体措施，推出具有针对性、操作性和务实管用的措施办法，形成贯彻落实《条例》的配套制度文件并印发实施。

出台优化营商环境的配套文件。2020年起草《天津市对标国务院营商环境创新试点工作　持续优化营商环境若干措施》《天津市优化营商环境三年行动计划》《天津市2021年优化营商环境改革重点任务清单》，制定2021年工作任务103项。落实国家和天津市优化营商环境条例，坚持"以评促改、以评促优、以评促建"，会同市政府办公厅、国家统计局天津调查总队，通过书面考核、实地考核等方式，开展《条例》督查考核和第三方评价，组织多场专门座谈会，赴88个部门（单位）、40多家企业实地走访调研。组织指导各部门和滨海新区高标准完成2020年中国营商环境评价部门填报工作，为超过1000人次提供现场服务保障。配合市委依法治市办起草《法治化营商环境建设15条措施》，协调市高级法院、天津证监局建立协同机制，共同牵头天津市"保护中小投资者"指标建设。

（二）深化行政审批制度改革

一是依法管理政务服务事项。严格落实《行政许可法》等相关法律法规，实行政务服务事项动态管理，编制印发《天津市政务服务事项目录（2021年版）》。二是推进"证照分离"改革。印发实施《天津市推进"证照分离"改革全覆盖试点工作方案》（津政发〔2019〕30号），将"证照分离"改革成果在天津"政务一网通"平台上固化。印发《天津市深化"证照分离"改革进一步激发市场主体发展活力工作方案》（津政发〔2021〕12号），在全市范围推动照后减证和简化审批。三是扩大简易注销范围。将适用企业简易注销登记改革试点工作地域范围拓展至全市范围，扩展企业简易注销适用主体范围，通过"企业注销一窗通平台"统一采集清算组成员、清算组负责人备案或者债权人公告信息，增加清算组备案信息修改、撤销功能。公告期由原来的45日压缩至20日。四是深化工程建设项目审批制度改革。推行区域评估，将实施范围拓展到全市具备条件的45个工业园区。实行"用地清单制"，优化项目策划生成服务，简化用地规划许可申请环节。将建设工程设计方案审查和建设工程规划类许可证核发的审批时间缩至15个工作日以内。简易低风险项目建筑面积由不大于5000平方米扩大至不大于10000平方米，全流程审批时间压缩至14个工作日。一般社会投资工程建设项目从项目备案到取得施工许可证的审批时间压缩至40个工作日内。五是推行证明事项告知承诺改革。对保留的证明事项进行梳理，公布55项实行告知承诺制证明事项清单。

（三）创新和完善市场监管

一是持续推进"双随机、一公开"监管。扩大"双随机、一公开"监管联席会议覆盖范围，达 52 个市级机关。区级政府对照建立相应制度，将"双随机、一公开"作为日常监管的基本手段，促进跨部门联合抽查的常态化开展。二是制订实施全市新版随机抽查事项清单。《天津市随机抽查事项清单（2021 年版）》于 2021 年 3 月 1 日向社会公开发布。新版清单覆盖部门多、监管领域广，包括市发展改革委、市教委、市市场监管委、市公安局等 32 个监管部门的 221 个领域、485 个抽查事项，检查主体涉及市、区两级执法部门，检查对象涵盖自然人、个体工商户、企业等各类市场主体。全面规范行政检查行为，全市各级监管部门严格依照清单制定年度抽查计划，实行"逢查必抽"，杜绝任性执法。三是实施《天津市市场监管领域部门联合抽查事项清单（第二版）》。落实《市场监管总局等 16 部门关于印发〈市场监管领域部门联合抽查事项清单（第一版）〉的通知》（国市监信〔2020〕111 号），制定实施《天津市市场监管领域部门联合抽查事项清单（第二版）》，共涉及 53 个抽查领域、201 个抽查事项、20 个抽查部门。以事项清单为基础，由各区实施"小比例、深度查、强影响"的部门联合抽查。四是以重点监管为补充，全面加强事中事后监管。全市各部门梳理特殊行业重点领域清单，内容涉及市公安局、市交通运输委、市药监局等 15 个部门负责的 65 个监管领域，对直接涉及公共安全和人民群众生命健康的特殊行业、重点领域依法依规实行全覆盖重点监管。"双随机、一公开"监管和"重点监管"互为补充，既减轻企业经营负担，又保障监管效果。五是着力解决企业"信用修复难"的问题。按照市诚信建设领导小组工作部署，完善"天津市市场主体信用信息公示系统"与"信用天津"两个系统间的行政处罚信息协同修复机制，切实解决企业"信用修复难"的问题。六是探索推动重点领域信用监管。制定实施《天津市市场监督管理委员会加强重点领域信用监管工作实施方案》，强化重点领域企业信息归集公示，推进信用承诺制和信用风险分类管理，加大事后失信惩戒力度，提高重点领域违法成本。

（四）推动市场主体创新发展

天津市推动市场主体创新发展，采取了一系列措施。一是持续优化"雏鹰—瞪羚—领军"企业梯度培育机制。制定印发了《天津市雏鹰企业、瞪羚企业、科技领军企业和科技领军培育企业评价与支持办法》（津科规〔2021〕3号），聚焦人工智能、生物医药、新能源、新材料等产业领域，按照企业成长阶段和发展规模，合理确定雏鹰、瞪羚、领军企业标准和条件，针对性开展精准扶持。二是大力实施高新技术企业倍增计划。发布《高新技术企业认定奖励实施方案》，对于外省市整体迁入的高企及天津市培育认定的高企，按企业规模大小给予30万~50万元资金补贴，重新认定高企给予20万资金补贴。三是推动孵化器、众创空间等孵化机构发展。全面启动区级认定备案工作，形成区级、市级、国家级梯度培育发展的工作模式。修订《天津市众创空间备案管理与绩效评估办法》。强化孵化机构管理，开展绩效评估工作。依据创新型载体培育计划，激励孵化载体提质增效，加大国家级孵化器支持力度，开展市级孵化机构绩效评估工作。四是落实研发后补助，激励企业研发创新。出台《天津市企业研发投入后补助办法》（津科规〔2021〕4号），修订天津市企业研发投入相关政策，落实国家"十四五"创新规划和天津市科技创新三年行动计划关于引导企业加大研发投入的部署要求。五是推动大中小企业融通创新。向中小企业开放资源、开放场景、开放应用、开放创新需求，降低中小企业创新成本，构筑大中小企业协同创新产业生态圈。积极引导龙头大企业与中小企业签订长期协作订单，构筑大中小企业供应链协同的新生态。引导大企业、高等院校、科研院所开展产学研合作，构筑产学研用深入融通创新的新生态。构建基于产业生态、供应链协同、创新能力共享、信息驱动的大中小企业融通创新发展模式。编制打造大中小企业融通型特色载体、推动中小企业创新创业升级项目配套体系文件。

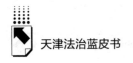

二 在法治化的基础上优化国际化营商环境

天津市作为沿海港口城市，不断加强与相关国际通行规则对接、持续优化外贸发展环境，包括提升港口贸易通关便利化程度、推进自由贸易试验区制度型开放、降低外贸企业营商成本、深化国际贸易"单一窗口"建设、加快推进"海外仓"相关标准与国际先进对标等。

（一）加强与相关国际通行规则对接

提升港口贸易通关便利化程度。一是深化流程改革，优化提升港口作业服务效率。全面实行边检业务"速审直推"工作模式，缩减通关审批时限，压缩船舶在港等候时间。推进京津冀联合推广"船边直提""抵港直装"，提升跨境贸易便利化水平。公布实施《天津港集装箱货物生产作业时限标准》3.0 版，提升港口作业效率。二是强化科技赋能，加快推进智慧港口建设。传统集装箱码头全流程自动化升级改造项目全面投入运营，整体作业效率提升 20%，比传统集装箱码头人工成本降低 60%。全球首次实现 25 台无人驾驶电动集卡实船作业，获批行业首个"自动驾驶示范区"。北疆港区 C 段智能化集装箱码头 2021 年 1 月 17 日首个泊位顺利实现联调联试。天津港关港集疏港智慧平台上线运行，打造"船边直提""抵港直装"新模式，推广应用集装箱进口提货单电子化平台，集装箱单证电子化比例达到 100%。三是持续优化外贸发展环境。强化工作任务落实。加强政策宣讲，聚焦港口企业"急难愁盼"问题，甄选部门创新便企政策，扩大政策知晓度和覆盖面；畅通政企沟通渠道，坚持问题导向，及时回应企业关切，切实提高政策制定精准性、便利性。

推进自由贸易试验区制度型开放。一是研究对标国际高标准规则。组织力量深入研究 RCEP、中欧 CAI、CPTPP 等国际多双边投资贸易协定，开展"国际主流区域/双边贸易协定区域及天津自贸区应对研究""天津自贸试验区面向日韩、东北亚开放创新和国际合作研究""日韩、东北亚法治化营商环境及天津自贸区对接研究"，提出在国际经贸规则和国际产业链、价值链、供应链和分销网络调整重构中，推进自由贸易压力承载测试及开展国际经贸合作的政策措施和实施路径。二是探索开展规则对接实践。推广原产地预裁定制度，将预裁定时间由90天压缩至20天以内，取得预裁定决定书的商品，通关时免于提交原产地证书；以税率建议书方式，帮助企业梳理跨境交易、跨国运输、供应链节选、材料价值设定、成品价格设定等贸易安排，促进企业优化生产以及交易环节设计，提高RCEP贸易便利化的享用率；推进国际检验互认，对检验布控商品采取灵活处置方式，针对检验时间过长或实验室暂不具备检验能力的商品，采信国外第三方机构检测报告，无须海关实验室再次进行检验，进一步提升了通关效率，减少了企业时间成本和资金成本。三是持续深化"首创性"制度创新。编制印发《中国（天津）自由贸易试验区创新升级实施方案》及任务分工，建立创新发展项目立项管理制度，围绕构建投资、贸易、金融、人员、数据、运输等要素跨境流动的制度政策体系和打造法治化营商环境、对外交流合作平台，提出一批创新发展项目，以点带面推动制度创新突破，加快推进制度型开放探索实践。

（二）持续优化外贸发展环境

降低外贸企业营商成本。一是深化与银行合作。与建设银行联合出台《2021年稳外贸金融支持措施》，加大中小微外贸企业信贷投放力度，拓宽融资渠道，并实施减费让利。企业通过"单一窗口"跨境汇出、汇入，全年免收手续费；小微外贸企业办理"小微快贷""跨境快贷"等普惠金融融资产品享受优惠利率。二是强化信保支持。与中信保天津分公司签署《关于充分发挥出口信用保险作用 支持天津市外贸小微企业稳定健康发展合作协议》，联合搭建小微统保平台；共同组织第二届小微客户节活动，开展"送培训""送专家""送资信""送融资""送赔款"的"五送活动"。三是加大"政银保"融资项目的推广力度。着力解决外贸综合服务企业融资难、融资贵问题，有效降低企业融资成本。

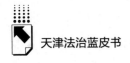

深化国际贸易"单一窗口"建设。一是大力推动依托国际贸易"单一窗口"推送查验指令工作。分三批确定了6家试点企业，依托国际贸易"单一窗口"，将查验高柜、调货等检验信息推送至港口、口岸作业场站，实现了查验指令信息和港口作业信息的双向交互。二是持续推动原产地证书在线申领和自助打印功能。国际贸易"单一窗口"原产地证书申领及覆盖率明显提升。三是大力推进进出口环节监管证件在线申领工作。除涉密等特殊情况外，全部进出口环节监管证件及检验检疫证书全部通过"单一窗口"实现了联网检查，29种监管证件通过"单一窗口"实现了网上申报、网上办理。四是按照国家口岸办工作部署统一收费标准。会同行业管理部门指导收费主体，根据《天津港口岸进出口环节收费目录》规定，通过"单一窗口"持续发布更新口岸收费信息。五是持续推广国际贸易"单一窗口"国家标准版。货物申报、舱单申报、运输工具申报应用率达100%。

加快推进"海外仓"相关标准与国际先进对标。充分利用中信保天津分公司首创的"通过外贸综合服务企业出口跨境电商卖家海外仓业务模式"，为更多平台卖家提供授信支持，培育更多天津市外贸综合服务平台企业开展服务跨境电商出口业务。积极推动跨境电子商务企业对企业出口监管试点落地实施。

三　"一制三化"改革亮点突出

随着天津市"一制三化"改革3.0版不断深入，承诺制审批已得到广泛认可，标准化建设显著增强，智能化程度不断提升，政务服务更加高效便捷，为天津市经济社会高质量发展提供了强大助力。

（一）不断发力，持续深化承诺制审批改革

一是深化承诺审批。在不违背上位法的前提下，对保留的事项和材料全面推行承诺审批制度。编制天津市实行告知承诺制的证明事项和涉企经营许可事项目录。组织各部门对可承诺的事项逐项明确承诺的申请材料，并在天津

网上办事大厅公开。二是推行容缺受理。在市、区、乡镇（街道）三级全面落实政务服务事项容缺受理。凡不适用承诺审批的政务服务事项及材料，且行政相对人未在市信用信息共享平台"失信黑名单"中的，均适用容缺受理。同时，进一步规范容缺受理办理流程，明确容缺受理的前提，完善容缺受理系统办理功能，与现有改革进行有效衔接。三是强化审管结合。按照依法合规、标准一致、公开公平的原则，逐项编制事中事后监管实施细则。建立审管标准互认机制、审管联动协调机制、审管联动定期会商机制和审管联动年度考核机制，有效促进了审批与监管无缝衔接。截至2022年上半年，共编制监管细则2100余个，涵盖3000余项政务服务事项。

（二）严格落实，持续强化政务服务标准化建设

一是落实国家要求。国务院关于取消、调整、下放的政务服务事项，天津市一律取消、调整、承接到位，对此类事项，逐一修改操作规程并发布。同时，对照国家政务服务事项目录，实现天津市政务服务事项与国家事项目录"应关联尽关联"。二是规范事项目录。对天津市政务服务事项目录实施动态化管理，将暂不列入事项归入现行实施目录，并逐一编制操作规程，做到一经申请即可办理。三是细化操作规程。组织市级行政机关按统一要求，及时更新维护、提交审核市、区、街道（乡镇）三级政务服务事项操作规程内容，精简申请材料，优化审批流程，压减审批时限，提升政务服务效率。四是推行"免申即享"。制定《天津市"免申即享"政策清单》（津职转办发〔2022〕3号），清单中包括发展改革、检验检疫、生态环境、城市管理、工程建设、教育、税务等多方面53项惠企便民政策，最大限度方便企业群众办事，推动惠企便民政策兑现落实。

（三）互联互通，持续打造政务服务智能化平台

一是开办企业全程网办。整合"企业开办一窗通"平台和全程电子化服务平台，优化"企业开办一窗通"平台功能，将公积金登记、企业社会保险登记和职工参保登记业务办理纳入企业开办流程，实现全程网上办理，

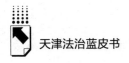

压缩办理时间。

二是完善数据统计分析，建立"政务一网通"平台与市场监管业务系统互联互通机制，增加综合窗口帮办服务的应用权限，升级应用功能，做好平台数据传输共享，建立企业开办数据统计和分析模型，通过大数据管理促进改革落地。

三是公布"四免"事项清单。组织市有关部门梳理制定《天津市"四免"改革事项清单》（津职转办发〔2022〕6号），推出182项"四免"事项，进一步推动落实本市政府部门核发的材料原则上免提交、本市政府部门形成的业务表单数据原则上免填写、可用电子印章的免用实物印章、可用电子签名的免用手写签名改革工作，最大限度方便企业群众办事。

四是强化"好差评"制度。建立健全以企业和群众办事体验为导向的网上政务服务"好差评"体系，实现政务服务"好差评"系统与天津市一体化在线政务服务平台、全市统一数据共享交换平台对接，推进"好差评"线上覆盖天津网上办事大厅、"津心办"App、小程序、短信、12345政务服务热线等评价渠道，线下联通办事大厅窗口、自助终端，实现线上全覆盖、线下全联通。

（四）优化服务，持续提升政务服务便利化程度

一是持续做好企业开办便利化工作。积极配合市市场监管委优化"企业开办一窗通"平台功能，实现企业设立登记、公章刻制、发票申领、社保登记、公积金缴存一网通办，将企业开办时间压缩至1天内办结。前三季度，市和区共新设立企业80280万家，网办率94.31%。

二是不断推进工程建设项目审批制度改革。会同市住建委制订印发工程建设项目联合审批流程图（2021版），会同市交委制定印发《关于国省干线公路涉路施工许可事项纳入工程建设项目审批管理系统工作的通知》，会同市发改委制定印发《关于加强"两高"项目管理的通知》。完成各类系统功能开发21项，完成与市住建委消防设计审查、消防验收等两个系统的互联互通。每月梳理系统运行数据，在国家发改委和住房城乡建设部系统运行情况通报中，天津市排名稳定在全国前列。

三是扎实推进"证照分离"改革工作。印发《天津市深化"证照分离"改革 进一步激发市场主体发展活力工作方案的通知》（津政发〔2021〕12号）、《关于印发天津市"证照分离"改革有关事项清单的通知》（津职转办发〔2021〕11号），按照直接取消审批、审批改为备案、实行告知承诺、优化审批服务四种方式分类推进审批制度改革，同时在天津自贸试验区进一步加大改革试点力度，天津自贸试验区所在的滨海新区、东丽区的其他区域参照执行自贸试验区改革举措，让更多市场主体享受到改革红利。

四是深化行政审批中介服务。印发《关于公布我市取消和保留的行政许可中介要件目录的通知》，公布了29项行政许可事项77个方面的中介要件，取消了1个中介要件。明确行政许可中介机构各行业主管部门要不断完善中介机构服务规范和标准，规范中介机构服务行为，对已取消的行政许可中介要件，一律不得再要求申请人提交。同时，结合中介事项及要件目录（2021版）梳理调整中介网上超市相应内容。

五是不断推进"四办"便利化服务。在梳理公布市、区、乡镇（街道）三级政务服务事项清单的基础上，以企业和群众办好"一件事"为标准，持续深化"马上办、网上办、就近办、一次办"便利化服务，实现政务服务事项"就近能办、同城通办、网上可办"。印发了《天津市政务服务事项"网上办"和"一次办"负面清单》，涉及"网上办"负面清单81项、"一次办"负面清单49项，主动接受办事企业、群众和社会的监督，进一步规范政府行为、提升政务服务水平。印发了《天津市政务服务事项"就近办""马上办""零跑动""全市通办"清单》，梳理"就近办"清单877项，"马上办"清单共783项，"零跑动"清单共848项，"全市通办"清单1157项，进一步简化办事程序，优化办事流程，缩减办事时间。

六是推进政务服务"好差评"制度落地。印发《天津市政务服务"好差评"实施细则》，并以"一图读懂"的形式在官网、公众号等媒体渠道进行广泛宣传，营造"以评促改"的良好氛围。对照一体化政务服务整改要求，升级政务一网通平台系统功能，在网上办事大厅增加对事项操作规程、政务服务场所的评价功能，向12345政务服务热线"好差评"专席人员开

放主动邀评功能，完善差评处置流程，确保形成"好差评"评价、核实、整改、反馈、回访、上报全流程闭环工作机制。

四 数字化政务服务工作成效显著

天津市数字化政务服务工作实现整体提升，移动端建设整体规划和顶层设计目标更加清晰，具体体现在以下三个方面。

（一）"一体化"工作格局逐步形成

天津市成立数字化政务服务工作组，分管副市长任组长，市政务服务办、市委网信办和市大数据管理中心作为主要成员，会同市公安局、市市场监管委和市人社局等市级和区级单位同心协力，形成全市数字化政务服务"一体化"工作格局。一是统一思想正视差距。《天津市加快数字化发展三年行动方案（2021~2023年）》和《天津市数字化政务服务工作推进机制》印发实施后，数字化政务服务工作组各成员单位积极主动对标先进地区，加强与上级部门沟通联系，提高对数字化政务服务改革的认识，进一步找准天津市在政务服务事项要素标准化、分类颗粒化和集成场景、数据赋能等方面的差距和努力方向。二是通力合作攻坚克难。市政务服务办、市委网信办和市大数据管理中心充分发挥牵头统筹协调作用，坚持周例会、月通报制度，有效推动了统一身份认证对接、电子证照数据归集等事项，并取得显著成效，合作建设的政务服务"好差评"系统作为全市基础应用平台上线以来受到各方一致好评。

（二）"一网通办"能力显著提升

始终坚持把"互联网+"作为提升政务服务能力的"突破口"，以政务服务数字化转型为契机，有力推进天津市一体化政务服务平台建设。一是网厅功能明显改善。在天津网上办事大厅开发上线8项功能，其中，上线操作规程（办事指南）、实体大厅、智能搜索的"好差评"功能，上线热词搜索功能，新增搜索热词 700 余个，并关联事项超过 900 个。整合上线常用查询模块，发布公积金、社保、个税、居住证办理等 160 余项查询服务。上线营商环境、残疾人、老年人特色服务专区专栏，新增网页浏览字幕辅助、语音朗读等功能，网站无障碍、适老化服务能力明显提升。二是两端融合建设持续深入。组织市有关部门主动认领电子证照、上传业务数据、完善服务应用，完成公安、人社、教育等重点领域 100 余个高频服务事项接入"津心办"App，新增居住证等电子证照超过 40 个。三是拓展网办深度。推动"一网通办"由"可办"向"好办、易办"转变，市级行政许可事项平均跑动次数降至 0.21 次，承诺时限压缩比超过 80%，更好地实现"数据多跑路，群众少跑腿"。四是强化数据汇聚。依托天津市信息资源统一开放平台和电子证照、电子印章等基础条件，加强政务数据汇聚、共享和开放。向国家平台推送电子证照种类超过 280 种、数据量超过 5000 万条、政务服务办件量超过 3000 万。制定"好差评"实施细则，建设"好差评"系统，汇聚 19 个部门 30 个系统评价数据，主动评价率大幅提升。

（三）出台移动端建设工作方案

为贯彻落实《国务院办公厅关于印发全国一体化政务服务平台移动端建设指南的通知》（国办函〔2021〕105 号）要求，结合《天津市加快数字化发展三年行动方案（2021~2023 年）》有关内容，市政务服务办会同市委网信办、市大数据管理中心研究起草了《天津市一体化政务服务平台移动端建设工作方案（2022~2023 年）》，已于 2022 年 1 月以市政府办公厅名义正式印发实施（津政办发〔2022〕9 号）。工作方案包括总体要求、总体架构、3 项重点任务和保障措施等 6 个部分。其中总体架构部分确定了"津心办"平台作为全市移动政务服务公共入口、公共通道、公共支撑的定位，各区、各部门要整合各自政务服务资源，共同建设"津心办"平台；重点任务中丰富集成套餐式政务服务应用场景和构建数字化政务服务业务中台两项任务，分别提出了"一件事"应用场景和数字化政务服务业务中台建设的要求，为天津市今后两年一体化政务服务能力建设提供了根本遵循。

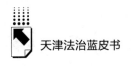

五 天津市进一步优化营商环境展望

（一）深入推进政务服务数字化建设，优化服务运营

一是统一清单管理。基于全市政务服务事项目录，各区、各部门根据不同用户群体、不同应用场景细化梳理"津心办"平台高频政务服务事项清单，推进申报表单字段名称、申请材料名称等事项要素标准化、数字化，逐步建立起标准化办件信息库、申请材料库、办事流程库，为政务服务"一件事"灵活配置等工作筑牢根基。二是统一应用管理。各区、各部门要围绕政务服务事项，对各类政务服务移动应用办理渠道开展摸底排查，建立台账清单。按照统一标准，重点推动"津心办"平台高频政务服务事项清单内事项分批次接入，统一在"津心办"平台、天津网上办事大厅发布服务，并同步接入全国一体化政务服务平台。三是丰富"一件事"应用场景。围绕企业从开办到注销、个人从出生到身后的重要阶段，按照不同应用场景、业务情形，将多个相关联的"单项事"合理归集，强化部门间业务协同、系统联通和数据共享，按照"一次告知、一表申请、一套材料、一窗（端）受理、一网办理"办理模式，实现更多事项"一件事一次办"，更好地满足企业和群众办事需求。四是启动业务中台建设。依托全市统一政务服务事项库管理系统，按照数字化管理和智能化整合的要求，开展数字化政务服务业务中台建设，制定政务服务办件提交、结果反馈、页面布局风格等规范，实现事项申办流程管理、智能表单编排、标准化元数据管理、服务应用接入管理等功能，重点为政务服务"一件事"、两端融合建设、线上线下服务同质提供支撑。五是全面推进综合窗口改革。鼓励各区、各部门采用政府购买服务方式，在市、区政务服务中心、各类专业大厅推行综合窗口改革，按照"前台综合受理、后台分类审批、综合窗口出件"模式，合理设置无差别或分领域综合办事窗口，实现"一窗受理、综合服务"。要建立高素质帮办服务队伍，优化服务流程，让"面对面审批"成为更加热情高效的"手把手

服务"，提升企业群众获得感满意度。六是优化服务运营。借鉴先进理念，推广市级"统建结合"与区级"建用结合"模式，鼓励基层围绕"一件事"服务、"关键小事"等高频场景开展探索创新，按照"基层试点、全市共享"模式，加快复制推广。转变现有"重建设、轻运营"思维，通过购买服务等方式开展平台运营。

（二）深耕"一制三化"改革，实现最大程度便民利企

"一制三化"改革是天津市落实"放管服"改革、优化营商环境的重要举措，是推动天津市供给侧改革，推进政府职能转变的有力抓手。下一步，天津市应当从大局着眼，从细节着手，坚持不懈，集中力量，不断推进"一制三化"改革各项措施落实落地，让改革成果惠及广大企业群众。一是认真贯彻国家要求。按照党中央、国务院工作部署，认真贯彻落实全国深化"放管服"改革、优化营商环境电视电话会议精神和重点任务分工方案，纵深推进"一制三化"改革各项工作有序开展。二是加强同国务院办公厅审改协调局和全国各地政务服务部门的沟通，及时了解各地审批制度改革最新动态，借他山之石以攻玉，推进天津市审批制度改革不断完善。三是有针对性地加强培训指导。组织市级各部门"下沉服务"，有针对性地做好基层一线工作人员的培训工作，补短板、强弱项，确保"一制三化"改革各项措施有效落实。四是要坚持问题导向、目标导向、结果导向，"俯下身子"主动了解企业群众诉求，对基层一线工作中遇到的问题要第一时间研究解决，并及时研究调整优化改革措施。五是建立数字化政务服务工作机制，整合全市政务服务资源，将"津心办"App打造为全市政务服务的总门户，持续优化"政务一网通"平台功能，完善数据汇聚和共享标准，加快业务中台建设，建立全市"大综窗"服务体系，围绕企业、个人全生命周期，打造更多"一件事"场景式服务，实现多端统一发布、数据跨部门流转、全程网上办理，全面提升线上线下一体化政务服务能力。六是持续扩大宣传。要多渠道、多形式广泛宣传"一制三化"改革各项措施，引导企业群众充分了解和应用各项便利化服务措施。同时，以多种形式及时总结各区、各部门

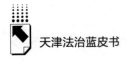

好的经验做法并复制推广，在全市营造积极的改革氛围，确保改革红利释放到位。

（三）加强制度建设和宣传推广，提升营商环境建设实际效能

一是完善工作机制，提升营商环境建设科学化水平。进一步完善全市优化营商环境联席会机制，充分发挥联席会议畅通沟通渠道、形成工作合力、推动问题解决的作用，探索更加科学高效的沟通模式、工作方式。建立健全政策评估机制，健全重大政策事前、事中评估和事后评价制度，使政策更加科学精准、务实管用。完善常态化政企沟通联系机制，健全企业家参与涉企政策制定机制，及时回应企业诉求。抓好惠企政策兑现，推行惠企政策"免申即享"，确保政策兑现"落实到人"。二是注重宣传推广，营造营商环境建设的浓厚氛围。深入开展政策解读。继续运用"一图读懂"、动画、短视频等多种形式开展宣传，依托"津策通"平台、学习强国 App、天津网上办事大厅等渠道，持续扩大政策宣传覆盖面，提高政策知晓度。加大政策宣传力度。加强资金保障和队伍建设，提高政策宣传专业化、精准化和体系化水平。持续开展全市"营商环境大讲堂"活动。围绕营商环境建设出现的各类问题，通过现场解读或网络直播方式进行答疑解惑，营造良好的工作氛围。三是加强制度保障，夯实营商环境建设制度基础。深入贯彻落实《优化营商环境条例》《天津市优化营商环境条例》，及时提炼总结经验做法、亮点工作和典型案例，推动各项工作在法治轨道上平稳有序运行。持续开展规章、行政规范性文件清理修订工作，依法取消、修订妨碍营商环境优化的条款规定，形成营商环境建设共识共为。完善配套政策，出台优化营商环境系列政策措施，打造系统完备、科学有效的营商环境建设制度体系。四是推动政策落地，提升营商环境建设实际效能。扎实推进营商环境建设三年行动计划。对标先进水平、紧抓短板弱项、结合天津实际，科学编制实施《天津市 2022 年优化营商环境改革重点任务清单》。更好发挥营商环境监督员队伍作用，围绕优化营商环境建设各项工作任务和企业群众反映的热点难点堵点问题，定期开展督查调研，推动问题解决。加强市政务服务办统筹协

调、督促指导作用。组织各职能部门加强工作协同，凝聚工作力量，打通工作堵点。加强对各区营商环境的建设的监督指导，推动各项政策措施落地生效，打通服务企业群众的"最后一公里"。

参考文献

[1] 涂永珍、赵长玲：《我国民营经济法治化营商环境的优化路径》，《学习论坛》2022 年第 3 期。

[2] 袁莉：《营商环境法治化构建框架与实施路径研究》，《学习与探索》2022 年第 5 期。

[3] 李建伟：《习近平法治思想中的营商环境法治观》，《法学论坛》2022 年第 3 期。

[4] 韩春晖：《优化营商环境与数字政府建设》，《上海交通大学学报》（哲学社会科学版）2021 年第 6 期。

B.3
天津市推进重大行政决策法治化
成果、经验总结及优化思考

天津市行政决策法治化研究课题组*

摘 要： 近年来，天津市着力推进重大行政决策法治化建设成效显著，
尤其是积极推进行政决策制度化，主要表现为：坚持统筹推
进，切实增强领导干部科学民主依法决策意识；加强制度建
设，不断完善重大行政决策制度体系；实行目录管理，不断
提升重大行政决策法治化水平，努力形成合力，推动建立市
政府重大行政决策咨询论证专家库，严格履行公众参与程序、
专家论证程序、风险评估程序、合法性审查程序、集体讨论
决定程序。各职能部门在推进重大行政决策法治化方面取得
了一系列经验，推进党政机关法律顾问、公职律师工作亮点
突出。接下来，应从完善政府法律顾问工作机制、建立规范
统一的合法性审查工作机制、强化公众参与机制建设等方面
进一步优化重大行政决策法治化。

关键词： 重大行政决策　法治化　优化思路

推进重大行政决策法治化是法治政府建设的关键环节，将重大行政决策
纳入法治化轨道运行，有利于提高决策质量和水平、加快法治政府建设进

---

* 执笔人：寇大伟，天津社会科学院法学研究所，副研究员，研究方向：法治政府、政府治
理。本文系天津社会科学院委托课题"关于深化对有为政府与有效市场关系的认识"（课题
编号：22YWT-09）阶段性成果。市政府办公厅、市司法局、市政府相关部门提供资料。

程。近年来，天津市深入贯彻《重大行政决策程序暂行条例》，重大行政决策规范化建设取得了阶段性成效。

一　积极推进行政决策制度化建设

天津市积极推进行政决策制度化建设，坚持统筹推进，切实增强领导干部科学民主依法决策意识；加强制度建设，不断完善重大行政决策制度体系；实行目录管理，不断提升重大行政决策法治化水平，努力形成合力，推动建立市政府重大行政决策咨询论证专家库。

（一）坚持统筹推进，切实增强领导干部科学民主依法决策意识

中共中央、国务院印发的《法治政府建设实施纲要（2021~2025年）》对推动建设更高水平、更高质量的法治政府作出了全面部署，是"十四五"时期全面推进法治政府建设的路线图和施工图。2021年8月12日，天津市政府办公厅、市司法局召开全市重大行政决策工作推进会，以贯彻落实国务院《重大行政决策程序暂行条例》为抓手，以迎接中央依法治国办法治政府建设实地督察为契机，统筹推进天津市重大行政决策工作再上新台阶。此次会议全面分析了当前做好重大行政决策工作的重要性和紧迫性，并从工作理念、工作机制、工作制度、工作标准四个维度精准分析了天津市重大行政决策工作存在的问题和短板，就进一步做好重大行政决策工作作出全面部署。邀请中国政法大学法治政府研究院专家围绕《重大行政决策程序暂行条例》作专题讲座，对如何做好重大行政决策工作进行指导。增强了天津市领导干部科学民主依法决策意识，提高了运用法治思维和法治方式解决问题的能力。

（二）加强制度建设，不断完善重大行政决策制度体系

1. 出台政府规章《天津市重大行政决策程序规定》

天津市以《重大行政决策程序暂行条例》为主要依据，结合实际，坚

持问题导向，科学设计重大行政决策程序制度，2020年10月出台政府规章《天津市重大行政决策程序规定》。该程序规定重点对重大行政决策事项范围，重大行政决策的作出、公布、执行和调整程序及责任追究等方面内容进行了规范，共计10章50条。该程序规定将市和区两级地方人民政府的重大行政决策活动全面纳入法治化轨道，从制度层面保障了人民群众对重大行政决策的知情权、参与权、监督权，真正防止行政权力滥用，切实提高行政效率。《天津市重大行政决策程序规定》的施行，对推进依法行政、加强政府自身建设具有重要现实意义，为政府科学决策、民主决策和依法决策提供了法治保障。

2. 出台政府法律顾问工作"一意见两规则"

为提升政府重大行政决策工作水平，充分发挥政府法律顾问和智库专家在重大行政决策中的作用，2020年1月，市政府印发《天津市人民政府关于进一步深化政府法律顾问工作的意见》，2020年2月，市司法局印发《天津市外聘政府法律顾问工作规则》和《天津政府法治智库规则》，对法律顾问、智库专家的遴选、聘任、考核等作出了明确规定。

3. 制定重大行政决策程序配套文件

2021年10月，天津市人民政府办公厅印发《天津市重大行政决策事项目录管理办法》《天津市重大行政决策跟踪反馈办法》《天津市重大行政决策后评估管理办法》《天津市重大行政决策过程记录和材料归档管理办法》四个重大行政决策程序配套文件，规范了重大行政决策事项目录管理、跟踪反馈、后评估、过程记录和材料归档工作，为精准、细化推进重大行政决策工作规范开展奠定了坚实基础。2022年6月，天津市政府办公厅印发《天津市重大行政决策公众参与工作规则》《天津市重大行政决策专家论证工作规则》《天津市重大行政决策风险评估工作规则》《天津市重大行政决策合法性审查工作规则》《天津市重大行政决策专家库工作规则》等五个重大行政决策程序规定配套文件，进一步细化了重大行政决策公众参与、专家论证等程序规定，切实提升天津市重大行政决策工作规范化水平。

（三）实行目录管理，不断提升重大行政决策法治化水平

国务院《重大行政决策程序暂行条例》和《天津市重大行政决策程序规定》均对编制重大行政决策事项目录工作作出明确规定。经市政府常务会议审议通过，并经市委同意，市政府 2021 年、2022 年重大行政决策事项目录均在市政府官网向社会公开发布。市政府 2021 年度重大行政决策事项目录，包括加快推进天津市大学科技园建设的指导意见、全面推进生活垃圾分类工作的实施方案等 10 个决策事项。市政府 2022 年度重大行政决策事项目录共包括 13 个决策事项，主要围绕以下四个方面作出安排。一是围绕推动天津高质量发展，安排北大港水库扩容工程规划、加快制造业高质量发展并推进制造业立市若干政策措施、国有建设用地有偿使用办法 3 个决策事项。二是围绕保障和改善民生，安排公共体育设施布局规划、健全重特大疾病医疗保险和救助制度的措施、城市更新行动计划 3 个决策事项。三是围绕加强社会治理，安排 2022 年食品安全监督管理计划、加强违规低速电动车管理的通告、农村宅基地管理办法 3 个决策事项。四是围绕生态文明建设，安排环卫设施布局规划、"植物园链"建设方案、污染物排放总量控制管理办法、调整扩大高污染燃料禁燃区范围 4 个决策事项。

目录的发布，实现了天津市重大行政决策事项"清单化管理"，对于规范重大行政决策行为和加快法治政府建设具有重大意义，将助推天津市重大行政决策规范化水平不断提升。

（四）努力形成合力，推动建立市政府重大行政决策咨询论证专家库

根据《重大行政决策程序暂行条例》《天津市重大行政决策程序规定》的有关规定，为充分发挥各领域专家在推进重大行政决策规范化中的积极作用，市政府办公厅、市司法局合力推动建立市政府重大行政决策咨询论证专家库。

2021 年 12 月，市政府办公厅印发《天津市人民政府办公厅关于开展市人

民政府重大行政决策咨询论证专家库专家推荐工作的通知》，明确了拟入库专家条件、入库程序等，由市人民政府相关部门从行业主管部门、教育科研机构、行业协会商会、社会组织、有关企业等单位择优推荐熟悉本领域相关工作的专家3~5人。明确要求推荐部门要严把拟入库专家的政治关、品行关、能力关、作风关，坚持优中选优、择优推荐。经市政府相关部门推荐、市司法局对推荐材料进行审查、社会信用记录核查等程序，形成了"天津市人民政府重大行政决策咨询论证专家库拟入库专家名单"。经市政府批准，聘任于兵、马蔡琛等136人作为天津市人民政府第一届重大行政决策咨询论证专家库专家。2022年8月，专家库名单在市人民政府官方网站予以公告。专家库的建设和管理，遵循择优选聘、优化结构、整合资源、规范运作的原则，努力实现人才资源共享，形成"人尽其才、才尽其用、用当其时"的良好局面。

二 严格履行重大行政决策程序

2022年5月，天津市政府办公厅与市司法局共同研究，向各区人民政府、市政府有关部门印发提示函，对重大行政决策的公众参与、专家论证、风险评估、合法性审查和集体讨论决定等进行法定程序规范。

（一）严格履行公众参与程序

对涉及社会公众切身利益的重要规划、重大公共政策和措施、重大公共建设项目等重大行政决策事项，要向社会公众公开征求意见不少于30日，充分听取社会公众意见，不得随意缩短公开征求意见期限。决策承办单位应当在充分采纳合理意见的基础上，进一步完善决策草案，并通过适当方式将公众意见采纳情况向社会公开反馈。对相对集中的意见未予采纳的，决策承办单位应当重点说明理由。

（二）严格履行专家论证程序

专家论证是重大行政决策程序的重要一步，针对专业性和技术性较强或者涉及重大疑难问题的事项，决策承办单位需要组织专家或专业机构进行论证。专家论证意见书不能简单地只写结论，而要全面、真实、客观地反映专家、专业机构的意见，要有对决策的必要性、可行性、科学性等方面的详细分析。专业机构应当在专家咨询论证意见书上盖章，专家应当在专家咨询论证意见书上署名，对论证结论持异议的，应当一并注明不同的意见及理由。

（三）严格履行风险评估程序

对于可能对社会稳定、公共安全、生态环境、财政金融等方面造成不利影响或易引发网络舆情的重大行政决定，决策承办单位应进行风险评估，评估主体可以是承办单位自己，也可以委托专业机构、社会组织等第三方。开展风险评估，应当形成风险评估报告。在形成风险评估报告前，应征求公安、财政、生态环境等相关部门的意见（依法需保密的除外）。相关部门应自收到征求意见函之日起7个工作日内以书面形式回复意见。风险评估报告由决策承办单位主要负责人签字并加盖公章，向同级政法委备案。

（四）严格履行合法性审查程序

决策承办单位负责拟定决策草案的机构，应当严格遵守法律法规，确保决策的实体内容和程序合法合规。决策草案需经合法性审查且合格后，方能提交决策机关集体讨论。合法性审查要严肃认真，不能以诸如征求意见、会签等其他方式来代替。在此过程中，应组织法律顾问和公职律师提出法律意见。合法性审查应当保证必要的审查时间，一般不少于7个工作日。

（五）严格履行集体讨论决定程序

重大行政决策的最后一道程序是集体讨论决定，讨论决策草案会议组成人员对重大行政决策应充分发表意见，且行政首长的意见最后发表。会议组成人员因故不能参加的，可以书面形式发表意见，要详尽记录集体讨论决定情况，并如实记录不同意见。出现行政首长拟作出的决定与会议组成人员多数人的意见不一致的情况，针对不同意见，应当在会上说明理由。

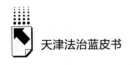

三　各职能部门推进行政决策法治化的典型经验

天津市各职能部门在推进行政决策法治化工作中积极落实、主动作为，市人防办、市工业和信息化局、市财政局、市审计局、市农业农村委等部门推出了一系列典型经验做法。

（一）市人防办严格落实相关文件，并发挥法律顾问的作用

为圆满完成行政决策法治化目标任务，市人防办采取了一系列有效措施。一是严格落实《重大行政决策程序暂行条例》。在党组扩大会组织学习《重大行政决策程序暂行条例》《天津市重大行政决策程序规定》，制定了《市人防办重大行政决策程序管理办法（试行）》。对照设定重大行政决策事项条件，认真梳理市人防办年度重点工作，研究确定天津市人防工程规划、人防指挥所项目为2021年度人防重大行政决策事项。项目牵头处室严格按照公众参与、专家论证、风险评估、合法性审查、集体讨论决定程序组织实施。鉴于2个事项都属于涉密项目，经请示，未对外公布目录。二是发挥法律顾问在依法决策中的作用。市人防办建立了由内部法律顾问和外聘执业律师组成的人防法律顾问队伍。通过会谈、微信工作群、外出调研、电子邮件、正式通话、文件审改及出具法律意见书等多种方式处理法律事务。在制定规范性文件、政府依法科学决策、重大执法决定法制审核中，充分发挥咨询论证、审核把关作用。

（二）市工业和信息化局规范重大行政决策，充分发挥法律顾问的参谋助手作用

市工业和信息化局在行政决策法治化过程中，规范重大行政决策，充分发挥法律顾问的参谋助手作用。一是规范重大行政决策。市工业和信息化局党组专题研究重大行政决策目录制订工作，参照相关规定制订市工业和信息化局重大行政决策目录。注意区别重大行政决策事项与"三重一大"等

"重要"事项，突出"政府行政""公共服务""重大"等属性，确定市工业和信息化局 15 项重大行政决策事项，在局网站予以公布。明确重大行政决策事项责任处室，跟踪重大行政决策事项进展情况，对进展缓慢的事项及时提示提醒，做好重大行政决策全过程记录和档案管理。参照天津市制定的相关配套制度文件，制定市工业和信息化局《重大行政决策事项管理规定》，经局党组会审议通过后印发执行。二是发挥法律顾问在依法决策中的参谋助手作用。制定《关于进一步加强法律顾问管理的工作措施》，对充分发挥法律顾问作用、完善法律顾问工作机制再次进行明确。2021 年法律顾问共出具合法性审核意见 162 件，包括合同协议、信息公开、重大行政决策、相关法律事务等。

（三）市财政局完善并坚决落实重大行政决策相关制度

修订完善《天津市财政局工作规则》，进一步明确依法行政、民主决策、政务公开、会议制度、公文审批等方面的要求，推进财政工作法治化、规范化、制度化。全面落实中央和天津市重大行政决策规定，建立局党组统一领导、办公室牵头负责、法制机构合法性审查、相关处室具体落实的工作机制，将《天津市污水处理费征收使用管理办法》《天津市安全生产专项资金管理办法》等实施项目列入 2021 年度重大行政决策事项目录，并向社会公开。加强重大行政决策档案管理，制订档案范本，及时整理相关卷宗。起草《天津市契税适用税率和减征免征办法的决定》，依法履行相关程序，上述决定经天津市第十七届人大常委会第二十七次会议审议后实施。制发《天津市财政局合法性审查工作暂行办法》《天津市财政局法律顾问工作规则》《天津市财政局公职律师管理暂行办法》，明确合法性审查范围、程序要求、职责分工，充分发挥法制机构、外聘法律顾问和公职律师作用，将合法性审查意见作为提交局领导集体审议必经程序，以实际行动实现重大行政决策科学民主、依法依规。

（四）市审计局五项措施助力公职律师发挥职能作用

为进一步加强法治政府建设，提高依法审计水平，天津市审计局推出五

项措施，规范公职律师管理和使用，发挥公职律师在推进审计法治建设中的重要作用。目前，天津市审计局共有公职律师 5 人，2019 年以来承办各类法律事务 180 多件。

一是制定发布管理办法。加强公职律师制度建设，制定《天津市审计局公职律师管理办法（试行）》，明确公职律师的准入条件、工作职责、退出机制、激励措施和保障机制，从制度上明确公职律师谁能干、干什么、怎么干等问题。二是深度融入业务流程。打造全流程法律支持服务体系，通过业务程序锚定工作职责，推动提升审计质量。公职律师进驻审计项目质控节点，参与现场审计，规范执法行为；接受法律咨询，为问题定性提供参考意见和法律依据；列席审计业务会，对审计报告的法律适用疑难问题发表意见。三是精准对接事项需求。按照业务板块和服务专长安排公职律师对接审计项目，专人专岗专责提供法律服务，"小切口"打磨细分领域法律技能，逐步形成覆盖审计执法、决策咨询、复议诉讼、信息公开、信访处置、文件审查以及普法宣传等各方面业务的公职律师服务团队，使公职律师成为审计机关依法履职的"标配"，有效推进依法行政。四是持续完善跟踪问效。实行派单评价机制，及时汇总公职律师工作量、自我评估以及需求部门评价情况，并与年度考核结果挂钩；定期召开公职律师"碰头会"，收集工作中的各种困难和问题，统筹协调研究解决。五是强化律师顾问互动。公职律师"离得近、业务熟、保密严"，法律顾问是"局外人、经验足、技巧多"，通过组织公职律师与法律顾问座谈交流、协同应诉、"背靠背"出具法律意见、共同研究涉法难题等方式，加强沟通协调，用法治合力求得"最优解"，着力保障依法决策。

（五）市农业农村委提升重大行政决策管理工作质效

天津市农业农村委强化重大行政决策全过程管理，有效促进依法科学民主决策，全方位提升重大行政决策质量。一是加强组织领导。天津市农业农村委重大行政决策工作坚持与业务工作同部署、同落实、同考核。市农业农村委主要领导对重大行政决策工作多次提出明确要求，对重大行政决策事项目录编制等重要工作亲自部署、亲自过问、亲自协调、亲自督办。形成主要负责同志牵头抓总、分管负责同志组织协调、承办部门具体负责、相关部门联动推进的落实工作机制。二是实施目录管理。制定了《天津市农业农村委员会2022年度重大行政决策事项目录》，将《天津市农业科技创新"十四五"发展规划》《天津市农业农村国际合作"十四五"规划》等5个实施项目列为天津市农业农村委员会2022年度重大行政决策事项，并在"天农网"向社会公布，目录内事项按公布的计划完成时间逐步有效推进，接受社会各方监督。另外，将由农业农村委承办的《天津市农村宅基地管理办法》列入市政府2022年度重大行政决策事项目录。三是强化科学决策。对列入目录的重大行政决策事项，严格履行法定程序。按规定向社会公开征求意见，对涉及社会公众切身利益的重要规划、重大公共政策和措施、重大公共建设项目等，如《天津市种植业"十四五"发展规划》，充分听取社会公众意见。同时，将合法性审查作为重大行政决策必经环节，法制机构坚持提前介入，做到全程配合，未经合法性审查或者经审查不合法的，不得提交审议，确保重大行政决策事项合法合规。在合法性审查过程中，充分发挥公职律师、法律顾问等"智囊团"的作用，全方位、多角度提高审查质量。四是加强监督指导。强化权力制约，做好事后监督，定期对重大行政决策推进情况进行跟踪，发现问题及时督查整改，促进决策事项高效规范实施，扎实推进重大行政决策各项工作推深做实。

四　推进党政机关法律顾问、公职律师工作亮点突出

天津市把加强党政机关法律顾问工作、发挥党政机关法律顾问作用，作为推进全面依法治市、打造法治建设先行区的重要举措。在设置公职律师方面，紧紧扭住"应设尽设"的目标要求，坚持问题导向、目标导向、效果导向，强化责任担当、加强工作统筹、强力推动落实。

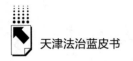
（一）党政机关法律顾问队伍发挥重要作用

天津市坚持高起点谋划、高标准推进、高要求落实，下大力气建设好、使用好、管理好党政机关法律顾问队伍，以机制发力保障作用发挥，取得明显成效。目前，全市共有1069家单位（含各级党政机关和人民团体）建立了法律顾问制度，共配备法律顾问2204名。

一是建立健全长效机制。市委、市政府把法律顾问工作纳入法治建设"一规划两纲要"，并作为每年市委常委会工作要点中的一项重要工作有力推进。市委办公厅、市政府办公厅印发《关于推行法律顾问制度和公职律师公司律师制度的实施意见》，坚持分类规范实施、统筹衔接推进，积极稳妥推行法律顾问制度。市委依法治市办、市司法局联合印发文件，明确法律顾问工作流程和管理制度。各级党政机关结合实际建立完善相关制度，促进法律顾问工作依法规范开展。

二是配齐建强法律顾问。市委依法治市办、市司法局联合印发《法律顾问和公职律师常见问题政策解读》，明确基本原则、资格条件、政策要求、聘任程序等内容，健全法律顾问作用发挥机制，加强监督管理，确保法律顾问队伍整体素质。在选人标准上，确定政治素质、专业能力、职业操守等资格条件；在聘任程序上，依托政府法治智库，通过组织推荐、公开遴选等方式，择优确定最终人选；在日常管理上，市司法局印发《天津市外聘政府法律顾问工作规则》，制订了法律顾问日常履职情况台账清单，每季度统计履职情况，规范法律顾问工作。

三是聚焦作用发挥增效。充分发挥法律顾问的重要作用，参与决策过程，提出法律意见，推动法律顾问制度有序推进、有效实施。2021年，全市法律顾问为所在单位讨论决定重大事项提供法律意见6917件，参与法律法规章草案、党内法规草案和规范性文件起草、论证2700件，参与合作项目洽谈、对外招标、政府采购及起草、修改、审核法律文书、合同、协议22401件，参与信访接待、矛盾调处、涉法涉诉案件化解、突发事件处置等11980件，参与行政处罚审核、行政裁决、行政复议和行政诉讼等21757

件，有力促进了党政机关依法决策、依法办事。

四是严格督察狠抓落实。市委依法治市办把加强法律顾问工作、发挥法律顾问作用情况作为年终述法、全面依法治市绩效考核和法治政府建设与责任落实督察的重要内容，对 25 个市级政府部门和 16 个区进行重点检查，通过有力有效的督察督办考评来保障任务落实。对应听取法律顾问、公职律师的法律意见而未听取的事项，或者法律顾问、公职律师明确给出不合法不合规结论的事项，不得提交讨论；对因工作重大失误造成重大损失或者严重不良影响的，依法依规追究相关责任，倒逼天津市法律顾问制度发挥作用、提升质量、落实到位。

五是强化智能服务保障。依托天津市律师综合服务平台，研发上线天津市法律顾问管理服务系统，为全市各级党政机关、人民团体聘任管理法律顾问，提供选聘、备案、统计、考核、培训等全流程网上服务，并实时更新全市律师和律师事务所名录（含执业信息、诚信信息、年度考核、专业领域等），供党政机关外聘顾问查询参考，为党政机关开展法律顾问工作提供更加智能化、精准化、便利化的服务。

（二）公职律师工作实现全覆盖

目前，天津市级党政机关普遍设立公职律师，区级设立公职律师的单位数量逐渐增多，有的单位以内部法律顾问或共享共用的方式开展公职律师工作，全市范围内初步实现公职律师工作全覆盖。

一是提高政治站位，强化政治责任。党的十八大以来，习近平总书记多次作出重要指示批示，强调要抓紧建立健全公职律师制度，充分发挥公职律师作用。天津市委、市政府坚持把推进公职律师工作作为"政治要件"来抓，紧盯不放、持续推进，召开全市公职律师工作推进会进行部署，向 10 个市级部门和 16 个区发任务交办函，要求限期完成。市司法局先后召开 1 次市级层面协调会、2 次区级层面推进会，深入 6 个区调研推动，全力推进任务落实。

二是坚持应设尽设，用足用好政策。市级党政机关已全部设立公职律师。

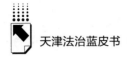

对于设立公职律师确有困难的，通过推行内部法律顾问、建立公职律师统一服务平台和统筹使用、跨部门跨层级跨地域调配使用等方式解决这一问题。截至2022年6月，全市需配备公职律师的697个党政机关中，以内部法律顾问履行公职律师职责的390个，以共享共用方式履行公职律师职责的60个。

三是聚焦作用发挥，推动履职尽责。积极推动各级党政机关建立完善政策措施、工作机制、运行模式，保障公职律师依法履职，促进各级党政机关依法深化改革、推动发展、化解矛盾、维护稳定、应对风险。全市公职律师和法律顾问积极参与法律法规规章草案、党内法规草案和规范性文件送审稿的起草论证，充分发挥参谋助手作用；办理民事案件的诉讼和调解、仲裁等法律事务，参与信访接待、矛盾纠纷调处、涉法涉诉案件化解、突发事件处置、政府信息公开、国家赔偿等工作，及时定分止争；参与行政处罚审核、行政裁决、行政复议、行政诉讼等工作，有效维护本单位合法权益；积极开展普法宣传教育，落实"谁执法谁普法"普法责任制，为党政机关法治建设作出积极贡献。

四是强化智能服务，优化服务保障措施。市司法局依托天津市律师综合服务平台，建立公职律师服务线上流程，提供动态管理、履职信息、作用发挥、统计报表等全流程网上服务。各党政机关可通过网上提交申请、自动生成表格、扫描文档上传，实时查询退补意见、办理进度及办理结果，档案数据自动归档留痕，全业务实现"一趟办结"；申报年度考核、停止执业、调入执业档案、信息勘误、统计报表等部分业务实现"零跑动"办理。推动建立完善公职律师业务培训、日常管理、考核激励、配套保障等制度机制，着力解决公职律师工作无人干、不想干、不会干等问题，完善绩效考评体系，以制度机制发力，加快建设一支符合中央要求、具有天津特色、满足各级党政机关法律需求的高素质公职律师队伍。

五 天津市进一步优化重大行政决策法治化的思路

在天津市重大行政决策法治化工作取得进展的同时，完善政府法律顾问工作机制、建立规范统一的合法性审查工作机制、强化公众参与机制建设等方面仍待进一步完善。

（一）完善政府法律顾问工作机制

加大法律顾问制度推进力度，拓展法律顾问工作广度深度，围绕党委、政府重大决策部署和热点难点问题，为重大行政决策把好法律关、政策关，织密重大行政决策+"安全网"。拟从以下几个方面完善。一是提升政府外聘法律顾问的综合素质。担任政府法律顾问不仅要具备较强的专业素质，同时也要有丰富的社会和行政工作经验，尤其是要有相关行业专业知识，需要具备较强的综合素质。二是要保障决策资料充足的审查时间，从而保障审查质量。在时间上，为保障审查质量，要为外聘法律顾问留出充足的审查时间，至少在一周前将需要咨询的决策资料发给外聘法律顾问，以便其有充足的准备时间。三是要能够提出深刻的咨询意见。法律顾问的咨询意见要深刻、要有依据。同时，也要为外聘法律顾问提供充足的资料，让其全面系统地了解决策背景和将要解决的问题，以便提出深刻、有针对性的咨询意见。四是在条件允许的情况下，可以吸收外聘法律顾问深入一线调研，增加感性认识，获得最有价值的第一手资料，以利于提出切合实际的咨询意见。五是要发挥监督制约的作用，决策承办单位应当鼓励外聘顾问发表咨询意见，所提意见要有见地、有力度，不能不痛不痒，要大胆提出不同意见，以供讨论和参考。

（二）建立规范统一的合法性审查工作机制

合法性审查是重大行政决策的关键环节，需要从以下几个方面作出努力。一是建立决策事项分流机制。在每个年度决策事项目录公布之后，从事合法性审查工作的机构，需要提前就相关决策事项的性质、内容、类型、审查难易程度等进行适当评估，提前做好应对准备。二是建立审查组织类型化机制。在配齐配足审查人员的前提下，可以考虑根据决策事项审查工作的难易程度，确定是采用 1 名工作人员实行独任制审查，还是由 2 名及以上工作人员实行合议制审查，以保证审查工作的质量。三是建立决策审查工作流程

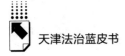

机制。在不断积累审查工作经验、掌握不同类型决策事项审查规律的基础上，逐步建立一套审查工作流程。将整个审查工作划分为决策草案和材料的接收、初步审查、复核审查乃至集体讨论等若干个环节，依据审查工作的难易，配备相关工作人员，确定每个环节的具体时限，既提高审查工作效率，又保障审查工作有条不紊地进行。

（三）强化公众参与机制建设

公众参与是重大行政决策法治化的重要指标之一，重大行政决策公众参与机制是不可或缺的重要内容。一是加强对公众参与决策的指导。公众参与重大行政决策的水平参差不齐，为确保公众更好地参与决策，决策承办单位要通过开展线上培训、编制公众参与手册等多种方式给予指导。二是畅通重大行政决策信息渠道，推进重大行政决策公开。公众能够参与重大行政决策的前提是能知晓重大行政决策的内容，信息公开程度和获取信息的便利度直接影响公众参与的广度。除依法不予公开外，应主动公开决策事项、决策依据、决策结果等。三是扩大公众参与的方式。公众参与重大行政决策的方式应该多种多样，尤其是不应受到空间的制约，网上交流、听证会、座谈会、民意调查等都可以成为公众参与重大行政决策的方式。四是做实听证程序。听证是公众参与重大行政决策的形式之一，凡是重大行政决策原则上都应进行听证，应在听证程序中突出听证参加人的质证和辩论环节，并对该环节进行重点记录。

参考文献

［1］常征：《行政决策法治化问题探讨》，《中共福建省委党校学报》2018 年第 2 期。

［2］王青斌：《规范重大行政决策：法治政府建设的重点》，《人民论坛》2017 年第 29 期。

［3］郭兴利：《重大行政决策法治化的实现路径》，《理论视野》2016 年第 10 期。

［4］申昕、徐晓明：《重大行政决策程序立法有关问题研究》，《人民论坛》2016 年第 5 期。

B.4
天津市推进行政执法与监督规范化的创新实践与展望

天津市行政执法与监督规范化研究课题组*

摘　要： 行政执法与监督规范化是加快法治政府建设的重要抓手，是准确把握法治建设规律，推动行政事业长远发展的根本性、战略性举措，也是切实维护广大人民群众切身利益、落实依法治国基本方略的必然要求。完善行政执法与监督应当及时谋划，坚持系统布局、效能为先、规则先行的构建原则，同时依托现代智能技术，遵循行政法学的核心价值导向，完善内在制度体系和规则体系，真正实现行政权力的自我约束和自我纠偏。

关键词： 行政执法　行政监督　规范化

近年来，天津市着力规范行政执法行为，加强行政执法监督，提高行政执法效能，防止和纠正违法、不当的行政行为，保护公民、法人和其他组织的合法权益，助推法治政府建设。自 2018 年开始，天津市实施以行政审批制度改革为代表的行政执法改革，实现"一颗印章管审批"、推行"一套标准办审批""你承诺，我就批"等等。同时，为避免"一区一个样"，天津大力推行"一套标准办审批"，诸多标准已在全国推广。目前，全部权责清单事项和公共服务事项在天津均可网上办理。事项咨询、申报、审查、办

---

* 执笔人：段威，天津社会科学院法学研究所，副研究员，研究方向为刑法学。市委编办、市政府办公厅、市司法局及市政府相关部门和各区政府提供资料。

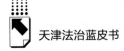

结、评议等流程均实现网上操作，除特殊事项外，网上可办率达到100%，实办率达到98%以上。天津市持续深化行政执法体制改革，不断加强行政执法规范化建设，全面推行"三项制度"，进一步加强执法监督，成效显著。

一　天津市行政执法体制改革概况

天津市在巩固执法改革成果基础上，进一步扩展实施综合行政执法领域，进一步整合、精简、规范执法队伍，推动执法重心下移，继续探索实行跨部门综合执法。

（一）把握重点，做好顶层设计

一是稳步拓展改革范围。全面落实减少多头多层重复执法的改革要求，将规划和自然资源、住房城乡建设等领域和直接关系企业生产、群众生活的卫生健康、水务、人力社保等领域纳入改革范围，统筹推进组织实施。二是厘清市区执法边界。明确市级队伍负责应由市本级承担的执法事项和组织协调跨区域执法等工作，其他执法事项强化属地管理。制定《天津市街道综合执法暂行办法》，探索实行基层一支队伍管执法。三是坚定不移做"减法"。按照减少层级、整合队伍、提高效率的原则，大幅减少执法队伍种类，精简各领域承担行政执法职能的机构，压缩执法人员编制。

（二）整合机构职能，优化资源配置

一是大力整合执法职责。全面梳理和整合分散在行政机关和事业单位的执法职责，一个部门设有多支队伍的，原则上整合为一支队伍。对执法内容相近、适合由一个部门承担的职责，进行跨部门跨领域整合。二是精简综合类内设机构。坚持精干高效、综合设置的原则，综合类内设机构一般为3个，对于执法事项多、执法队伍大、有特别需求的部分领域，如交通等执法队伍，可设置4个综合类内设机构，确保主要力量用于一线执法，杜绝执法队伍机关化，执法队伍内设机构中一线执法机构占比达到 68%。三是从严锁定人员编制。全面排查涉及执法的机构、编制、人员，摸清执法力量、执法流程、办案数量情况，建账立册，制定《天津市综合行政执法改革编制划转锁定标准和程序》，严把人员进口，综合考虑执法职责占比、任务量和执法频率等因素，从严核定人员编制，总量只减不增。例如，城市管理部门涉及综合执法、供热燃气管理等人员编制共 2530 个，经分析测算，实际核定人员编制 198 个。

（三）健全制度机制，提升执法效能

一是制订执法权责清单。依据机构改革方案、"三定"规定和转隶文件，梳理提出行政职权划入、划出意见，形成部门执法权责清单，落实执法责任，减少多头执法。二是建设综合监督平台。提升行政执法规范化水平，重新建设天津市行政执法监督平台，市政府印发《天津市行政执法监督平台管理办法》，明确政府和相关部门职责、执法监督平台信息归集和共享的要求、利用平台开展执法监督的方式等内容，把部门执法权责清单与行政执法监督工作融为一体，加强全过程、全领域监督，并纳入年度绩效考评，推动各部门依法履职尽责。三是健全联动协作机制。建立部门间协调配合机制，形成整体合力。将发生频次高、适宜基层执法的事项，交由街镇综合执法队伍承担，接受有关部门指导监督，强化与有关部门的协调配合与联动执法。

二　加强行政执法规范化建设的具体做法

（一）贯彻落实《行政处罚法》

一是规范部署落实《行政处罚法》。印发《关于做好贯彻实施〈中华人民共和国行政处罚法〉有关工作的通知》，提出全面加强学习培训宣传、严格规范行政处罚设立、深入推进《行政处罚法》实施、着力加强行政执法监督四项工作安排，推动各区、各有关部门抓实领导干部和执法人员《行政处罚法》学习教育，做好社会面普法宣传，严格规范制定行政处罚法规、

规章和规范性文件，定期动态清理完善，加大行政执法创新力度，提升行政执法质量。二是推进执法文书标准化建设。推动各市级执法部门对标《行政处罚法》，修订完善本系统行政处罚、行政检查和行政强制等行政执法文书；组织制定《天津市乡镇人民政府和街道办事处行政执法文书参考样式（2022版）》，印发各区参考执行。三是规范委托执法工作。组织各区、各部门开展委托执法情况专项检查，督促有关单位做到依法委托、从严把握，避免因委托执法导致的处罚不严不实不规范等情况发生。

（二）贯彻落实行政执法"三项制度"

一是建立组织机构。成立天津市全面推行行政执法公示制度、执法全过程记录制度、重大执法决定法制审核制度（以下简称行政执法"三项制度"）工作领导小组，设立领导小组办公室，负责日常工作的组织与实施，切实保证相关工作落到实处，取得实效。二是完善配套制度。印发《天津市行政执法公示办法》《天津市行政执法全过程记录办法》《天津市重大行政执法决定法制审核办法》，细化行政执法"三项制度"工作要求和标准，规范行政执法"三项制度"落实。三是对行政执法进行详细公示。各区、各部门在政府网站开辟公示专栏，对执法主体、执法权限、执法人员、执法流程等信息进行公示并实时动态调整，确保公示内容及时、准确和权威；规范执行《天津市持证执法管理办法》，严格落实行政执法人员持证执法制度；在市司法局网站开辟专栏，公示行政执法案件和持证执法人员信息。四是对执法全过程进行记录。各市级行政执法部门充分发挥业务指导作用，把规范行政执法文书和执法程序作为落实执法全过程记录制度的基础，严格执法文书制作和执法程序的执行，执法全过程记录的规范化水平不断提升。加强各级行政执法部门执法音视频记录设备配备和管理工作，为执法全过程记录提供设备保障。通过全过程记录，确保执法过程可回溯管理，从而有效固定证据，保护执法人员，化解执法争议。五是对重大执法决定进行法制审核。通过清单化管理，明确重大执法决定法制审核事项和责任。加大法制审核人员配备情况考核，确保审核人员足额配备，避免执法人员既充当"运动员"又插手"裁判权"。以各级行政执法单位法制审核人员为审核主体，注重发挥法律顾问、公职律师在法制审核工作中的作用，深入推进重大执法决定法制审核。

（三）推进严格规范公正文明执法

一是落实行刑衔接制度。推动各区、各有关部门建立完善行政执法与刑事司法衔接制度。依托行政执法监督平台，加强行刑衔接案件统计，适时通报各区、各部门行刑衔接案件办理情况，将行刑衔接工作情况纳入行政执法年度报告，进一步推动行刑衔接工作取得更多实效。二是完善行政裁决制度。强化行政裁决综合协调，落实 2022 年立法计划，研究起草《天津市行政裁决程序规定（报审稿）》，并广泛征求相关单位、社会公众和人大代表、法律顾问意见，为推动行政裁决工作提供有力的法治保障。三是统一执法服装和执法证件。印发《天津市综合行政执法制式服装和标志管理实施办法》，统一行政执法服装和标志，制作、更换全国统一执法证件，加强行政执法人员信息动态管理，增强行政执法的严肃性和规范化，方便群众辨别执法人员，提升执法工作严肃性、权威性。四是规范行政处罚裁量基准。为进一步规范行政处罚行为，促进严格规范公正文明执法，制定《关于建立行政处罚裁量基准的指导意见》，对行政处罚裁量基准的制定原则、主体及内容等提出了具体要求，已有 20 多个单位建立了本单位（系统）行政处罚裁量基准制度。五是推动免罚清单制订公开。贯彻落实对标京沪、提升天津市营商环境工作部署，做好免罚清单制订公开工作，市市场监管委、城市管理委、应急局等有关单位均已完成各自领域免罚清单的制订公开工作，并严格贯彻执行。

（四）加强行政执法监督能力建设

一是加强平台建设应用。持续做好天津市行政执法监督平台功能更新研发工作，制定《天津市行政执法监督平台管理办法》《天津市行政执法监督平台案件信息归集办法》，通过严格归集执法案件信息，确保执法监督平台统计执法信息完整准确，为执法监督工作提供科学的数据支撑。充分发挥执法监督平台"法治大脑"作用，深入挖掘执法监督平台系统和数据应用，实现对行政执法行为的及时有效监督。二是严格规范证件管理。组织完成全市行政执法人员公共法律知识培训考试，做好全市新增行政执法人员线上执法证件申领工作，确保符合条件的执法人员及时取得执法证件，规范开展执法工作。三是加强行政执法争议协调。印发《关于建立行政执法争议协调机制的意见（试行）》和《行政执法争议协调机制配套文书（样式）》，严格落实行政执法争议协调机制，及时解决行政执法争议，防止执法不作为、乱作为现象发生。四是做好专项执法工作监督。多措并举，深入推动《天津市文明行为促进条例》各项规定在全市有效落地落实；高度重视市人大常委会执法检查发现问题的整改，组织各区和相关部门认真研究分析、明确整改目标、细化整改内容、坚决整改到位。做好安全生产行政执法"周通报"，定期通报行政执法总体情况，有效督促相关单位落实执法责任，防止选择性执法、运动式执法，提供良好的法治保障。

三 重点领域行政执法规范化与监督工作成效

当前，人民对于公平正义、民主法治的深切向往，反映在行政执法过程中，行政相对人对行政执法活动有了更严格、更高标准的要求，不仅重视实体上的正义，还关注程序上的规范性、整体上的高效性、过程中的人性化和便利化等方面。行政机关只有主动提升行政执法能力，强化行政执法监督效能，不断自我纠偏、自我提升，才能维护政府公信力，满足人民群众需求，赢得人民群众拥护。

（一）市场监管领域

1. 行政执法规范化方面

持续推进"三项制度"走深走实。自 2020 年修订完成《天津市市场监督管理重大执法决定法制审核制度》后，2021 年又完成了《天津市市场监管委行政执法公示制度》和《天津市市场监督管理行政执法全过程记录制度》的修订工作，为全系统严格规范公正文明执法提供了必要的制度保障。2022 年完成 14 件重大行政处罚案件法制审核。

细化行政处罚和听证程序。制定出台《天津市市场监督管理委员会关于贯彻市场监管总局 42 号令实施意见的通知》（津市场监管规〔2021〕9 号），结合本市市场监管部门工作实际，对新修订的《行政处罚法》及市场监管行政处罚程序规定、行政处罚听证程序规定进行细化，便于基层执法办案操作执行。

出台食品安全"处罚到人"指导意见。落实党中央、国务院关于食品安全"四个最严"要求，制定出台《关于适用〈食品安全法〉〈食品安全法实施条例〉相关条款落实"处罚到人"的指导意见》，指导和规范基层执法部门办理食品安全"处罚到人"案件，提供具有可操作性的程序依据和文书范本，进一步推进食品安全"处罚到人"制度的贯彻落实。

落实"双减"政策，规范校外培训秩序。深入贯彻党中央关于规范校外培训的决策部署，印发《市场监管领域校外培训机构违法行为行政处罚指引》，系统梳理办理校外培训机构违法行为案件的认定依据和处罚依据，指导执法人员准确运用法律法规精准打击违法行为。

2.执法监督方面

市市场监管委组织行政执法案卷评查。组织开展两期年度行政处罚案卷评查，在本系统通报评查结果。依托天津市行政执法监督平台开展执法案卷线上评查，抽取行政处罚案卷 100 本，实现了线上执法监督的新突破。

开展"典型差案"评查与"示范优案"评选。召开全系统 2021 年度"典型差案"情况通报暨警示教育会议，教育引导广大执法人员牢固树立执法为民理念，全面强化担当精神、提升履职能力。市场监管部门积极推动市场主体住所（经营场所）在线信息核验案例入选天津 2021 年度行政执法十大"示范优案"，在全系统通报表扬。

做好行政复议、诉讼工作。2022 年全年共审结行政复议 11 件，办理上级行政复议 8 件。人民法院审结行政诉讼 4 件。市市场监管委领导出庭应诉 3 次，出庭应诉率 100%。

加强天津市行政执法监督平台维护。依托平台完成 298 名执法人员执法

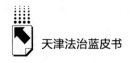

证件申换领工作。做好平台执法人员基础信息维护工作，实现行政处罚信息公示全覆盖。组织全系统 202 名新增执法人员专业考试，完成市级 300 余名执法人员培训考试。

（二）应急管理领域

1. 依法全面履行监管职能

一是进一步加强安全生产责任落实。组织 16 个区和重点市级部门与市政府签订安全生产责任书；完成对全市 16 个区的安全生产巡查督察；将安全生产工作纳入全市绩效考核，组织对 16 个区、市级党群系列、市级政府部门和中央驻津单位进行考核。二是加强信用监管。对 1050 家企业实施信用惩戒，把 2 家企业纳入联合惩戒。三是严格履行监管职能，铁腕执法。2021 年应急管理系统对 1362 家企业安全生产违法行为立案，处罚金额 7000 余万元。组织规范性文件清理，依法废止 4 件；组织开展加强应急管理优化法治化营商环境建设专项行动；发布《天津市安全生产轻微违法违规行为免罚清单（试行）》，助力优化营商环境。

2. 进一步完善依法行政制度标准

将《天津市安全生产责任制规定（修改）》《天津市应急避难场所管理办法》列入市政府立法规划。完善安全生产行刑衔接工作。与市公安局、市高级人民法院、市人民检察院联合制定并发布了《天津市安全生产行政执法与刑事司法衔接工作实施办法》，将 1 起非法生产危化品的企业依法移送司法机关。制定《天津市应急管理局行政执法决定法制审核制度》，规范行政执法法制审核工作，加强对行政执法行为的监督；组织制定完成并报批13 个地方标准。进一步完善行政执法三项制度；持续落实通报制度，强化"四铁"执法，定期通报安全生产执法情况；每季度发布安全生产行政处罚典型案例通报，集中曝光安全生产违法违规案例；进一步完善执法文书使用，严格执法程序，规范执法行为。

3. 完善"双随机、一公开"监管机制

为在应急管理领域全面推行"双随机、一公开"监管工作，健全完善

事中事后监管机制，进一步规范执法行为，天津市应急管理局将加强应急管理法治建设作为政策制定和行政执法的出发点和落脚点，根据《天津市人民政府印发关于在市场监管领域全面推行部门联合"双随机、一公开"监管实施办法的通知》要求，制定了《天津市应急管理局关于在应急管理领域落实"双随机、一公开"监管的实施意见》，将"双随机、一公开"作为日常监管的基本手段，实现常态化，提高监管效能，减轻企业负担。

市应急管理局将"双随机"抽查功能纳入市应急管理执法系统，对分类分级执法的一般企业全部实施"双随机"抽查。执法系统建立了符合工作实际的标准化执法流程和文书编制模板，规范执法部门在编制检查方案、开展现场检查、调查取证、法制审核、文书送达、电子签名签章和打印签收等各环节的工作流程。同时对举报投诉、专项检查、事故处罚等临时任务可通过手动编制功能添加临时检查任务。将"双随机"执法数据实时上传到数据库，按照"谁检查、谁录入、谁公开"原则，在检查任务完成后 20 个工作日内，将抽查检查结果在市应急管理局门户网站进行公示，接受社会监督。

（三）人力资源和社会保障领域

1.严格规范公正文明执法

一是全面落实行政执法"三项制度"和"双随机、一公开"监管机制。强化行政执法事前、事中、事后公开公示，实现案件受理、立案、调查、处理、结案、归档全过程记录，重大执法决定全部经过法制审核。动态调整随机抽查事项清单，制订并公开年度随机抽查计划，抽查用人单位、实施专项检查全部通过"双随机、一公开"方式进行，并在市人社局官网归集公示检查结果信息，接受社会监督。

二是加强重点领域专项执法。结合《保障农民工工资支付条例》实施一周年，联合相关部门开展欠薪清零专项执法，以易发、频发违法问题的行业和企业为重点，全面检查劳动合同签订、农民工实名制管理、农民工工资专用账户、按月足额支付等各项制度执行情况，大力推进根治欠薪问题。2021 年列入拖欠农民工工资"黑名单"15 件，向社会公布重大劳动保障违

法行为案件 10 起。

2. 强化对行政权力的制约和监督

加强对行政权力的全过程监督，完善内部层级监督，实行执法调查与审理决定分离、行政审批与监管分离、社保基金收支与监督分离，形成既相互制约又相互协调的权力运行机制。以市人社局官网为主要载体，2021 年及时公开依法应当主动公开的政府信息 217 条，办理政府信息公开申请 244 件，办理人大建议、政协提案答复意见 211 件，自觉接受监督。

发挥天津市行政执法监督平台的监督主渠道作用，及时、全面归集行政执法信息，将全部行政执法行为纳入监督范围。规范行政执法案卷管理，组织开展行政执法案卷评查，促进执法水平提升。

3. 依法有效化解社会矛盾纠纷

严格依法审查复议案件，发挥行政复议的监督纠错功能。落实行政机关负责人依法出庭应诉制度和《市人力社保局行政应诉管理办法》，规范应诉处理流程，坚持重大疑难案件集中研讨，复杂多发区域重点研究。2021 年办理行政复议案件 106 件、行政应诉案件（含一审、二审）113 件。

规范劳动人事争议先行调解工作，通过调解、协商方式化解争议。完善困难人员劳动人事争议调解仲裁法律援助制度，印发《市人社局　市司法局　市财政局关于进一步加强劳动人事争议调解仲裁法律援助工作的实施意见》。2021 年审结劳动人事争议案件 3.2 万件，结案率为 97.2%。调解受理案件 1.59 万件，调解成功率 70.7%。

（四）社会治安防控领域

1. 全市公安部门在重点领域严格执法

一是深入推进扫黑除恶专项斗争。扫黑除恶专项斗争以来，全市打掉一批涉黑组织、恶势力犯罪集团和涉恶犯罪团伙。2020 年成功侦破全国首例"套路贷"涉黑案件，开展土地领域专项治理，打掉一批土地领域涉黑恶组织，清除一批网络黑恶势力犯罪团伙。严打村霸、乡霸、宗族、家族黑恶势力，破获一批把控基层政权、欺压百姓、破坏选举案件。

二是加强食品药品、安全生产、劳动保障等重点领域执法。2019 年以来，全市公安机关以组织开展"昆仑"系列专项行动为抓手，依法严打食品药品、生态环境、野生动物、知识产权等领域突出违法犯罪。2020 年新冠肺炎疫情发生后，全市公安机关高度重视打击涉疫情违法犯罪工作，有力维护了天津市特殊时期社会秩序的持续稳定。

三是加大对安全生产犯罪的打击力度。推进安全生产责任犯罪案件分级管辖改革，2020 年制定《天津市公安局关于进一步规范安全生产犯罪案件办理工作的通知》《关于进一步加强安全生产犯罪案件办理工作的通知》，规范案件分级管辖，加强指导监督，全面提升办案质量。

四是依法惩治拒不支付劳动报酬违法犯罪行为。成立根治拖欠农民工工资工作领导小组，研究制定《天津市公安局根治拖欠农民工工资工作实施方案》。依法立案查处拒不支付农民工劳动报酬案件，为农民工成功追讨工资，全力保障"治欠保支"工作稳步推进。建立行刑衔接快速联动、重大案事件督办、讨薪警情通报核查工作机制。

2. 持续开展执法规范化建设情况

一是规范执法行为。2019 年以来，先后制定《天津市公安机关常见执法活动操作指引》《天津市公安局关于印发进一步明确办理刑事案件层级管辖问题意见（试行）》《重大刑事案件和常见多发刑事案件办理证据规格》，以及严格落实防止干预司法"三个规定"、异地办案"六个严禁"以及禁止逐利执法"七项规定"等一系列制度规定，全面规范执法行为。

二是严格落实行政执法"三项制度"。2020 年印发《天津市公安局关于印发执法工作音像记录事项清单的通知》，将记录事项扩充到 30 类，基本实现主要办案环节音像记录全覆盖。深化"阳光警务"机制改革，主动将行政处罚、行政许可决定信息向社会公示。坚持重大执法决定法制审核制度，制定《天津市公安局重大执法事项合法性评估若干规定》，完善防范行政行为法律风险机制，健全依法决策机制。

三是加强执法监督体系建设。将执法监督管理工作明确为"一把手"工程，列为市局、分局两级局务会议固定议题，建立通报、约谈、考核督办机制。完善执法监督管理联席会议议事机制，发挥顶层设计作用，指导执法工作。将执法监督管理机制改革纳入公安改革整体框架谋划，2020年制定《关于进一步加强公安执法监督管理工作的意见》，高质量规划今后一个时期天津公安执法监督管理机制改革的"路线图"。

四是压实执法责任。制定案件主办制度，完善执法过错责任追究制度，严肃执法纪律"十个严禁"，压实民警执法责任，督促依法履职尽责。综合运用专项执法检查、典型案件评查等监督检查模式，最大限度拓宽执法问题发现途径。组织开展年度典型案件评查，在全局范围进行通报，充分发挥典型案件的警示教育作用。

五是推进全局执法办案管理中心建设。2020年圆满完成全市16个属地分局执法办案管理中心建设和53个基层派出所办案区智能化升级改造任务，全面推行刑事案件和重大治安行政案件在执法办案管理中心"一站式"办案工作机制。

六是强化科技支撑。不断加强执法信息化建设，2020年升级改造后的第三代执法办案平台（警智执法办案平台）正式运行，增加证据可视化、引导式办案、智能辅助裁量、文书自动生成等实用新型功能，设置预警督办点，对办案人员进行办理进度提示、超期预警。建成警智执法办案平台涉案财物管理模块，与市委政法委涉案财物跨部门集中管理信息平台对接全部涉案财物数据，实现涉案财物管理信息全部网上跨部门流转、全程实时监督。配合市委政法委建设跨部门大数据办案平台和公安网分平台，使案件数据信息通过分平台流转到跨部门大数据办案平台。

3. 健全完善执法监督管理工作机制

将执法监督管理工作明确为"一把手"工程，列为市局、分局两级局务会议固定议题，每月专题听取本单位执法监督管理整体情况汇报，"一把手"亲自点评，执法问题全局通报，并将整治情况纳入执法质量考核。市局分管领导对存在严重执法问题的单位主要负责人进行约谈，督促责任单位领导落实执法监督管理主体责任。针对发现的执法问题，及时下发整改通知书，跟踪督办整改情况，严格落实执法责任制。

充分发挥执法监督管理联席会议平台作用。在不断完善执法监督管理联席会议议事平台基础上，汇聚执法监督管理资源，及时分析通报突出执法问题，集体研究重大执法制度，充分发挥问题预警、趋势研判、顶层设计作用，有力指导全局执法工作。

（五）住房和城乡建设领域

1. 不断规范行政执法行为

一是落实行政执法三项制度。健全行政执法公示机制，做到执法行为过程信息全程记载、执法全过程可追溯管理、重大执法决定法制审核全覆盖，实现执法信息公开透明、执法全过程留痕、执法决定合法有效。二是组织开展行政处罚案卷评查工作，随机抽取执法总队及16个区支队的40本行政处罚案卷，分析行政处罚案卷存在的适用法律不正确、处罚程序不合法等七大类主要问题，进一步强化行政执法监督。三是进一步规范执法流程。细化行政处罚立案、调查、事先告知、决定、执行、结案等工作环节和时限，补充和完善29种行政执法文书，表格样式供全市执法人员使用。四是严格落实行政处罚裁量权基准制度，规范执法人员自由裁量权，做到案件承办人员与法制审核人员相分离，全部案件均通过法制审核、案件预审、集体研判等程序，确保行政处罚决定依法合规。

2. 依法有序开展检查执法

以"双随机、一公开"为基本手段，以重点点位监管为补充，强化实体追溯行为，督促五方主体责任落实，做到"无事不扰、自维自控、利剑高悬、互联共享、尽职免责、失职追责"。结合防疫要求、工程难点、施工节点和气候特点，在重要点位检查基础上，2019年全年组织开展开复工、房屋建筑、轨道交通及市政工程等9次专项检查。全年全市办理各类建设工程违法违规案件742件，共计罚款7000余万元。对于发现的问题，在积极整改的同时，实施问责机制，共对49家企业进行约谈，企业内部对82名责任人员进行追责问责，有效震慑了违法违规行为。2020年全年组织开展11次联合"双随机、一公开"检查执法。全年共出动人员7078人次，实地抽查工程3017项次，下达责令整改通知书709份、暂停工通知书14份，提出

整改意见 2202 条，按照"隐患就是事故，事故就要处理"的理念和"铁面、铁心、铁腕、铁规"的要求，对 66 起违法违规行为实施行政处罚。2021 年上半年共组织开展检查执法 605 项次，出动执法人员 1513 人次，下达执法文书 134 份，对 33 起违法违规行为实施行政处罚。

3. 强化执法制度建设

明确执法改革的目标方向，强化执法保障制度建设，制定执法保障体系制度框架。一是出台年度执法工作计划。相继出台 2019 年、2020 年、2021 年三个年度检查执法计划工作要点以及年度行政执法培训计划、2020 年联合"双随机、一公开"检查执法计划。二是完善制度建设，确保执法质量。印发《关于推行"双随机、一公开"检查执法实施办法》，全面推行"双随机、一公开"检查执法。制定《行政执法内部监督实施办法》，加强执法总队内部执法监督，防止和纠正违法、不当行政行为。制定《监督指导区住房和建设综合行政执法工作办法》，加强对各区住房建设综合行政执法工作的监督指导。编制《天津市住房和城乡建设综合行政执法指导手册》，规范执法人员行政执法行为。

4. 做好法治政府督察整改

针对专项督察反馈的情况，住建系统各部门对照问题清单，逐一制订整改措施，明确责任领导、责任部门和完成时限，形成了具体整改方案。要求责任部门按照整改方案确定的整改措施和整改时限按时完成整改任务，对立行立改、限时整改的问题，要严格按时完成；对长期坚持整改的问题，要根据工作情况适时整改完成，确保整改取得实效。

四 下一步重点工作

（一）推动落实行政裁量权制度

推动《国务院办公厅关于进一步规范行政裁量权基准制定和管理工作的意见》落实，相关部门结合实际，建立健全行政裁量权基准制度，细化量化裁量幅度并向社会公布，明确具体执法尺度和标准，确保行政机关在具体执法过程中有细化量化的执法尺度，为严格规范公正文明执法提供制度支撑，有效避免"同案不同罚"等争议情形出现。

（二）深化落实行政执法"三项制度"

全面落实行政执法"三项制度"及相关配套制度，将行政执法公示与政府信息公开、信用信息公示、"双随机、一公开"等工作统筹推进，遵循公正、公平、合法、准确、及时、便民原则，坚持以公开为常态、不公开为例外，确保实现各级行政执法机关及时准确公示执法信息。严格进行行政执法全过程记录，根据法定执法程序，明确各类执法行为的记录内容、记录方式，严格按规定对执法行为进行文字记录和音像记录，实现执法全过程留痕和可回溯管理。严格落实重大行政执法决定法制审核制度，作出重大行政执法决定前，严格进行法制审核，未经法制审核或者审核未通过的，不得作出决定，真正实现重大执法决定法制审核全覆盖。

（三）加强行政执法人员组织管理

落实国务院《行政执法人员管理办法》，明确行政执法人员的职责权限，加强行政执法人员管理。规范执法资格的申请与取得，组织符合申领条件的人员参加行政执法资格考试，建立完善行政执法人员信息管理系统，通过信息化方式组织开展行政执法人员证件申请、编号、发放、管理以及培训、考试等工作。做好行政执法人员的统筹协调、规范保障、督促指导工作，规范行政执法行为，保障行政执法人员依法履职尽责。加强对行政执法人员的教育培训、监督管理，对行政执法机关未严格执行行政执法人员持证上岗、落实行政执法人员岗位责任和教育培训要求的，视情况进行责任追究。

（四）持续提升执法监督能力

完善行政执法协调监督制度建设，根据司法部行政执法监督条例立法进

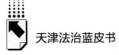

程，修订完善天津市相关制度规范。加大行政执法监督力度，综合运用案卷评查、执法情况通报、执法报告制度，对突出问题及时提醒警示，督促各区、各部门加大重点领域执法力度。加强对行政复议纠错行政执法类案件的监督检查，督导相关单位严格落实行政执法责任制和责任追究制度。强化行政执法监督能力建设，不断升级完善天津市行政执法监督平台信息归集、证件管理和培训考试等功能，做好执法人员公共法律知识培训考试和证件制发工作，推进有条件的单位开展移动执法试点工作。

参考文献

［1］《规范执法流程 统一执法标准》，《天津日报》2021 年 2 月 4 日，http：//epaper. tianjinwe. com/tjrb/html/2021-02/04/content_ 172_ 3988230. htm。

［2］王芳：《服务型政府视野下的行政执法规范化》，《人民论坛》2019 年第 1 期。

［3］刘秀群：《关于开展行政执法信息化建设的几点思考》，《人民司法》2022 年第 2 期。

［4］李凌云：《天津市行政规范性文件管理规定》，《西藏发展论坛》2022 年第 4 期。

B.5
天津市推进行政诉讼的创新实践与展望

天津市行政诉讼研究课题组*

摘　要： 行政诉讼制度是中国特色社会主义法治体系的重要组成部分，在维护公民合法权益、促进法治政府建设和依法行政、化解社会矛盾纠纷等方面发挥着重要作用。过去的五年间，天津市积极推动行政诉讼改革的制度落实，创新行政诉讼相关工作衔接机制，加强司法与行政的良性互动，探寻多元化纠纷解决机制。天津市在促进行政公益诉讼制度完善、涉民生领域行政案件处理以及海事行政审判职能发挥等方面取得一系列实践创新成果。天津市将继续提升行政诉讼运行实效，探索行政诉讼"诉源治理"新模式，增强实质性化解行政争议的能力。

关键词： 行政诉讼　公益诉讼　海事行政审判　诉源治理

党的十九届四中全会通过的《关于坚持和完善中国特色社会主义制度，推进国家治理体系和治理能力现代化若干重大问题的决定》提出了两大任务：一方面，要坚持和完善中国特色社会主义法治体系，提高党依法治国、依法执政的能力；另一方面，要坚持和完善中国特色社会主义行政体制，构建依法行政、职责明确的政府治理体系。这两大任务存在内在关联，而行政诉讼制度是二者关联中的重要枢纽之一。行政诉讼制度是中国特色社会主义法治体系的关键构成部分，坚持和完善行政诉讼制度有助于保障公民合法权

---

* 执笔人：赵希，法学博士，天津社会科学院法学研究所，副研究员。市高级人民法院、市检察院提供相关资料。

利，促进依法行政，推动国家法治。改革开放以来，以 1989 年《行政诉讼法》颁布、2014 年《行政诉讼法》修订等重要节点为标志，我国行政诉讼制度经历了萌芽、建立、完善等阶段，实现了跨越式发展，在维护公民合法权利、促进依法行政与法治政府建设、化解社会矛盾纠纷等方面发挥了重要作用[①]。

天津市深入贯彻习近平法治思想，推动《法治政府建设实施纲要（2021~2025 年）》落实，坚持法治天津、法治政府、法治社会一体建设，推进严格执法、公正司法等各项工作，加强部门联动和统筹协调，实质性化解行政争议。《行政诉讼法》自 1990 年 10 月 1 日实施，经过 30 余年的司法实践，行政法治的外部环境有了明显改善，公民行政诉讼法律意识逐步增强。天津市以人民群众的法治需求为导向，在行政诉讼工作实践中不断取得创新成果。

一　天津市行政诉讼工作的主要成果

天津市致力于行政诉讼改革的制度落实，完善行政审判程序，加强府院良性互动，助力纠纷高效化解，依法保护行政相对人的合法权益，维护和监督行政机关依法履行职权。在过去的五年间，天津市在推动行政争议实质性化解、充分发挥海事行政审判职能作用、妥善处理涉疫行政诉讼案件等方面，均取得了较为突出的成就。

（一）推动行政争议实质性化解

2010 年，最高人民法院在全国法院行政审判工作座谈会上首次正式提出，要将"实质性解决行政争议"作为行政审判的长效机制。行政争议的"实质性解决"意味着案件已经裁决的同时，当事人服判息诉，当事人之间的矛盾也真正得到解决。行政争议实质性化解是中国特色社会主义法治进程

---

① 马怀德、孔祥稳：《改革开放四十年行政诉讼的成就与展望》，《中外法学》2018 年第 5 期。

中的重要司法实践创新，体现了从形式法治到实质法治的转变，既遵循法治发展规律，坚守法治底线，又能推进社会矛盾的实质性解决。对检察机关而言，行政争议实质性化解要围绕检察履职，对行政相对人和行政机关的争议采取监督纠正、法治教育、释法说理等方式促成案结事了、定分止争。对于审判机关来说，需要积极发挥能动性，避免一判了之的简单做法，关注当事人的主要诉求，转变裁判理念，注重行政调解的适用以及其他手段和措施，着力推动行政争议的实质性化解。

天津市司法机关在总结经验做法、完善制度机制的基础上，积极推进常态化开展行政争议实质性化解工作。天津市检察院抗诉的一件行政案件入选"2020年度十大行政检察典型案例"。在该案中，检察机关通过抗诉监督人民法院关于原告资格的错误认定，理清辨明当事人实际诉求后，依职权对未申请监督案件提出抗诉。在再审阶段，检察机关加强跟踪问效，凝聚与人民法院的共识，开展联合调查和调解，促使行政争议实质性化解。对存续10余年产生近30个诉讼的行政、民事争议"一揽子"解决，实现了矛盾纠纷化解和人民群众合法权益保障，维护了社会稳定。

自2014年《行政诉讼法》修订以来，天津市各级人民法院秉承实质化解行政争议的审判理念，积极搭建行政争议多元化解平台，妥善审理行政诉讼案件，最大限度促成行政争议的实质性化解。行政诉讼案件的调解、撤诉结案数量持续增加。以天津市第一中级人民法院为例，从2015年的38件上升到2019年的118件，调撤率从4.51%上升到11.92%。对于监督行政机关依法行政、保护行政相对人合法权益、助力法治政府建设、推进国家治理体系和治理能力现代化起到了积极作用①。

（二）充分发挥海事行政审判职能作用

海事行政审判是海事审判的有机组成部分，对于监督涉海行政机关依法

---

① 《天津市一中院发布行政审判典型案例，推动行政争议实质性化解》，中国新闻网，https：//baijiahao.baidu.com/s？id=1653709296863869905&wfr=spider&for=pc，最后访问日期：2022年6月30日。

行政、保护国家海洋生态环境资源以及行政相对人的合法权益发挥着重要作用，也为海洋经济高质量发展提供坚实的司法保障。

近年来，天津海事法院海事行政审判以习近平法治思想为引领，坚持以人民为中心的司法理念，积极发挥海事行政审判的重要职能作用，支持、监督海事行政机关依法行政，努力为辖区涉海经济发展提供良好的法治营商环境。制定《天津海事法院关于推动国家工作人员旁听庭审活动常态化制度化的实施方案》，推动国家机关工作人员旁听庭审工作常态化、制度化，帮助一线行政执法人员提升行政执法水平。五年来，邀请国家机关工作人员200余人次旁听典型海事行政案件庭审。通过行政机关负责人出庭、发言，促进海事行政机关树立法治思维，提升运用法治方式处理问题的能力。天津海事法院审理的某货代公司诉天津市港航管理局行政处罚及天津市交通委员会行政复议案，被天津市高级人民法院评为天津法院行政机关负责人出庭应诉十大典型案例①。

（三）妥善处理涉疫行政诉讼案件

在疫情防控的特殊时期，行政机关在应急执法时采取的临时措施、应急措施可能与行政相对人的权利保障产生冲突，若由此产生的行政争议和公众情绪得不到及时疏导和解决，容易激化冲突与矛盾。因此，涉疫行政诉讼案件事关依法保障疫情防控和复工复产大局。

2021年天津市高级人民法院发布2020年度十大影响性案例，其中包含天津市首例涉疫情行政诉讼案。在该案中，原告未取得建设规划许可自行搭建鸽棚，在楼道内堆放大量鸽粮和杂物，对环境清洁和公共卫生产生影响，存在次生、衍生公共卫生事件发生的隐患，属于市疫情防控指挥部依法发布的意见中明确要求清理拆除的对象。法院在审理该案时，主动公开案件信息，对庭审过程进行网络直播，引发30余万网友关注，使庭审过程成为疫

---

① 《天津海事法院发布海事行政审判白皮书》，天津法院网，http：//tjfy.tjcourt.gov.cn/article/detail/2021/12/id/6429759.shtml，最后访问日期：2022年7月1日。

情防控期间的特殊法治公开课，发挥了以案释法，引领、规范社会行为的功能。法院在案件裁量中，考虑到原告的鸽棚未经相关部门批准，且严重影响环境卫生及他人生活，坚持"人民至上，生命至上"原则依法裁判，判决结果有力维护了人民群众的生命健康安全，助力打赢疫情防控阻击战，也为天津市创建文明城市、卫生城市作出了贡献①。

二　天津市行政诉讼工作的经验与成效

天津市着力推进行政诉讼制度改革，完善行政机关负责人出庭应诉制度建设，创新行政诉讼相关工作衔接机制，构建行政争议多元矛盾纠纷化解机制。还积极促进行政公益诉讼制度完善，着力解决涉民生领域行政案件，取得了显著成效，形成了有效的工作方法。

（一）制度上推动行政诉讼改革

第一，着力强化行政机关负责人出庭应诉。按照 2020 年施行的《最高人民法院关于行政机关负责人出庭应诉若干问题的规定》，参与出庭的行政机关负责人应当就实质性解决行政争议表达意见。借由行政机关负责人出庭及发言，助力促进行政机关树立法治思维，提升运用法治方式处理问题的能力。行政机关负责人出庭应诉，是现代诉讼制度较为发达的标志之一。借助庭审这一平台，展现原被告双方平等的诉讼地位，向公众表达公权力是由人民赋予、受人民监督以及对人民负责的本质属性。

天津法院系统起草了《关于加强和改进全市行政机关负责人出庭应诉工作的十项措施》，由市委依法治市办公布，进一步明晰了行政机关负责人的范围；用以指导帮助全市法院制作"行政机关负责人出庭应诉通知书"，进一步完善出庭相关流程；另外，注重加强培训，加大庭审观摩力度，强化

---

① 《市高院发布 2020 年度十大影响性案例》，天津法院网，http：//tjfy. tjcourt. gov. cn/article/detail/2021/01/id/5785249. shtml，最后访问日期：2022 年 7 月 1 日。

"既出庭又出声"等，行政机关负责人出庭应诉数量明显增长。2021年上半年，全市法院向各级行政机关负责人发送出庭应诉通知书698件，实际出庭619件，行政机关负责人出庭应诉率为88.68%，环比增长约17个百分点①。通过提高行政机关负责人出庭比例，提升行政诉讼质量。行政机关负责人出庭应诉能够直接感受法庭氛围，提高依法行政水平，同时也为民众提供了一个平等对话的平台，有效消除行政相对人的抵触情绪和对抗心理，有助于双方的交流和理解。

第二，创新行政诉讼相关工作衔接机制。天津检察机关针对知识产权检察工作中出现的新情况，先后制发了《贯彻落实〈关于强化知识产权保护的意见〉具体工作措施》《办理侵犯商标权类犯罪案件指引》等规范，整合知识产权刑事、民事、行政检察职能，组建知识产权综合办案组。加大知识产权复合型人才培养力度，引进"外脑"，提升办理知识产权案件专业化水平。主动加强沟通协作，与市高级人民法院、市公安局会签意见，建立知识产权刑事司法保护沟通协调机制，保障知识产权民事、行政和刑事案件审判"三合一"工作稳步推进。与市烟草专卖局建立联合打击涉烟违法犯罪协作机制，与市市场监管委等部门建立侵权假冒商品销毁工作制度，完善行政执法与刑事司法衔接机制，提升办案法治化水平，切实提高知识产权司法保护质效。

为构建行政争议多元矛盾纠纷化解机制，加强诉讼与非诉解纷方式的有效衔接，促进行政争议实质性化解，大力助推法治政府建设，各级法院与同级司法行政部门联合设立了行政争议多元解纷中心，旨在通过源头治理和诉调对接最终推动行政争议的实质化解。建立行政争议多元解纷中心是创新部门联动化解机制的体现，通过严格执法与公正司法的良性互动，更多法治力量注入形成矛盾化解整体合力，最终促成行政争议的实质性化解②。

2022年6月，天津市高级人民法院发布《关于在本市部分基层人民法

① 沈峰：《出庭应诉近九成散发尊法意蕴》，《人民法院报》2021年9月7日，第2版。
② 《红桥法院与区司法局召开行政争议多元解纷中心建立筹备会》，天津法院网，http://tjfy.tjcourt.gov.cn/article/detail/2022/06/id/6748713.shtml，最后访问日期：2022年7月2日。

院开展行政诉讼案件异地管辖试点工作的公告》，试点工作采取异地交叉管辖方式，天津市南开区人民法院与天津市红桥区人民法院互为异地管辖法院，天津市河东区人民法院与天津市河西区人民法院互为异地管辖法院。原由被告所在地法院管辖的除知识产权行政案件外的一审行政诉讼案件，由异地管辖法院管辖。跨行政区域的法院必然与被告所在地的地方政府存在较少联系，独立性更强。

第三，深化府院法治共建，加强司法与行政的良性互动。通过行政与司法之间建立的资源共享、协调和解以及工作交流等规范化长效机制，使得行政手段与司法手段、诉讼与非诉讼手段互相衔接、优势互补，进而推进依法行政和纠纷化解。例如，津南法院将持续延伸审判职能，积极对接津南区司法局等部门，携手共促依法行政理念落地生根，有效提升执法和应诉水平，探索行政诉讼诉源治理新模式，助力行政争议得到实质化解①。

第四，探索多元化纠纷解决机制。天津法院打造现代化诉讼服务新格局，天津法院是全国较早建立统一诉讼服务中心的法院，制定出台《关于天津法院深入推进诉讼服务机制现代化建设的规划方案》，全面推动天津法院多元化纠纷解决机制和诉讼服务现代化建设。天津市高级人民法院、市司法局联合印发《关于建立行政争议实质性化解协调联动机制的意见》，建立信息共享、依法行政、协调化解、调研培训工作机制，推进法治共建和行政争议实质性化解。

（二）促进行政公益诉讼制度完善

环境资源审判作为国家环境治理体系的重要环节，在司法助力环境治理中发挥着不可替代的重要作用。党的十九届四中全会明确提出，"拓展公益诉讼案件范围"，"完善生态环境公益诉讼制度"。长期以来，天津市行政诉讼工作坚持以习近平生态文明思想为指引，充分发挥环境资源检察、审判职

---

① 《津南法院深化府院法治共建，规范行政执法与应诉》，天津法院网，http：//tjfy.tjcourt.gov.cn/article/detail/2022/04/id/6643805.shtml，最后访问日期：2022年7月2日。

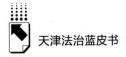
能，不断提升环境资源司法专业化水平。

2019 年以来，全市各级检察机关在最高人民检察院和市检察院党组安排部署下，开展了"保障千家万户舌尖上的安全"、检察公益诉讼"回头看"、食品药品安全领域"四个最严"、"公益诉讼守护美好生活"、河（湖）水生态环境和水资源保护、"守护渤海"、"大运河公益保护"、禁渔期非法捕捞、革命文物等红色资源保护、平安铁路"清朗行动"等检察公益诉讼专项监督活动。静海区检察院针对京杭大运河静海段存在河堤旁私搭乱建、堆放生活垃圾建筑垃圾、排放生活污水的违法情形，向静海区生态环境局、独流镇人民政府、陈官屯镇人民政府制发三份检察建议，督促行政机关及时整改。该案入选最高人民检察院"大运河保护"公益诉讼检察专项办案典型案例。

2021 年，天津市高级人民法院在民一庭基础上挂牌成立了环境资源审判庭，积极推进环境资源审判"三合一"工作机制，目前已经实现了海洋环境案件由海事法院集中管辖，全市环境民事公益诉讼和生态环境损害赔偿案件由中级法院管辖。同时指导各中级法院和部分基层法院成立新的环境资源审判团队，调整充实审判力量，合理配置审判资源。

2021 年，天津市高级人民法院准确把握司法审判在环境治理体系中的地位和作用，共新收各类环境资源案件 4172 件，审结 4171 件（含旧存）：受理各类环境资源刑事案件 99 件，类型涵盖野生动物保护、非法捕捞、非法采矿、固体废物污染等。受理各类环境资源民事案件 3814 件，类型涵盖矿、林、农、水、电等资源类及海洋保护、相邻关系、污染侵权等。受理各类环境资源行政案件 259 件，类型涵盖资源、环保、规划、水利等。受理生态环境保护公益诉讼案件 37 件，其中检察机关提起 33 件，受理生态环境损害赔偿诉讼案件 4 件。

天津市不断完善司法和行政执法协调联动机制，致力于构建多方参与的环境资源司法保护新格局。2019 年 12 月，天津市人民检察院与天津市生态环境局、天津市高级人民法院联合制定了《市生态环境局、市高级人民法院、市人民检察院关于加强生态环境损害赔偿制度改革和检察公益诉讼工作联动的意见》。以京津冀协同发展战略为契机，注重环境司法跨区域协同合作。2019 年 7 月，天津市人民检察院与河北省人民检察院、辽宁省人民检察院、山东省人民检察院共同签署了《关于建立环渤海生态环境保护公益诉讼协作工作机制的意见》。2021 年河北省廊坊市、北京市通州区、天津市武清区三地检察机关会签《关于开展京杭大运河（通州廊坊武清段）综合治理暨公益保护专项监督活动的实施意见》，就京杭大运河公益保护开展专项监督活动，制发检察建议。

（三）着力解决涉民生领域行政案件

党的十九大强调，保障并改善民生是坚持发展理念的必然。随着新时代我国社会主要矛盾的变迁，人民群众对于衣食住行等民生痛点领域的诉求不断增强。教育、医疗、出行、住房、食品安全等民生痛点关系人民群众的切身利益，具有复杂性、广泛性和现实危害性等特点。做好民生痛点行政公益诉讼在保障护航民生方面具有重要价值①。天津切实将以人民为中心的理念贯穿行政审判工作始终，积极回应群众关切，把握群众的司法需求，推动"我为群众办实事"在行政审判中落地见效。

天津市第二中级人民法院多措并举，着力解决涉民生领域行政案件，2019 年至 2021 年 10 月 20 日，共受理各类行政案件 2785 件，审结 2610 件，依法有效保护了各方当事人合法权益，解决了一大批人民群众"急难愁盼"的身边事，防止行政诉讼程序空转。在案件审理过程中同时加强了普法和释法工作，处理结果达到了良好的社会效果②。

和平区检察院开展"和平夜话"实践活动，全院干警组成志愿团队到社区普法宣传，从社区居民中获取检察公益诉讼的相关线索。东丽区检察院对接该区网络中心，主动发现案件线索。在新冠肺炎疫情期间，天津市各级检察机关干部利用下沉社区的契机，在积极开展防疫工作过程中发掘案件线

---

① 唐张、黄喆：《民生痛点行政公益诉讼探索与思考》，《中国检察官》2020 年第 5 期。
② 《天津二中院发布实质性化解行政争议案件情况》，天津市第二中级人民法院，http：//tj2zy. tjcourt. gov. cn/article/detail/2021/11/id/6343987. shtml，最后访问日期：2022 年 7 月 1 日。

索。静海区检察院针对某小区历时 19 年之久的污水处理难题制发诉前检察建议，建议相关行政机关履行监督职责，行政机关收到检察建议之后成立了工作专班，制订整改方案，最终解决了难题，改善了河道生态环境。2020年 5 月，宝坻区检察院对辖区内城市道路、公共绿地、公共广场、住宅小区等范围内的千余处窨井盖进行检查，涉及雨污排水、自来水、热力、通信、电力等各类城市道路窨井设施。调查发现了"问题井盖"情况之后，向相关行政机关发出诉前检察建议，经过行政机关的排查整治，累计排查整治问题井盖 598 个，相关隐患得到有效排查整改①。

此外，为进一步有效提升行政机关负责人出庭应诉效果，天津市高级人民法院还细化相关措施，对关涉重大公共利益、社会影响重大、关注度高的行政公益诉讼以及群体性诉讼等案件，行政机关负责人应出庭应诉的，要求必须出庭应诉。同时，天津市高级人民法院指导全市法院系统制作"行政机关负责人出庭应诉通知书"，随起诉状副本一并送达，提示相关行政机关负责人做好出庭准备，完善出庭流程。

三 天津市行政诉讼工作开创新局面展望

（一）进一步完善工作衔接机制

在行政诉讼工作中，行政机关、检察机关与审判机关之间既要恪守功能边界，又要实现贯通衔接。

第一，理顺行政复议与行政诉讼的关系，行政复议要发挥行政争议的实质性化解作用，包括化解更多行政争议以及实质化解个案争议，即从数量和质量两个方面，体现穷尽行政救济原则，对行政诉讼案件起到"过滤阀"作用，更大程度上节约有限的司法资源，减轻法院负担，发挥行政复议在化解行政争议中的主渠道作用，将行政诉讼的范围圈定为争议较大的案件。行政复议和行政诉讼制度衔接过程中，实体和程序衔接更加协调，切实避免程序

---

① 韩爱青：《检察公益诉讼，向不作为亮剑》，《天津日报》2022 年 6 月 11 日，第 6 版。

空转。

第二，加强行政调解与司法确认工作机制衔接，通过法院提前介入指导、信息共享等方式，在行政调解阶段就对调解工作提供必要的帮助，属于司法确认范围的，调解协议达成即可同步开展司法确认工作，或者引导当事人对行政调解协议向法院申请司法确认，实现行政调解程序与司法确认程序的无缝衔接，增强行政调解的法律执行效力，将纠纷化解在诉前阶段。

第三，加强行政审判与行政检察的衔接，定期召开行政案件工作联席会议和座谈会，相互通报相关工作情况，进行良性互动，就案件事实认定、证据采信、法律适用等问题进行研讨、沟通，防止"同案不同判"。建立业务培训工作机制，通过联合举办专题研究班、业务工作培训、专题授课等方式共同提升司法理念、行政诉讼监督以及行政审判能力。建立行政争议实质性化解工作相关协作机制，形成合力，支持开展行政争议实质性化解工作，提升行政案件办理质效。

第四，加强行政执法和公益诉讼的有效衔接，完善执法司法信息共享、数据联通、技术协作等工作，建立生态环境保护执法司法联动合作机制。检察机关可以为相关执法部门提供专业的法律意见，在发现相关行政部门可能存在履职问题时提前预警、告知，行政部门相关业务骨干在调查取证、鉴定评估等方面可以为检察机关提供专业咨询和业务支持，促进公益诉讼检察监督与行政执法良性互动，为天津生态环境法治化贡献力量。

第五，继续坚持和强化司法与行政的良性互动。建立健全资源共享、工作交流等规范化工作长效机制，推动行政手段与司法手段、诉讼与非诉讼手段的相互衔接和优势互补。加强对互动机制效果的评估。已建立互动机制的法院与行政机关，需要注意及时总结互动机制的运行情况以及具体成效，分析可能存在的问题与不足，提出改进措施，推动互动机制不断健全完善。

（二）增强实质性化解行政争议能力

在《行政处罚法》修订后行政执法重心下移的背景下，潜在的行政争议数量可能会增加，基层人民法院行政审判工作面临考验。2021 年 9 月，最高

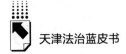
人民法院印发的《关于深化人民法院一站式多元解纠机制建设 推动矛盾纠纷源头化解的实施意见》与《关于完善四级法院审级职能定位改革试点的实施办法》明确提出改革目标，"促进基层社会治理从化讼止争向少讼无讼转变"，"审判重心下沉、逐步实现基层人民法院重在准确查明事实、实质化解纠纷"。提升行政诉讼的运行实效，关键要增强实质性化解行政争议的能力。

检察机关推进实质性化解行政争议，在监督人民法院公正司法、促进行政机关依法行政的同时，针对行政争议中申请人的实质诉求，可以综合采取多元化解、促成和解、检察建议、组织听证、司法救助等方式，推动行政争议得到合法、合理、有效解决。例如，检察机关可以邀请人民监督员、专家学者、人大代表、政协委员等第三方参与，并与行政调解、审判调解等有效衔接，合理化解行政争议。

审判机关要充分发挥审判职能作用，积极探索构建行政纠纷多元化解机制。及时回应原告的诉讼请求，运用好确认判决、给付判决等新的判决形式，为当事人提供更加充分的权利救济，在法律范围内推进行政诉讼调解，加大协调和解力度。运用行政诉讼一并解决民事争议的制度模式，围绕行民交叉难题展开探索和研究，避免程序空转等问题，为当事人减轻诉累，提高审判效率，有效化解行民争议。此外，还应积极构建和维系司法机关与行政机关的良性互动关系。通过行政诉讼司法建议、行政机关负责人出庭应诉等实践做法，多元化促进行政与司法的良性互动，将矛盾纠纷化解在源头，达到实质性化解行政争议的目的[1]。

天津市司法局努力推动行政调解工作纳入制度化轨道，牵头制定并经市政府法律审核后形成《天津市行政调解规定》，作为天津市行政调解的第一部地方规章，填补了天津市行政调解法律制度空白，是长期以来行政调解实践的科学总结，是天津市行政调解法治体系建设的重要立法成果。《天津市行政调解规定》的出台与实施，对加强天津市行政调解，提高行政调解的法治化、规范化、程序化水平，构建安全规范、节约高效、公开透明、权责

---

① 马怀德、孔祥稳：《改革开放四十年行政诉讼的成就与展望》，《中外法学》2018 年第 5 期。

一致的行政调解体制机制，增强政府的亲和力，助力优化天津市营商环境和法治环境，提高社会治理水平和治理能力具有重要意义。

2022 年 3 月，天津市高级人民法院与天津市司法局联合出台了《关于建立行政争议实质化解协调联动机制的意见》，就深入推进行政争议实质化解联动机制的常态化、长效化运行作出了规定，强调进一步深化府院联动，促进依法行政、协调化解、调研培训等机制的运用，通过力量整合、数据连通、风险联控、社会联治着力打造府院联动的新格局。该意见还要求，强化日常协调联络，定期召开年度会议通报、评估有关工作进展，推进各项联动机制的常态化运行①。意见的出台是深入贯彻落实习近平法治思想的体现，着力解决人民群众行政诉讼中的"急难愁盼"问题，助力天津法治政府建设。

（三）探索行政诉讼"诉源治理"新模式

习近平总书记一直高度重视社会矛盾纠纷的多元化解机制和源头治理，提出"我国国情决定了我们不能成为'诉讼大国'"，"法治建设既要抓末端、治已病，更要抓前端、治未病"②。诉源治理的概念应运而生，强调运用更多的法治力量加强矛盾纠纷的源头预防和前端化解。2019 年最高人民法院发布了《关于深化人民法院司法体制综合配套改革的意见——人民法院第五个五年改革纲要（2019~2023）》，明确提出多元解纷机制改革任务，"完善'诉源治理'机制，坚持把非诉讼纠纷解决机制挺在前面，推动从源头上减少诉讼增量"。

对于行政检察诉源治理来说，行政检察部门作为法律监督部门，除了提出监督纠正意见，还应重视推动改进工作、完善制度。办案实践中发现相关单位管理方法、工作制度或工作程序不完善，或特定行业存在监管漏洞以及

---

① 吴玉萍、陈爱敏：《深化府院联动　推动行政争议实质化解》，《人民法院报》2022 年 3 月 30 日，第 1 版。

② 习近平：《坚定不移走中国特色社会主义法治道路，为全面建设社会主义现代化国家提供有力法治保障》，《求是》2021 年第 5 期，第 13 页。

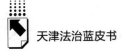

监管不规范等问题时，应注重协调沟通，动员相关单位勇于承担社会责任，通过制发社会治理类检察建议，督促相关责任主体改进工作、规范管理，多方合力完善社会治理制度机制，推动诉源治理。

对于行政审判的诉源治理，包括对"诉讼"的源头治理和对"诉求"的源头治理，前者是指对已形成争议的行政案件的治理，后者则是指对诉求源头的防控治理。行政审判的诉源治理主要围绕诉求的源头防控，包括非诉调解前置、案后繁简分流、诉中府院协调等维度。其中非诉调解旨在从源头减少诉讼案件数量，将人民法院原有的民事调解事项进一步扩展到行政纠纷，发挥分流作用。案后繁简分流的目的在于优化司法资源配置，通过简案快审、类案参照示范案例审理等方式提升行政案件的审判效能。而诉中府院协调是将府院协调嵌入行政争议解决过程中，以及判决之后推动一些影响重大、案情较为复杂的行政争议获得实质性化解①。

天津市已在行政诉讼的诉源治理道路上迈出扎实的步伐。《天津市行政调解规定》已于 2021 年 11 月 1 日起施行。行政调解是多元解纷机制的重要组成部分，是化解社会矛盾纠纷的有效途径，也是行政机关坚持法治"枫桥经验"，运用法治思维和法治方式解决群众问题的有力实践。该规定的通过有利于明确天津市行政调解范围、行政调解机制、行政调解程序等，将行政调解纳入制度化轨道。贯彻落实该规定即是诉源治理的重要环节之一。下一步，天津市将会进一步围绕诉源治理的多个维度深化机制创新，破解"程序空转"问题，深入探索行政审判程序、纠纷解决方式，推动行政争议的实质性解决。

参考文献

[1] 马怀德、孔祥稳：《改革开放四十年行政诉讼的成就与展望》，《中外法学》

---

① 章志远：《新时代行政审判因应诉源治理之道》，《法学研究》2021 年第 3 期。

2018 年第 5 期。

［2］章志远：《晚近十年的中国行政诉讼法学研究——回顾、反思与前瞻》，《清华法学》2015 年第 1 期。

［3］章志远：《中国行政诉讼中的府院互动》，《法学研究》2020 年第 3 期。

［4］覃慧：《数字政府建设中的行政程序：变化与回应》，《行政法学研究》2022 年第 4 期。

B.6
天津市开展法治督察及法治政府建设
第三方评估的实践探索

天津市法治督察和评估研究课题组*

摘　要： 法治督察和第三方评估是推动我国法治政府建设的重要手段，按照法治督察和第三方评估列出的问题和整改建议，强化落实整改，不断推进法治政府建设高质量发展。2021年，天津市委依法治市办紧紧围绕"抓制度落实、督责任到位、查工作落地"组织全市开展法治督察工作，取得了显著成效。同年，委托专业评估机构对法治政府建设进行第三方评估，助力法治政府建设。督评结合，以整改促发展，有力促进了天津市法治政府建设水平不断提升。

关键词： 法治政府建设　法治督察　第三方评估　督评结合

　　法治政府建设是全面推进依法治国的关键。法治督察工作是实现法治政府建设目标的有力保障，是完善党政主要负责人履行推进法治建设第一责任人职责约束机制的有力抓手，是发挥法治政府建设对法治国家、法治社会建设示范带动作用的有力支撑。第三方法治政府评估因其客观性、中立性和专业性等特点对法治政府建设起到了重要作用，能够更加精准地掌握政府法治建设的现状，是健全和发展我国法治政府的重

---

* 执笔人：龚红卫，天津社会科学院法学研究所，助理研究员，研究方向为刑法学。市委依法治市办、市司法局和各区政府提供相关资料。

要推手。督评结合是不断推动我国法治政府建设取得新成效的重要手段。

一 天津市法治督察工作的现状与成效

2021 年以来，天津市委依法治市办紧紧围绕"抓制度落实、督责任到位、查工作落地"，部署全域迎接中央法治督察、组织全市开展自查、狠抓突出问题整改，推动全面依法治国决策部署在天津落地见效。

（一）乘风加力，凝聚法治建设的磅礴伟力

天津市委依法治市办认真准备督察迎检、全力配合中央督察，苦练法治建设"内功"，确保年度任务高质量完成。

1.高站位迎接督察，全力做好督前功课

一是及早部署任务。立足早谋划、早准备、早推动、早落实，2021 年初在开展全面依法治市考评时，一对一向全市各单位预告中央法治督察情况，宣讲重要意义。全市通报情况，明确要求各单位做好迎检准备。印发《关于及早做好迎接中央法治督察各项准备的工作指引》，推动各区、各部门锻长补短，抓实工作。二是高频培训指导。邀请司法部有关领导，围绕中央开展法治督察的重大意义、重点工作及督察方式，对全市市管干部开展专题辅导讲座。举办全市迎接中央法治督察专题培训，重点围绕迎接督察"怎么干"，指导全市强基础、提能力。组织 16 个区委依法治区办召开视频会议，传达全国法治督察业务培训精神，督促各区进入迎检状态。三是全面做好自查。中央依法治国办印发督察通知后，迅速将督察要点分解成 42 项具体任务，把自查范围扩大到全市各部门，部署全市对标 42 项任务开展自查自纠。四是组织市级督察。统筹协调市纪委监委、市委督查室、市政府督查室、市司法局等部门组成八个督察组，采取"小快灵"的方式，运用"四不两直"方法，深入 16 个区和 16 个市政府部门开展市级督察，用督察的手段倒逼各级党委政府和职能部门对照中央依法治国办要求找差距、抓整

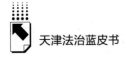
改、促发展。

2. 高质量配合督察，全力做好督中功课

2021 年 10 月 12 日，中央督察组正式进驻天津，全市上下坚决扛起全力配合督察工作的大旗，高度重视督察、诚恳接受督察、全力配合督察、精心保障督察。

一是高位部署动员到位。市委主要领导出席市委全面依法治市委员会会议暨法治政府建设工作推进会，对全市各区各部门作部署、提要求、定标准，以上率下全力迎接督察。

二是组建专班配合到位。制定《关于加强中央依法治国办法治政府建设实地督察保障工作的方案》，成立市级法治政府建设督察工作领导小组，抽调市委办公厅、市政府办公厅、市司法局精干力量，专门负责联络协调、会议材料、接待保障、舆论宣传、整改督办各专项工作，市级各部门通力协作、密切配合，全力做好督察配合保障工作。

三是高度重视汇报到位。督察组进驻当天下午即组织召开与天津市党政主要负责同志见面会，市委、市政府主要领导同志围绕全面依法治市工作向督察组作汇报和表态发言。督察期间，有关市领导分别与督察组组长见面并汇报工作。

四是及时请示报告到位。市委依法治市办每日编报督察简报、工作动态，24 小时对接督察组，请示工作、接受任务、听从安排，做到了及时请示、及时报告、及时沟通、及时协调。

五是各项指示执行到位。市委依法治市办旗帜鲜明讲政治，严格落实督察组指示要求、精准传达督察组工作部署、高效协调各项任务。全天候配合查阅资料和调阅案卷，做到资料文件立要立调并提前送到，确保了督察组交办的任务件件有着落、事事有回音。

六是精心保障服务到位。精心提供办公便利、生活便利，除例行安排局级领导随行保障下沉督察外，专门安排副部级领导陪同督察组组长开展活动。市委依法治市办全体领导干部每晚在督察组驻地召开工作例会，等待督察组交办任务、安排次日工作。

3. 高标准总结督察，全力做好督后功课

2021 年 10 月 19 日督察组离津后，立即总结梳理工作，巩固督察成效。一是全面总结提升。认真学习中央法治督察的工作标准、工作招法，全面梳理问题、总结工作经验，起草《关于中央依法治国办法治政府建设第二督察组在津督察及我市配合服务保障工作的情况报告》。二是深入督办问题。10 月 20 日，市委全面依法治市委员会召开第八次会议，对督察组进驻期间天津市集中暴露的短板和突出问题进行了研究。10 月 26 日，市委依法治市办组织专题会议，研究中央督察期间的问题并全市印发督察情况通报。三是谋划整改工作。10 月 29 日，市委主要领导同志深入市委政法委调研，就发挥市委依法治市办督促检查职能作用，做好中央法治督察反馈意见整改落实等工作提出要求。"点对点"反馈第三方评估意见，制订各区、各部门法治政府建设重点整改任务清单，部署各区、各部门与法治督察自查突出问题一并整改。

（二）攻克难题，助推法治天津建设提质增效

天津市委依法治市办着力围绕全市法治建设的重点难点堵点，研究、协调、推动、督促各区和市级部门落实工作，解决问题，提升成效。

1. 督察权威全面树立

市委依法治市办坚持从谋势入手，利用筹办会议、督促检查、组织培训、印发指引、能力测评等方式，增强迎接督察的紧迫感、责任感。坚持聚势推动，借主要领导的高度重视、乘中央督察的高压态势、用督办考评的倒逼激励，推动全市各部门坚决落实中央依法治国办各项决策部署、认真做好督察迎检、持续查纠突出问题。在全市形成了敬畏法治督察、重视法治督察、配合法治督察的良好氛围，巩固了法治督察权威。

2. 短板弱项得到补齐

紧盯法治建设的突出问题督办，持续破解阻碍法治建设的突出难题。紧盯重大行政决策工作不规范问题，推动各相关部门积极配合形成合力，联合召开了全市重大行政决策工作推进会，出台 4 个配套文件，有力提升重大行

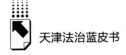

政决策水平；紧盯行政机关负责人不出庭应诉、行政诉讼败诉率高问题，及时调度数据、通报情况、实地督促，全市行政机关负责人出庭应诉率低、败诉率高的局面得到彻底扭转，行政机关负责人出庭应诉率显著提升，一审行政败诉率大幅下降，难点问题逐一突破。紧盯党政机关公职律师、法律顾问配备不到位问题，全市再动员再部署，持续调度工作进展，除 4 个远郊区以外，实现了公职律师、法律顾问全覆盖。

3. 工作基础有效夯实

2020 年协调市委编办印发文件，在基层依法治市办设立秘书科的基础上，2021 年紧盯人员编制落实到位情况，通过印发通报、督促检查等方式，实现了 16 个区 51 个编制全部到位，率先解决了人力保障难题。组织全市16 个区基层法治队伍能力测试，推动基层法治工作队伍苦练本领、增强才干，不断夯实基层法治建设的根基。

4. 工作能力明显增强

组织 3 次培训、印发 5 项工作指引，编制应知应会手册，持续为各区、市级部门教方法、传经验、解疑问，有效解决了落实文件有差距、理解政策不深入、工作思路打不开、基础工作不牢固等实际问题。各区各部门的工作标准逐渐提高，推动法治建设的动力明显增强、力度明显加大。

5. 宣传水平持续提升

为迎接中央法治督察开展广泛宣传工作，全面展示法治天津成效。积极协调对接各大新闻媒体，宣传报道法治天津建设，相关工作相继被《法治日报》《中国青年报》及新媒体刊播，全年共组织刊播新闻报道 7 篇。与人民网合作广泛展示法治政府建设示范创建申报项目，群众参与网络投票达850 万人次。拍摄《法治天津宣传片》，全市循环公开播放，公众对法治天津建设成效的直观感受大幅度提高。

（三）探索创新，不断丰富法治督察的工作招法

天津市委依法治市办坚持务实谋事，在高质高效完成一系列任务的同时，创新工作招法、探索工作抓手、提升工作水平，积累了丰富经验，主要

经验做法如下。

1. 始终坚持高规格部署

党政主要负责人认真履行法治建设第一责任人职责，以上率下、高位部署推动是做好一切工作的前提。党政主要领导始终坚持亲自部署、亲自推动、亲自过问，各项工作均高位推动。一是主要领导高度重视。市委书记、市委依法治市委员会主要领导高度重视法治督察工作，强调自己第一责任人的身份，亲自审定《关于加强中央依法治国办法治政府建设实地督察保障工作的方案》，挂帅担任法治政府建设督察工作领导小组组长。二是各项任务高位部署。2021 年 8 月 23 日，天津市召开市委全面依法治市委员会会议暨法治政府建设推进会，要求全市上下要全力以赴，如实、全面向党中央汇报展示天津法治建设成效；同年 9 月 1 日，市委主要领导主持召开市委常委会会议，专门审议法治政府建设自查报告。

2. 始终坚持树立督察权威

一是全面营造督察氛围。组织全市各区、各部门收看《高悬法治督察利剑，推进全面依法治国》节目。全市印发工作指引、应知应会手册、组织培训，部署全市开展自查自纠，自上而下，全面营造重视法治督察的浓厚氛围。二是不断完善督察手段。把督察融入考评，运用中央法治督察的方法和标准开展全面依法治市考评。以考促落实、以督促整改，突出法治督察地位，用好倒逼推动机制。三是充分扩大督察影响。协调"两厅"把法治督察纳入天津市年度督查检查考核计划，并单独组织督察，强化法治督察地位。全市通报中央督察组在津督察期间相关情况，持续营造敬畏法治督察、重视法治督察、配合法治督察的良好氛围。四是持续巩固督察成效。将做好法治督察工作纳入全面依法治市考评指标，对重视程度不高、工作落实不力的部门视情况扣除相应分值，最终影响绩效成绩，利用绩效的激励机制，激发各级党委、政府和职能部门落实法治督察任务的政治站位、工作摆位。

3. 始终坚持把工作干在平时

2021 年以来，天津市委依法治市办紧紧抓住迎接中央法治督察这个契机，重点发力抓夯实基础、规范工作、提升水平。通过全面做好梳理总结、

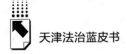

在全市精选工作亮点、全力归整档案资料，坚决破除为迎接督察而整理资料的思想，以迎接督察为契机，全市印发规范整理工作卷宗工作指引，指导各区、各部门全面梳理、规范整理工作资料。将工作干在平时，实现了通过迎检不断规范和提高自身法治建设水平的目的。

4. 始终坚持持续聚力推动

为全力配合中央督察工作，认真落实为基层减负要求，除开展市级督察外，更加注重开展经常督促推动。一是督考结合促提升。年初全面依法治市考评时，即重点考察习近平法治思想和中央全面依法治国工作会议精神学习贯彻以及法治政府建设重点任务落实情况，督促各区各部门找差距、补短板。二是督评结合促提升。委托中国政法大学法治政府研究院于2021年4月份对16个区、5月份对市政府25个组成部门开展了法治政府建设第三方评估，全面"把脉问诊"法治政府建设情况。三是督检结合促提升。针对部分区存在的个性问题，以灵活多样的督办检查方式，先后到9个区4个市级部门现场督促检查，推动问题整改。

二 天津市法治政府建设第三方评估的
具体做法与整改落实

法治政府建设第三方评估是通过中立调查，对日常管理、行政行为、执法能力进行深刻自查，有助于及时发现自身的法治建设漏洞、短板、风险，为法治政府、依法行政保驾护航。

（一）第三方评估的具体做法与评估结论

1. 具体做法

2021年天津市委依法治市办根据委托第三方专业机构对天津市法治政府建设开展评估的有关请示及方案，按照规定程序委托全国权威的第三方评估机构中国政法大学法治政府研究院，对各区和有关市政府部门法治政府建设成效进行了全面系统评估，分别指出了10条和8条评估结论与建议。

各区和有关市政府部门自觉提高政治站位，认真对照评估报告和清单指出的问题，结合迎接中央依法治国办法治政府建设督察工作中发现的各类问题，基于本地区、本部门实际，同步推进整改、同步建章立制、同步抓好落实，把评估结论中的各项意见及工作建议转化为改进工作的常态化机制措施，有效提升法治政府建设工作水平。

2. 评估结论

通过评估和自查，16个区法治政府建设重点整改任务清单为十个方面共计35条具体整改任务。①依法全面履行职能。具体8项整改任务为：加大简政放权力度，加强事中事后监督，优化政务服务，优化营商环境，优化政府组织结构，强化节能和生态环境保护，创新社会治理、优化公共服务，健全应急预案体系。②依法行政制度体系。具体6项整改任务为：严控规范性文件制发程序，落实行政规范性文件制定过程的评估论证程序，对规范性文件进行合法性审核，健全动态清理工作机制，加快规范性文件公开平台建设，建立规范性文件后评估机制。③行政决策。具体3项整改任务为：强化决策规范化建设，推进重大行政决策程序制度落实，建设重大行政决策监督程序。④行政执法。具体4项整改任务为：建立健全行刑衔接机制，创新行政执法方式，推进执法公示，推进执法过程全记录。⑤权力制约与监督。具体4项整改任务为：形成监督合力（接受人大监督、司法监督、纪检监督、内部监督和社会舆论监督，梳理和优化整合现有监督机制体制），加强行政执法制约和监督，全面主动落实政务公开，加快推进政务诚信建设。⑥社会矛盾行政预防调处与化解。具体4项整改任务为：健全依法化解纠纷机制，发挥行政复议化解纠纷的主渠道作用，加强和规范行政应诉工作，加强法治宣传教育。⑦政府工作人员的法治思维和依法行政能力。具体2项整改任务为：树立重视法治素养和法治能力用人导向，强化法治教育培训和考察。⑧法治政府建设的组织领导。具体2项整改任务为：加强党对法治政府建设的领导，依照法定程序向同级党委、人大常委会和上一级政府报告上一年度法治政府建设情况，依法接受同级党委、人大及其常委会以及上一级政府的

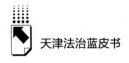
监督；强化考核评价和督促落实。⑨法治政府建设的科技保障。具体 1 项整改任务为：健全统一的行政执法综合管理监督信息系统。⑩其他方面。具体 1 项整改任务为：认真发掘法治政府建设领域的工作亮点，及时查找问题与不足。

（二）天津市法治政府建设第三方评估后的整改落实

天津市 16 个区严格按照市委依法治市办《关于对第三方评估机构指出的法治建设成效结论与建议进行重点整改的通知》要求，认真对照评估报告和清单指出的问题，扎实推进整改落实。各区委依法治区办认真研究第三方专业机构的评估报告及 "16 个区法治政府建设重点整改任务清单"，坚持 "举一反三"，制定《法治政府建设重点整改任务台账》，明确责任单位，已经完成的巩固提升，存在问题的全面整改，并督促落实。各责任单位自觉提高政治站位，主动把评估结论中的各项意见及工作建议转化为改进工作的常态化机制措施，认真对照评估报告和清单指出的问题，列明时限，进行整改，切实做到补齐短板弱项，提升法治政府建设水平。

1. 推动政府职能依法全面履行

一是持续深化简政放权，对外公布区政府各部门权责清单，制订公共服务事项清单、行政中介服务事项清单、证明事项清单，并通过政务网对外公布。二是不断优化政府组织结构，根据乡镇街道辖区人口规模、建制社区（村）数量、经济发展和职能下放等情况，按照 "编随事走" 的原则，统筹调剂乡镇街道机构编制，合理配置乡镇街道人员编制和领导职数，充实加强基层一线工作力量。三是优化政务服务，开展 "一体化政务服务能力整改整治工作"，优化提升 "政务一网通" 平台功能，提高政务服务网上办理水平。四是加强事中事后监管，依托公共信用信息平台和信用中国网站，不断扩大信用信息归集的覆盖面，为信用监管提供良好的数据支撑，持续强化事中事后监管效能。五是优化营商环境，采取网上抽查和实地抽查相结合的方式，组织开展公平竞争审查抽查检查工作，排除妨碍统一市场和公平竞争的各种规定和做法。六是加强节能和生态保护，制发生态保护相关制度文件，统筹协调推进生态环境保护工作，群众满意度持续提升。七是优化公共服务，以服务基层为重点，明确基本公共法律服务事项，组建公共法律服务团，统筹向法律服务资源缺乏的公共法律服务工作站（室）提供服务。八是健全应急预案体系建设，现行有效的总体预案、专项预案和部门预案，以及镇（乡）、街、园区印发的基层应急预案，均录入"天津市预案管理系统"。将"天津市预案管理系统"引入应急指挥中心，达到预案数字化管理和动态化管理的要求。

2.持续健全完善依法行政制度体系

一是严格规范性文件制发程序，严格落实《天津市行政规范性文件管理规定》各项要求，明确行政规范性文件的内涵和制发程序。坚持以法制审核为抓手，积极推动行政规范性文件规范化管理。二是健全动态清理工作机制，对于与法律法规规章及国家政策、上级行政规范性文件等相抵触的，或者明显不适应经济社会发展要求的行政规范性文件，及时进行清理。三是强化后评估制度落实。四是强化行政决策制度建设及落实，各区制定并公示"重大行政决策事项目录标准""人民政府2021年度重大行政决策事项目录"。

3.加强行政执法规范化建设

一是建立健全行刑衔接机制，制定《行政执法与刑事司法衔接联席会议工作规则》，建立行政执法与刑事司法衔接联席会议制度。二是创新行政执法方式，结合行政执法专项整治行动，指导各执法单位分类归拢可以采取非强制性执法手段的权责并建立台账，针对重点工作整改推进情况进行全面实地检查。三是推进执法公示，用好行政执法综合管理监督信息系统。在政府门户网站公开行政执法权限、依据、程序、救济渠道、随机抽查事项清单、执法类别、执法结论等基本信息，并落实日抽检制度。通过受理执法投诉、开展执法专项检查、组织培训等形式，确保了执法人员在执法过程中均能够明确告知行政相对人执法依据。四是严格落实执法过程全记录，严格落实执法全过程记录制度及市司法局制定的配套制度，督促各执法单位根据实

际情况进一步细化完善，通过受理执法投诉、开展执法专项检查、组织培训等形式，有力促进了工作制度的实施。

4. 打造权力制约与监督合力

一是推动形成监督合力，不断加大人大监督力度，强力推进"一府一委两院"依法行政、公正司法，强化推进备案审查，严格落实备案审查办法。加强各政法机关协调配合，强化蓟州区刑事、民事、行政公益诉讼活动法律监督工作。二是全面主动落实政务公开，对政策文件、机构职能等基础信息以及稳岗就业、疫情防控等热点领域政府信息进行全面梳理，通过政府官网及时公开。三是加强政务诚信建设，将诚信教育纳入全区党员政治学习日学习内容，开展处级干部专题培训，强化公务人员诚信履职意识。

5. 加强行政预防调处与化解社会矛盾力度

一是健全依法解纷机制，建立完善诉调对接等相关机制，加强法庭与各乡镇街道社会矛盾纠纷调处化解中心对接，开展"无讼"乡村（社区）建设。完善诉调对接、诉讼引导、程序适用等各项机制，推动以非诉方式解决纠纷。选聘专业领域的退休人员担任专职人民调解员，加大人民调解培训力度，创新培训方式，力求从整体上提高全区各级人民调解员的能力素质和业务水平。二是发挥行政复议作用。整合、优化行政复议资源，根据行政复议"立审分离"的原则，设置行政复议立案科和审理科。三是强化以案释法工作，通过公开庭审、巡回法庭、庭审现场直播、生效法律文书统一上网和公开查询等生动直观的形式，开展以案释法。通过常态化开展以案释法，全面加强以案释法的针对性和实效性。

6. 强化法治政府建设组织领导和队伍建设

一是加强党对法治政府建设的领导，各区政府每年依照法定程序向区委、区人大常委会和市政府报告上一年度法治政府建设情况并接受监督。二是树立重视法治素养和法治能力用人导向，落实国家工作人员学法用法制度、党委（党组）中心组学法制度、党政主要领导带头讲法治课制度、年终述法制度。三是以法治教育培训推动法治能力提升，将习近平法治思想作为党校培训的重要内容。各单位各部门结合与本单位本行业本领域密切相关的案件，开展针对性学法。

下一步，各区将持续深化法治政府示范创建。对标中央、市委关于法治政府建设部署要求，对标法治政府建设示范创建要求，深入查找短板弱项，强化制度建设，创建全国法治政府建设综合示范区，推动实现市委提出的"法治政府示范创建先行区"目标。结合中央依法治国办法治政府建设督察反馈情况，开展全面整改，坚持以习近平法治思想为指引，深化法治政府建设。严格按照"述法"要求，开展"述法"活动，强化各级班子依法行政能力考评。组织开展"典型差案""示范优案"评选，并纳入考核成绩，加强行政败诉考评权重，提升执法规范化建设水平。开展好依法治区办督察，对各单位落实法治政府建设部署情况进行督促检查，推动整改提升。充分发挥问责的震慑警示作用，对督考中发现问题的，采用约谈、督办、通报曝光等方式，以督促改，以考促提升，推动法治政府建设工作取得扎实成效。

三 法治督察与第三方评估结合促进法治政府建设的方向与展望

在下一步的法治政府建设工作中，天津要抓好各部门法治建设责任落实，尤其是抓好中央依法治国办法治政府建设督察反馈问题整改上持续下功夫。一是精心做好督察反馈。组织召开督察反馈会，精心制订督察反馈问题整改方案，确保全面按时完成整改任务。二是建立整改督办机制。进行清单式项目化管理，确保中央依法治国办督察组反馈的问题全部整改落实到位。三是持续巩固督察成效。对反馈问题整改措施不力、效果不好的部门，采取函询约谈、挂牌督办等方式督促推动，切实有效解决法治政府建设中发现的突出问题。结合第三方评估机构的法治政府建设评估结论和改进建议，通过督评结合，促进天津市法治政府建设水平不断提升。

（一）持续提升法治政府建设水平

一是全面提高政府工作人员法治思维和依法行政能力。充分发挥领导干部的"关键少数"示范引领作用，深入推进党政机关工作人员尊法学法守法用法，统筹推进法治宣传教育工作。二是大力推进严格规范公正文明执法。杜绝选择性执法、暴力执法等行为，进一步加强行政执法规范化、信息化建设，落实行政执法争议协调机制，强化行政执法与刑事司法衔接，提高监管效能。三是不断加强法治政府建设的组织保障。持续开展法治政府建设督促检查，确保法治政府建设的各项决策部署有效落实。按照国家和天津市要求，扎实开展法治政府示范区创建活动，及时总结和推广示范区创建过程中形成的可复制可推广的经验做法。

（二）推动党政主要负责人切实履行推进法治建设第一责任人职责

各级党政主要负责人要定期听取法治政府建设工作情况汇报，将法治政府建设纳入年度工作计划。充分发挥党政机关法律顾问作用，按照有关规定将法律顾问参与决策过程、提出法律意见作为依法决策的重要程序，坚决防止因法治缺位导致决策失误。落实乡镇（街道）党委政府、各部门每年向区委、区政府报告法治政府建设推进情况的要求，应该公示的要及时在网上公示。建立党政主要负责人述法制度，将履行推进法治建设第一责任人职责情况纳入年终述职内容，并作为衡量各级领导班子和领导干部工作实绩的重要指标。

（三）加强法治教育宣传

全面落实普法责任制，推进普法融入执法、司法和法律服务全过程。大力推进基层普法平台建设，建立法治图书角、设立法治宣传广告牌、建设村民（居民）普法学校，形成覆盖基层社区、乡村的普法网络体系。健全落实以案释法长效机制，健全完善法官、检察官、行政执法人员、律师等以案释法制度，利用典型案/事件及时向公众进行法律解读。加强普法讲师团和普法志愿者队伍建设，广泛开展普法志愿服务。

参考文献

［1］《天津市法治政府建设实施纲要（2021～2025 年）》，《天津日报》2022 年 2 月 25 日。

［2］黄伟：《以强化督察工作纵深推进法治政府建设》，《中国党政干部论坛》2019 年第 10 期。

［3］《法治政府建设与责任落实督察工作规定》，《人民日报》2019 年 5 月 7 日。

［4］周汉华：《全面依法治国与第三方评估制度的完善》，《法学研究》2021 年第 3 期。

B.7
党政机关实行法律顾问、公职律师
制度的实践与完善

法律顾问公职律师研究课题组[*]

摘　要： 天津市委、市政府先后颁发了《关于推行法律顾问制度和公职
律师公司律师制度的实施意见》《关于进一步深化政府法律顾问
工作的意见》等文件，引导和规范法律顾问和公职律师工作。
在内涵上覆盖了职责定位、选聘条件、权利义务、管理机制等内
容，党政机关法律顾问和公职律师制度日趋完善。在制度运行方
面，初步实现了从"有形覆盖"向"有效覆盖"的转变。展望
未来，应在明确法律顾问和公职律师分工、充分发挥法律顾问决
策作用、创新管理模式方面持续推进制度优化。

关键词： 党政机关法律顾问　公职律师　法治政府　制度建设

　　党政机关法律顾问和公职律师在保证党政机关重大决策合法性、推进
依法行政和依法执政、推进法治化建设中发挥着重要功能。2012 年以来，
党政机关法律顾问和公职律师制度建设日益引起重视，进入了快速发展阶
段。2016 年 6 月，中共中央办公厅、国务院办公厅印发了《关于推行法律
顾问制度和公职律师公司律师制度的意见》，标志着法律顾问和公职律师
制度的基本确立。近年来，天津市从实际出发，因地制宜，对推动和落实

---

　　* 执笔人：张勤，法学博士，天津财经大学法学院教授，主要研究方向为多元化纠纷解决、民
商法。市司法局提供相关资料。

党政机关法律顾问和公职律师制度进行了有益的探索，具有一定的地方特色。

一 党政机关法律顾问、公职律师制度的构建

（一）党政机关法律顾问制度的构建

天津市人民政府曾于 2015 年颁布《关于全面推行政府法律顾问制度的指导意见》，提出用 3 年左右时间，广泛建立政府法律顾问制度，将其覆盖至全市各级政府及其工作部门，构建市、区（县）、乡镇（街道）三级政府法律顾问制度体系。为充分发挥政府法律顾问在国家治理中的积极作用，在认真总结实践经验的基础上，2020 年初天津市人民政府发布了《关于进一步深化政府法律顾问工作的意见》，从总体要求、主要任务、组织落实三个方面对如何深化政府法律顾问工作加以规范。

在总体要求上，实现政府法律顾问制度从数量和广度的"有形覆盖"向质量和深度的"有效覆盖"转变，量质并举，提升政府法律顾问制度与社会发展和法治政府建设的契合度，顺应社会需求，推动法治政府建设。

在主要任务方面，一是优化政府法律顾问队伍结构，构建由内部专职和外聘兼职法律顾问组成的结构合理的政府法律顾问队伍。二是规范政府法律顾问选聘工作。对专职政府法律顾问和外聘政府法律顾问两个主体分别予以规范。三是拓展政府法律顾问工作的广度和深度。由传统的服务性法律工作向决策性法律工作延伸，由事后法律补救前移至事前预防和事中控制，并以控制法律风险为工作重点。四是完善政府法律顾问工作机制。建立由外聘政府法律顾问服务合同、聘书、年度履职情况等材料构成的履职信息库，为外聘法律顾问建立个人诚信档案和保密档案。

在组织落实方面，市、区两级人民政府及其工作部门要通过建章立制为其履职提供制度保障。除提供必需的办公条件外，将政府法律顾问经费纳入市、区两级财政预算，予以充分保障。作为合同的当事方，聘任单位应当按

照服务合同的约定，认真履行合同约定的义务，根据其实际工作表现，支付相应的报酬。

为进一步贯彻落实市政府《关于进一步深化政府法律顾问工作的意见》，市司法局于 2020 年 2 月颁布了《天津市外聘政府法律顾问工作规则》，从聘任条件、聘任年限、工作职责等方面对如何开展外聘政府法律顾问工作进行引导和规范。

随着各级制度的不断健全，天津市已经建立了由三级规范构成的党政机关法律顾问制度体系，在内容上日趋完善，在结构上是由内部专职和外聘兼职法律专家组成的法律顾问队伍。此外，法律顾问的职责、选聘条件、权利与义务、工作制度、经费保障等内容也趋于清晰和明确，为法律顾问制度的有效运行奠定了良好的制度基础。

（二）公职律师制度的构建

为进一步贯彻落实中办、国办的相关文件精神，2017 年 3 月市委办公厅和市政府办公厅联合印发了实施意见。该实施意见明确要求，全市各级党政机关普遍设立公职律师，逐步形成与经济社会发展和法律服务需求相适应的具有中国特色的公职律师制度体系。

在认真总结公职律师工作经验的基础上，天津市司法局草拟了《天津市公职律师管理实施办法（征求意见稿）》并于 2022 年 5 月面向社会各界征求修改意见和建议，在广泛征求意见的基础上形成了《天津市公职律师管理实施办法》。该实施办法共 7 章 42 条，从任职条件与程序、权利与职责、作用与保障、年度考核、监督与管理等方面对公职律师制度进行了较为全面的规定，从制度上保障了公职律师制度的顺利发展。

除对公职律师的权利和职责进行规定外，该实施办法还重点从通过一定渠道就法律问题发表意见、在合同等审核环节出具法律意见、办理专业性法律事务等方面，对如何发挥公职律师的作用进行了规定。此外，还通过列举清单方式，要求明确听取公职律师意见的决策事项，从程序上进一步明确了公职律师在决策中的作用。

二 党政机关法律顾问、公职律师制度的运行效果

改革开放以来逐步建立的党政机关法律顾问和公职律师制度，在内涵上覆盖了职责定位、选聘条件、权利义务、管理机制等内容，这些内容构成了党政机关法律顾问和公职律师制度的核心。经过不断探索，党政机关法律顾问和公职律师制度从无到有，日趋完善。然而，制度的生命力在于实施和落实、在于效用，只有有效实施，才能实现制度目标。因此，有必要从运行效果的角度考察党政机关法律顾问和公职律师制度，总结成功经验，反思存在的问题，并以此为契机，进一步提出解决问题的对策，推动党政机关法律顾问和公职律师制度的进一步完善。

（一）党政机关法律顾问制度的运行效果

对党政机关法律顾问制度运行效果的考察，从三个方面展开：一是法律顾问制度的覆盖情况，即从广度和数量上的"有形覆盖"向质量和深度上的"有效覆盖"转变；二是创新法律顾问管理模式；三是法律顾问制度运行的智慧化、数字化保障。

1. 从"有形覆盖"到"有效覆盖"

市委、市政府把法律顾问工作纳入天津市法治建设的顶层设计"一规划两纲要"，即《法治天津建设规划（2021~2025）》《天津市法治政府建设实施纲要（2021~2025）》《天津市法治社会建设实施纲要（2021~2025）》，并作为每年市委常委会工作要点的一项重要工作有力推进。

在市委、市政府的有力推进下，基本实现了党政机关和人民团体法律顾问的全覆盖。截至 2021 年底，全市共有 1063 家单位（含各级党政机关和人民团体），建立了法律顾问制度，共配备法律顾问 2204 人（家），其中，专职法律顾问 858 人，约占 39%；外聘律师 936 人、外聘律师事务所 339 家、外聘法学专家学者 71 人，合计 1346 人（家），约占 61%。

2021 年，全市法律顾问围绕提供法律意见、参与法律法规规章起草、

参与合作项目洽谈、参与纠纷解决等方面积极履职，取得了显著成效。据统计，为所在单位讨论决定重大事项提供法律意见 6917 件，参与法律法规规章草案、党内法规草案和规范性文件起草、论证 2700 件，参与合作项目洽谈等 22401 件，参与信访接待、涉法涉诉案件化解和突发事件处置等 11980 件，参与行政处罚审核、行政裁决、行政复议和行政诉讼等 21757 件，有力促进了党政机关依法决策、依法办事。

2. 创新法律顾问管理模式

天津市滨海新区从各单位法律顾问需求不均衡的实际出发，及时调整党政机关法律顾问管理模式，从单一的分类管理模式向分类管理和集中管理二元模式转变。2020 年，区司法局和区财政局共同研究制定了《进一步加强政府法律顾问工作暂行办法》（津滨司联发〔2020〕5 号），按照统一管理和分类管理相结合原则，从单位职责和工作需求出发，选择适合的法律顾问管理方式，实现管理工作的精准化。区委各部门和部分无专业执法队伍且法律事务较少的单位不再单独外聘政府法律顾问，由区司法局选聘81 名律师组成法律顾问团队，进行统一管理和调配，相关单位涉及法律事务时，向司法局申请外聘法律顾问提供法律服务。2021 年全年共计提供19 次律师服务。

公安、市场监管等法律服务需求较大的部门，仍采取分类管理的模式，按照要求可以外聘政府法律顾问，这些部门均聘请 1~2 家律师事务所担任法律顾问，已在天津市法律顾问管理服务平台备案。

由分类管理和集中管理组成二元管理模式，充分考虑到不同单位法律服务需求的差异性，从工作实际出发，不僵化教条，通过对法律服务需求较少单位统一管理和调配法律顾问，减轻了财政负担，大大提高了法律顾问的使用效益。

3. 法律顾问制度运行的智慧化、数字化保障

2021 年 10 月，天津市法律顾问管理服务平台正式上线①，为法律顾问

---

① 全称为天津市公职律师及法律顾问智慧管理系统，以法律顾问管理为主，兼有公职律师管理的功能。

履职提供技术支持和保障。其功能可概括为三点，一是提供"淘宝式"查询功能，二是为党政机关备案法律顾问提供全流程网上服务，三是助力党政机关开展法律顾问日常管理。

提供"淘宝式"查询功能。系统全方位展示并实时更新全市律师和律师事务所基本信息，含执业信息、诚信信息、年度考核、专业领域等，通过解析裁判文书数据，以可视化图表方式客观展示律师专业类型，供党政机关外聘法律顾问查询参考。

为党政机关备案法律顾问提供全流程网上服务。实现法律顾问聘任备案相关事项全流程网格化管理，用户可实时查询退补意见、办理进度及办理结果，档案数据自动归档留痕，实现"一趟办结"或"零跑动"办理。

助力党政机关开展法律顾问日常管理。在法律顾问选聘环节，用户可通过"信息发布"功能发布选聘公告，接受申报材料。在法律顾问聘任环节，通过聘书标准化文本、编排聘书序列号、增设聘书防伪打印功能，精确掌握法律顾问聘任动态。此外，系统具有档案查询、历史查询、解聘续聘等功能，有助于对法律顾问的日常管理。

通过将信息技术和法律顾问管理深度融合，法律顾问智慧管理系统为党政机关开展法律顾问工作提供了更加智能化、精准化、便利化的服务。

（二）公职律师制度的运行效果

市委、市政府紧扣公职律师"应设尽设"的目标要求，坚持问题导向、目标导向、效果导向，强化责任担当、加强工作统筹、强力推动落实。紧盯公职律师的建设目标持续推进，召开全市公职律师工作推进会进行部署，向10个市级部门和16个区发任务交办函，要求限期完成。市司法局先后召开1次市级层面协调会、2次区级层面推进会，深入6个区进行调研推动，推进任务落实。通过人员调入、内部遴选等多种方式，市级党政机关全部设立公职律师。对于设立公职律师确有困难的，通过统筹使用等方式予以解决。在公职律师设立方面做到了原则性和灵活性的有机结合。截至2021年底，在市级党政机关已普遍设立公职律师，在区一级，全市16个区共需配备公职律师的

党政机关有 687 个，其中 390 个党政机关以内部法律顾问履行公职律师职责，约占总数的 56.8%；另有 60 个党政机关以共享共用方式履行公职律师职责，约占总数的 8.7%。从总体来看，基本实现公职律师工作全覆盖。

2022 年前三季度，全市公职律师共处理各类法律事务 52861 件，为党政机关法治建设做出了积极贡献。

三　党政机关法律顾问、公职律师制度实行过程中存在的问题

法治是现代国家的基石，将法治思维和法治方法贯穿于国家治理，是提升国家治理水平的重要途径。党政机关法律顾问制度和公职律师制度的推行，对于法治国家建设具有重要意义。在充分肯定这一制度重要意义的同时，也应清醒地注意到，制度的实际运行与制度目标尚有一定差距。归纳存在的问题，可以概括为三个方面：一是党政机关法律顾问和公职律师的分工不够明确；二是在功能上党政机关法律顾问和公职律师参与解决具体事务多，参加决策论证少；三是党政机关法律顾问和公职律师的管理模式有待进一步创新。

（一）党政机关法律顾问和公职律师的分工不够明确

党政机关法律顾问和公职律师在功能上有较大的一致性，在人员配备上也有较大的重叠性，较大比例的专职法律顾问同时具有公职律师的身份，或者说，很大部分公职律师同时承担着法律顾问的职责。从制度渊源来看，公职律师作为一种区分于社会律师的职业岗位，首次出现在 1993 年司法部颁布的《关于深化律师工作改革的方案》中。该方案提出，要逐步在国家机关内部建立律师队伍，为各级政府及行政部门提供法律服务，其职责包括担任法律顾问、代理行政诉讼等。不难看出，公职律师的一项重要职责就是担任政府法律顾问。2002 年司法部制定并颁布公职律师试点意见，通过先试点再全面推行的方式，推动公职律师全面发展。

2016 年中办、国办印发的关于法律顾问制度和公职律师的相关文件，明确提出担任党政机关专职法律顾问的人员须具有法律职业资格，由此，党政机关内部的专职法律顾问和公职律师的区分进一步模糊化。再者，党政机关法律顾问队伍由内部专职法律顾问和外聘的兼职法律顾问组成，在同时设有内部专职法律顾问和聘有兼职法律顾问的情况下，专职法律顾问和兼职法律顾问如何在分工上有所侧重，也亟须厘清①。

总之，如何将党政机关内部的专职法律顾问和外聘的兼职法律顾问，以及专职法律顾问和公职律师在分工上有所区分，以充分发挥各自的分工优势，明确上述主体的职责定位，既有所分工又相互协作，是党政机关法律顾问制度和公职律师制度发展中亟须解决的问题。

（二）党政机关法律顾问和公职律师参与决策的功能有待强化

在功能发挥上，无论是党政机关法律顾问还是公职律师，目前较多参与了具体法律事务的处理，如起草或审查法律文书、代理诉讼等等，其另一重要功能即为重大决策提供法律意见或对决策进行法律论证方面存在功能发挥不足的问题，与全面落实"事先预防和事中控制法律风险为主，事后法律补救为辅"的工作原则还有较大差距。

无论是中办、国办印发的相关文件还是市委办公厅和市人民政府办公厅联合印发的实施意见，均将为重大决策提供法律意见或对决策进行法律论证，即将事先预防法律风险作为党政机关法律顾问和公职律师的一项重要职责。市政府于 2020 年 10 月颁布的《天津市重大行政决策程序规定》第 32 条明确了负责合法性审查部门的职责，要求其及时提出合法性审查意见，并对合法性审查意见负责，同时要求在合法性审查过程中充分发挥法律顾问和公职律师的作用。2020 年 1 月颁布的《和平区重大行政决策程序暂行办法》第 11 条第 5 款规定，区司法局应当在组织区政府法律顾问、公职律师等提

---

① 宋国涛：《我国政府法律顾问角色定位研究——以相关行政规范为考察对象》，《行政科学论坛》2019 年第 7 期。

出法律意见后，及时作出合法性审查意见。尽管在规范层面，无论是市级还是一些区的重大行政决策程序规定中，明确要求重大行政决策合法性审查过程中应当注重法律顾问、公职律师提出的法律意见，但总的来说，仍存在保障程序碎片化且刚性不足的缺点。

（三）党政机关法律顾问的管理模式有待创新

尽管中办、国办印发的相关文件对外聘法律顾问的方式没有作出明确要求，同级党委和政府可以联合外聘，也可以分别外聘。鉴于党政机关及其部门法律事务多寡不均，对外聘法律顾问的需求也不尽相同，对外聘法律顾问是采取分类管理还是集中管理？在实践中，除个别区如滨海新区采取分类管理和集中管理结合的二元模式外，仍有许多单位依然采取单一分类管理方式，管理模式单一，没有从使用效率和节约资源的角度出发进一步创新法律顾问管理模式。

四　完善党政机关法律顾问、公职律师制度的对策建议

党政机关法律顾问和公职律师制度在推进法治国家、法治政府、法治社会一体化建设中发挥着不可或缺的作用，具有"防控法律风险、规制行政权力、促进行政决策合法化等价值功能"[1]。自市政府 2015 年颁布《关于全面推行政府法律顾问制度的指导意见》以来，党政机关法律顾问和公职律师制度建设日趋完善，2017 年市委办公厅和市政府办公厅联合印发《关于推行法律顾问制度和公职律师公司律师制度的实施意见》，结合天津实际，认真落实中办、国办的相关文件精神。在总结经验的基础上，2020 年市政府和市司法局又先后颁布了《关于进一步深化政府法律顾问工作的意见》《天津市外聘政府法律顾问工作规则》，进一步完善了法律顾问制度；2022

---

[1] 宋智敏：《政府法律顾问制度研究》，法律出版社，2018，第5页。

年市司法局颁布《天津市公职律师管理实施办法》，进一步完善了公职律师制度。在市委、市政府的积极推动下，天津市党政机关法律顾问和公职律师制度建设取得了长足进步，为法治天津建设作出了重要贡献。

在肯定成绩的同时，也要持续关注党政机关法律顾问和公职律师制度运行中存在的问题，立足实际，从问题出发，有针对性地寻找解决问题的对策。

（一）明确法律顾问和公职律师分工

在功能定位上明确法律顾问不同于公职律师。鉴于法律顾问具有法律定位上较强的独立性、人员构成上的特定性以及职责范围上的约定性等属性[1]，应充分发挥其"智囊团"和"守门员"的角色。换言之，法律顾问尤其是外聘兼职法律顾问应主要参与宏观法律事务，如参与立法、重大决策等。法律顾问应充分发挥独立性和专业性优势，以客观中立的立场，参与相关立法的起草、审查、审议审批和法律解释工作。在重大决策方面，同样应发挥其独立性和专业性优势，在决策权限、决策内容、决策程序方面进行合法性审查，以充分发挥其"守门员"作用。

公职律师除具有律师身份有专业性优势外，同时还是国家公务员，与党政机关之间存在明确的隶属关系，其独立性较弱，因此应将公职律师定位为：主要参与各级党委、政府、事业单位、人民团体的具体法律事务处理，如代理行政复议、行政诉讼、民事诉讼等，以充分发挥其较为熟悉内部情况的内部性优势。

（二）充分发挥党政机关法律顾问的决策作用

进一步强化法律顾问的决策作用，实现法律顾问从法律咨询者、具体事务处理者向决策者角色的延伸和转变。要实现法律顾问向决策者角色的延伸

---

① 宋智敏：《从"法律咨询者"到"法治守护者"——改革语境下政府法律顾问角色的转换》，《政治与法律》2016年第1期。

和转变，需要在行政程序等相关法律中明确法律顾问的角色，明确规定由法律顾问介入的事项，赋予法律顾问不受任何单位和个人干涉、独立发表法律意见的权利。借鉴《天津市重大行政决策程序规定》等相关文件施行以来的成功做法，及时总结经验，健全法律顾问职责履行的程序保障机制，增加法律顾问参与重大决策的刚性规定，进一步拓展法律顾问参与决策的广度和深度，进一步实现由"有形覆盖"向"有效覆盖"的转变。

（三）创新党政机关法律顾问、公职律师管理模式

在党政机关法律顾问管理方面，有研究者注意到了目前党政机关法律顾问组织形式弱化，组织化建设问题没有引起足够重视。法律顾问只能与简单的法律需求相适应，难以推动法律顾问的职业化发展①。

在公职律师管理方面，各地在不断探索中涌现了成立公职律师事务所的广州模式、"增岗不增编"的厦门模式、"少而精"高薪招聘雇员的"扬州模式"，以及从法律援助律师中选拔公职律师组成管理委员会的"周村模式"，呈现百花齐放的样态②。

天津市个别区如滨海新区也探索建立了党政机关法律顾问分类管理和集中管理结合的二元模式，但绝大部分单位仍采取单一分类管理方式。目前的管理现状亟须创新管理模式，从独立性、专业性等原则出发，探索建立有利于最大限度发挥党政机关法律顾问和公职律师作用的管理模式。

参考文献

［1］宋国涛：《我国政府法律顾问角色定位研究——以相关行政规范为考察对象》，

---

① 朱顺：《政府法律顾问的组织形式补强问题研究》，《安徽行政学院学报》2021年第1期。
② 蒋志如、尹显丰：《历史与文本中的中国公职律师——以〈关于推行法律顾问制度和公职律师公司律师制度的意见〉为中心》，《内蒙古师范大学学报》（哲学社会科学版）2019年第3期。

《行政科学论坛》2019 年第 7 期。

[2] 宋智敏:《政府法律顾问制度研究》, 法律出版社, 2018。

[3] 宋智敏:《从"法律咨询者"到"法治守护者"——改革语境下政府法律顾问角色的转换》,《政治与法律》2016 年第 1 期。

[4] 朱顺:《政府法律顾问的组织形式补强问题研究》,《安徽行政学院学报》2021 年第 1 期。

[5] 蒋志如、尹显丰:《历史与文本中的中国公职律师——以〈关于推行法律顾问制度和公职律师公司律师制度的意见〉为中心》,《内蒙古师范大学学报》(哲学社会科学版) 2019 年第 3 期。

[6] 莫于川:《政府法律顾问的时代使命与角色期盼》,《广东社会科学》2017 年第 1 期。

[7] 杨伟东:《完善政府法律顾问制度》,《广东社会科学》2017 年第 1 期。

[8] 吕立秋:《政府法律顾问制度建设分析和展望》,《中国法律评论》2015 年第 2 期。

B.8
国家工作人员学法用法考法
制度的天津实践与展望

国家工作人员学法用法考法研究课题组 *

摘　要： 近年来，天津市坚持制度引领、以考促学、学用结合，开拓创新
工作方式方法，强化监督考核，大力推进国家工作人员学法用法
工作制度化、规范化、长效化，取得了显著成效。自主研发网上
学法考法系统、探索建立学法用法清单等一些实践创新举措在全
国产生了积极的示范作用。

关键词： 国家工作人员　学法用法考法　创新举措

　　国家工作人员学法用法是全面推进依法治国的基础性工作，是切实加强
干部队伍建设的有效途径。党的十八大以来，习近平总书记多次对国家工作
人员学法用法工作作出重要指示、提出明确要求，为国家工作人员学法用法
工作指明了方向。党的十九大提出，各级党组织和全体党员要带头尊法学法
守法用法。2020 年 11 月召开的中央全面依法治国工作会议上，习近平总书
记特别强调，要坚持抓住领导干部这个"关键少数"。党的二十大报告提出
新要求，"发挥领导干部示范带头作用，努力使尊法学法守法用法在全社会
蔚然成风"。天津市认真贯彻落实党中央决策部署，从深入学习贯彻习近平
法治思想、推进全面依法治市的政治高度，深刻认识加强国家工作人员学法

---

* 执笔人：张宜云，法学博士，天津市人大立法研究所副研究员，主要研究方向：地方立法。
市司法局提供相关资料。

用法考法工作的重要性，不断健全完善学法用法考法各项制度，采取有力措施，取得了显著成效。

一　坚持制度建设，健全学法用法考法常态机制

近年来，天津市坚持制度引领，健全学法用法考法常态机制，在制度上和机制上形成各司其职、各负其责、齐抓共管的工作格局。

（一）强化地方立法保障和顶层制度设计

为提高公民的法律素质和全社会的法治化管理水平，加强法治宣传教育，2009 年 1 月 1 日起实施的《天津市法制宣传教育条例》，为国家工作人员学法考法提供了坚实的地方立法保障。天津市高度重视国家工作人员学法用法工作，历年来，市委、市政府转发的五年普法规划和市人大常委会审议通过的普法决议都将国家工作人员特别是领导干部作为重点普法对象。

2021 年以来，为深入学习宣传习近平法治思想，贯彻落实中央和天津法治建设"一规划两纲要"，着力推动"八五"普法规划实施，不断提高天津市国家工作人员学法用法考法工作制度化、规范化、长效化水平，切实增强国家工作人员法治素养和依法办事能力。市委依法治市办会同市司法局在全面梳理天津近年来国家工作人员学法用法考法制度取得的成效和存在的问题基础上，起草了《关于进一步加强国家工作人员学法用法考法工作的实施意见》，于 2022 年 3 月 14 日以市委全面依法治市委员会名义印发施行。

（二）建立健全常态化工作机制

一是建立领导干部带头学法制度。建立党委（党组）理论学习中心组学法制度，将法律学习作为理论学习的重要内容，建立党政负责人带头讲法治课制度，推动各级领导干部当好学法表率。建立党委常委会、政府常务会（办公会）重大决策前专题学法制度。建立完善学法考勤、学法档案、学法

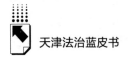
情况通报等制度，把领导干部学法各项要求落到实处。

二是健全完善日常学法制度。结合国家工作人员的岗位需要，推动学法经常化。坚持以自学为主的方法，联系实际制订学习计划，明确学习任务，保证每年学习法律知识的时间不少于40学时。定期组织法治讲座、法治论坛、法治研讨等专题活动，利用国家宪法日、宪法宣誓、法律颁布实施纪念日等组织开展形式多样的学法活动。依托全国党员干部现代远程教育系统、天津干部在线学习平台、天津市国家工作人员网上学法用法考试系统、各级政府网站、专门普法网站等资源，建设网络学法学校、学法课堂，搭建和完善学法平台。注重微博、微信、微视、移动客户端等新媒体新技术在学法中的运用，不断拓宽学法渠道，创新学法形式。

三是健全完善法治学习培训制度。将法治教育纳入干部教育培训总体规划，明确法治教育的内容和要求。把法治教育纳入国家工作人员入职培训、晋职培训的必训内容，确保法治培训课时数量和培训质量。根据实际需要组织开展专题法治培训，加大各类在职业务培训中的法治内容比重。各级党校、行政学院、社会主义学院开设法律课程，邀请知名专家学者作讲座，提高国家工作人员学法用法的深度和广度。

四是建立旁听庭审活动制度。国家工作人员旁听庭审活动是提高领导干部运用法治思维和法治方式能力的重要举措。自2015年起，天津市组织局级领导干部旁听行政案件庭审。2019年8月，天津市普及法律常识办公室、天津市高级人民法院、天津市司法局印发的《天津市关于推动国家工作人员旁听庭审活动常态化制度化的实施意见》明确指出，旁听庭审案件范围包括行政诉讼案件、行政执法人员渎职侵权刑事案件、有影响的贪污贿赂刑事案件、其他具有较大影响的案件。行政复议机关办理的重大疑难复杂或社会关注度较高的行政复议案件，也可作为国家工作人员旁听庭审的重要内容。各区组织国家工作人员现场旁听庭审活动每年不少于1次。各部委办局组织国家工作人员集中观看网上庭审直播每年不少于1次，并可根据实际情况组织现场旁听庭审活动，推动国家工作人员旁听庭审活动常态化制度化。

五是建立年度述法制度。把学法用法和推进法治建设情况作为领导班子和领导干部年度述职重要内容，述法内容应包括履行法治建设第一责任人职责情况、法治学习情况、重大事项依法决策情况、依法履职情况、普法教育责任制落实情况，开展法治天津建设工作情况等。

（三）在全国探索建立学法用法清单制度

"八五"普法启动以来，天津市委、市政府高度重视国家工作人员学法用法考法工作，市委主要负责人专门就编制学法清单工作作出批示，市委全面依法治市委员会出台《关于进一步加强国家工作人员学法用法考法工作的实施意见》，明确建立国家工作人员学法用法清单制度。天津市着力构建"一个共性清单+各领域个性清单"的"1+N"多层次、多角度、立体化学法用法清单制度体系，推进此项工作走在全国前列。该学法用法清单是天津首次编制，是完善国家工作人员学法用法考法制度的有益探索，政治性强、覆盖面广，具有较强的针对性和专业性，对于深入学习贯彻习近平法治思想、落实中央和天津法治建设"一规划两纲要"、推动"八五"普法规划全面实施、增强国家工作人员法治素养和依法办事能力都具有重要的指导意义。此次清单编制工作由市司法局、市普法办重点依托天津师范大学法学院，吸收优秀法学专家、法官、检察官、法律顾问、律师等法学法律工作者成立工作专班。

一是坚持聚焦主线，突出重点，倾力打造一个"共性清单"。天津市司法局坚持以习近平法治思想为引领，牵头编制"共性学法清单"。将习近平法治思想学习宣传作为首要政治任务，清单内容突出习近平法治思想的重大意义、核心要义和实践要求，扎实推进习近平法治思想学深悟透，指导实践。坚持"通识性"和"普适性"，覆盖法治建设重要决策部署、宪法、国家制度、监察制度、国家安全制度、人事管理制度、行政法律制度、刑事法律制度、民事法律制度、党内法规、天津市地方性法规等重要领域，涉及重点法律法规57部，集中体现国家工作人员履职必备的学习重点，为国家工作人员学法用法提供普遍参考。

二是坚持分类推进，精准到点，量身定制 N 个"个性清单"。天津市司法局按照"分层次、分行业、分领域、分岗位"的要求，积极推进学法内容的个性化、精准化设置。指导市级各部门分类编制"个性学法清单"，推进全市各领域形成与部门职责相适应、与学法需求相呼应的"个性学法清单"。以重点突破带动全面发展，涵盖教育、人力社保、生态环境、城市管理、交通运输、卫生健康、市场监管、金融等与经济社会发展、群众生产生活密切相关的重要领域，重点部署、强力推进清单编制工作。全市 50 余家单位牵头精准化编制本部门本系统个性清单，推进学法用法工作深耕细作，遍地开花。

三是坚持机制发力，常态推进，全力拧紧"责任链条"。目前，共性学法清单和题库已层层推送至全市国家工作人员学习使用，各领域个性清单和题库基本编制完成，学习内容定期动态更新。全市依托学法用法清单制度，建立落实线上线下相衔接、法律知识学习和法治能力考察相衔接、全员考法和随机考法相衔接的多层次、多角度、立体化学法考法模式。同时，拧紧责任链条，严格督导推进国家工作人员学法用法清单制度落实落地，通过法治督察、绩效考评等强有力的措施，督任务、督进度、督成效，切实压紧压实各层面、各领域学法用法考法工作，推动国家工作人员法律意识和法律实践能力不断提升。

天津探索建立的学法用法清单制度具有以下鲜明特点。

一是强化学法清单的指导性。学法清单坚持以习近平法治思想为引领，以《习近平法治思想学习纲要》为基础，引导国家工作人员强化法治素养、提升法治能力，坚定不移走中国特色社会主义法治道路，以学深悟透习近平法治思想的实际成效指导实践、推动工作。

二是强化学法清单的科学性。学法清单坚持科学分类、突出重点，围绕国家工作人员的工作特点和履职需要，根据规范的内容、种类、层级等，集中梳理包括宪法、国家制度、监察制度、国家安全制度、人事管理制度、行政法律制度、刑事法律制度、民事法律制度、党内法规、天津市地方性法规和市政府规章等重点法律法规和重点法条，体现了国家制度、党的十八大以来出台或者修订的重要法律法规和重要党内法规，以及与经济社会发展、依法行政、社会治理现代化、人民生产生活密切相关的重要法律知识点，要求全体国家工作人员学习掌握。通过科学分类，突出学习重点，推动国家工作人员带头尊法学法守法用法，促进全社会树立法治意识，营造良好的法治氛围。

三是强化学法清单的实效性。学法清单与建立完善考法制度体系相结合，坚持以考促学、学用结合、以考促用。通过必要的考试，全面检验国家工作人员的学习效果，切实增强国家工作人员的学法自觉性。

四是强化学法清单的针对性。坚持分层推进、精准实施，在编制"共性学法清单"和"共性题库"的同时，要求有关单位和部门落实普法责任制，系统梳理各系统国家工作人员履行岗位职责应知应会、必知必会的重要法条，坚持干什么学什么、缺什么补什么的原则，分类制定本部门本系统的"个性学法清单"和"个性题库"，有针对性地引导和督促本部门本系统国家工作人员学习，切实提高依法办事能力。

二　坚持以考促学，强化学法用法实际效果

天津市坚持"以考促学""学用一体"，强化监督考核，推行国家工作人员学法用法清单制度，精准加强学法考法，切实提升学法实效，切实提高法治实践能力水平。通过深入推进学法用法考法工作，国家工作人员注重树立法治信仰，提高法治素养，运用法治思维和法治方式解决问题、化解矛盾，国家工作人员特别是领导干部依法执政、依法行政和依法办事能力得到有效提升。

（一）任前考法从严把关

对拟任干部进行任前法律知识考试是增强国家机关工作人员尊法学法守法用法意识的有力措施。自 1998 年起，天津市人大常委会就组织"一府两院"拟任命领导干部进行任前法律知识考试。目前，市、区两级人大常委会和各区组织、人事部门相继建立制度，领导干部必经任前考法方能提拔任用。部分部委办局积极推进非人大任命的领导干部任前考法工作，考法是否合格成为提拔考核的重要依据。

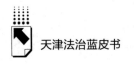

（二）自主研发网上学法用法考试平台

天津市自主研发的国家工作人员学法用法网上平台已成为全国知名普法品牌。通过这一平台，天津市已经连续 9 年组织国家工作人员在线学法考法，覆盖全市 12 万余名国家工作人员，参考人员累计突破 74 万余人次。在使用过程中不断丰富拓展学法用法工作的内涵和路径，持续提升学法的知识性、实用性和权威性，品牌效应不断增强。

1. 学习内容充实丰富

突出学习习近平法治思想，突出学习党和国家重大决策部署及党章党规党纪，突出学习宪法法律。既统筹兼顾基础法学知识、依法履职相关法律知识，又密切关注当前时政热点和重点法律法规，并将法治建设规划纲要、疫情防控法律知识、民法典、地方性法规等重点热点列为专章学习。严格把关学习内容及题库的编写，全部由专家学者精心完成，确保内容丰富、表述严谨。2022 年度共设置十章二十节（见图 1）。

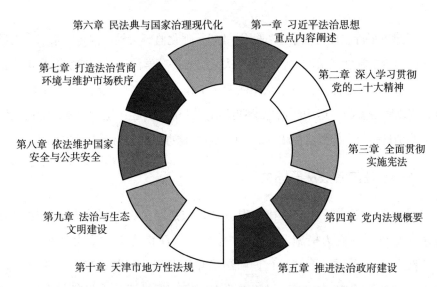

图 1　2022 年天津市国家工作人员网上学法用法考试学习内容

2.学习形式灵活便捷

一是积极打造学法的"随身宝典"。依托学法用法考试系统手机版和语音阅读功能，实现"看、听"一体学习模式，满足业余时间、工作间歇的学法需求。二是持续拓展学法途径。考试系统实现与中国知网法律知识资源总库统一认证，学员可免费使用该数据库进行法律资源检索分析和下载，为延伸学、拓展学提供了便利途径。2018 年以来，检索学习人次近 185 万。三是释法说理服务学法用法。持续整理推送普法宣传、法治创建、以案释法典型案例，在学法用法考试应用性、实务性强的相关章节加入典型案例，引导国家工作人员树立法治观念，依法履职尽责。

三　坚持服务实践，学用一体，创新树立"天津特色"

国家工作人员学法目的在于用法，实现法治思维和法治方式的常态化。天津市着力构建多层次、多角度、立体化国家工作人员考法模式，推动尊法学法守法用法成为国家工作人员的自觉行为和必备素质。

（一）健全完善"题库"制度

天津市司法局率先探索、先行先试，在编制"共性学法清单"目录的基础上，对应重要政策法规，贴合国家工作人员履职需求，逐项遴选重点内容和重要条文共计 700 余条，便于有针对性地查阅使用。此项工作在全国尚属首创，具有标杆示范意义。按照便捷、实用、高效的原则，构筑学用结合、考学互动学习体系，对应共性、个性清单重要知识点，同步编制"共性题库"和"个性题库"，题型丰富，难易适度。各层面、各领域依托共性、个性清单题库，可自主选取学习考试内容，在本部门本单位组织更加灵活、更有针对性的学法考法，通过边学边考，以考促用，切实提高法治实践能力水平，为群众提供更加专业、高效的法治服务。

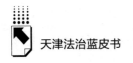
（二）建立考法制度

一是加强全市统一考法。每年结合"共性学法清单"，定期编制"共性题库"，供全市国家工作人员考法使用。市委依法治市办会同市司法局每年不定期组织法律知识闭卷考试，在全市国家工作人员中随机抽选参考人员，试卷从"共性题库"中随机抽题生成。二是加强部门集中考法。市级各部门要加强对本系统国家工作人员法律知识考试，每年至少组织 1 次闭卷考试，参考人数要体现代表性，涵盖主要内设机构和重要岗位人员，试卷从"共性题库"和"个性题库"中按比例随机抽题生成。三是加强执法人员重点考法。突出加强新增行政执法人员法律知识考核，严把执法人员"入口"关，严格落实每年不少于 60 学时业务知识和法律法规培训要求，确保具备从事岗位工作必备的法治素养和法律知识。市级行政执法部门每年不少于 2 次，不定期抽选一定比例的本系统行政执法人员进行法律知识闭卷考试，试卷从"共性题库"和"个性题库"中按比例抽取。四是加强网上全面考法。健全完善国家工作人员网上学法用法考试活动，每年组织 1 次集中网上学法考试，全市国家工作人员统一参加。

（三）强化考核与监督

从 2014 年开始，天津市委将领导干部学法用法工作纳入各区绩效考评指标体系。2019 年实现各区、政府部门、党群组织和驻津单位全覆盖，绩效考核成为推进国家工作人员学法用法的"硬指标"。2021 年开始列入绩效考核负面清单，监督督促力度进一步加强。天津市认真落实中共中央办公厅、国务院办公厅《法治政府建设与责任落实督察工作规定》，把国家工作人员学法用法考法工作纳入法治督察重要内容，综合运用多种督察方式，督任务、督进度、督成效，推动任务落实、责任压实、效果抓实。每年召开全市"述法大会"，各区委、区政府和市级各部门主要负责同志要在述法报告中专题介绍组织推进国家工作人员学法用法考法工作。

四 下一步工作展望

当前，我国已开启全面建设社会主义现代化国家新征程，为深入学习宣传贯彻习近平法治思想，还需进一步深入推进国家工作人员学法用法考法工作。坚持聚焦主线，持续健全制度机制措施，落实全面清单化管理，丰富创新方法途径，压实各方责任，形成工作合力。

（一）进一步健全制度机制

系统总结近年来天津市国家工作人员学法用法考法的成熟实践经验做法，完善细化学法用法各项制度机制保障。强化立法保障，积极推进"天津市法治宣传教育条例"出台，将党政主要负责人带头讲法等具有天津特色的法治实践以地方性法规形式加以固化，将旁听庭审、以案释法等制度举措以立法形式加以明确，推进国家工作人员学法制度更加系统化、科学化。健全监督考核机制，明确奖惩制度，对成绩突出的给予表彰和奖励，对履职不到位的予以问责，推动国家工作人员学法用法工作落实落地。完善国家工作人员学法用法考法工作格局，坚持统筹联动，建立形成市委依法治市办负责牵头抓总，市司法局负责组织推动，组织、宣传、纪检监察等部门协同配合，各区各部门各负其责。建立完善全市统一考法、部门集中考法、执法人员重点考法、网上全面考法制度体系，坚持以考促学，全面检验学习成果，切实增强国家工作人员学法自觉。

（二）进一步实行全面清单化管理

国家工作人员对于学法用法的意愿日益主动、需求日益迫切。要继续探索创新学法考法清单管理制度，构建精准化学法体系，精准加强学法考法，切实提升学法实效。坚持分类推进，按照"分层次、分行业、分领域、分岗位"的要求，深化完善"共性学法清单"，分类制订"个性学法清单"，推进法律法规在国家工作人员依法履职过程中的精准应用，保障法律法规正确实施。做好学法清单的定期动态更新工作。每年定期进行深入研究，系统梳理、更新、补充和完善"共性学法清单"和"共性题库"，并及时推送给全市国家工作人员学习使用。指导督促"个性学法清单"和"个性题库"的编制和更新工作，推动有关编制责任部门落实普法责任制，督促各有关部门对本部门本系统的个性清单和题库每年进行更新完善，组织本部门本系统国家工作人员学习，保证学习时间和实效。

（三）进一步丰富创新学法考法形式

随着信息技术的飞速发展，国家机关工作人员通过微博、微信、短视频等新媒体进行便捷高效的学习已经成为普遍现象。要主动适应信息时代发展要求，不断丰富学法用法考法形式。要突出法治实践。积极探索参与式、互动式、体验式法治教育模式。经常组织开展以案释法、旁听庭审、警示教育等活动，不断拓宽学法渠道，推动国家工作人员学法用法工作向纵深发展。强化以案释法，定期组织旁听行政诉讼、职务犯罪等典型案件，推动国家工作人员旁听庭审更有实效。依托法治宣传教育基地阵地，促进法治文化、红色文化、廉政文化等法治宣传教育资源整合融通，为国家工作人员提供更加广阔的学法实践平台。加强基层干部学法用法工作，持续开展乡村"法律明白人"学习培训，提高法治实践能力和水平。要突出科技导向。进一步提升网上学法考试质效，科学设置内容，创新考试方式，完善技术手段，做好网上学法用法考试的服务保障。稳步实施好全市统一考法工作，每年从"共性题库"中抽取一定比例的试题，随机抽选国家工作人员进行法律知识闭卷考试。进一步拓展延伸网上学法用法考试系统功能，推动各区各部门利用好个性化系统模块，强化国家工作人员应知应会法律知识学习考核，推动学法考试工作常态化开展。

（四）进一步压实责任落实

一是强化组织领导责任。各区、各部门建立并落实"一把手"负总责、分管领导具体抓、责任部门（单位）负责人跟踪抓的工作机制。党政主要负责人要履行第一责任人责任，把学法用法考法工作与业务工作一同部署、检查、落实，细化各项制度措施，创造有利条件、提供有效保障。落实党委（党组）理论中心组学法制度和党委常委会、政府常务会（办公会）重大决策前专题学法制度、党委（党组）主要负责人带头讲法治课制度，推动各级领导干部做好学法表率。

二是拧紧责任链条。市委依法治市办发挥牵头抓总、督促落实作用。组织部门把国家工作人员学法用法考法情况作为考察干部的一项内容，加强国家工作人员录用、招聘中法律知识的考察测试，增加公务员录用考试中法律知识的比重。健全完善国家工作人员任职法律考试制度。党委宣传部门协助落实党委（党组）理论学习中心组学法制度，加强对国家工作人员学法用法考法工作的舆论宣传。司法行政部门加强组织协调、指导和检查，推动国家工作人员学法用法考法工作扎实深入开展。

三是强化考核评估监督。要把法治素养和依法履职情况纳入考核评价干部重要内容，落实领导班子和领导干部年度考核述法制度，强化任前与任中相结合的国家工作人员学法用法考试考核，开展基层法治工作队伍能力测评，落实普法责任年度履职报告评议制度。要进一步健全监督考核机制，明确奖惩制度，对成绩突出的给予表彰和奖励，对履职不到位的予以问责，推动国家工作人员学法用法工作落实落地。

参考文献

［1］刘基智、杜丽萍、王璐、杨琦：《领导干部法治思维法治能力提升的实践与思考——以天津市为例》，《中国司法》2019年第12期。

［2］《天津构筑网上学法用法新体系》，《法治日报》2019年8月9日头版。

［3］《天津市建立落实国家工作人员学法用法清单制度》，"中国普法"微信公众号，2022年7月5日。

［4］《拉清单　督效果　国家工作人员学法再"提档"》，"天津司法"微信工作号，2022年6月29日。

专题报告

Special Reports

B.9
天津市滨海新区执法监督平台的
创新实践与经验启示

滨海新区执法监督平台研究课题组*

摘　要： 为进一步规范天津市滨海新区行政执法机关的行政检查行为，促进精准、高效、规范、文明执法，滨海新区着力打造了综合、立体、全覆盖的行政执法监督平台，旨在推动法治滨海和智慧滨海深度融合；升级行政监督平台功能，助力法治政府创新建设发展，不断强化执法信息数据汇聚治理，提高执法信息分析应用能力；及时发现行政执法薄弱环节，为加强和改进行政执法、行政立法、行政决策和风险防范提供有力支撑。

关键词： 行政执法　监督平台　数据共享

---

* 执笔人：段威，天津社会科学院法学研究所，副研究员，研究方向为刑法学。滨海新区政府提供相关资料。

天津市滨海新区作为国家级新区，承担着为全国改革开放探索新路径、积累新经验的重大使命。滨海新区行政区划面积 2270 平方千米，下辖 5 个开发区和 21 个街镇。近年来，滨海新区区委、区政府认真落实全面依法治国基本方略，在融合滨海新区高质量发展与特色发展的同时，以强化依法执政为切入点，以规范行政执法为目标，将法治与科技、数字、智慧治理深度融合，不断完善行政执法监督平台，助力法治滨海、智慧滨海建设。

一 滨海新区行政执法监督平台的体系建设

天津市滨海新区深入落实行政执法"三项制度"，推动法治政府建设不断取得新成效。一方面，行政执法监督平台的四大数据库包括法律法规、执法主体、执法人员以及权利清单，数据库的常态化运行保证了数据的真实性、高效性；另一方面，平台编码化使得上述数据的获取及时准确，并保障了区级与各分平台的数据实时互通，着力打造综合、立体、全覆盖的行政执法监督平台。

（一）多级联动平台系统

新区以行政执法监督平台为核心，对接行政审批、网格中心、信用滨海等系统平台，形成集信息采集、在线指挥协调、在线执法办案、在线考核监督功能于一体的多级联动平台系统。通过系统建设运行，完成国务院办公厅电子政务办在天津市开展"互联网+监管"系统多级联动应用试点工作，实现"互联网+监管"各平台互联互通、信息互通共享、业务协同联动、应用创新拓展，探索建立上下协同、运转高效的一体化运行管理机制，形成可复制、可推广的经验。

（二）两级监督体系

建立完善集指挥、协调和监督职能于一体的区级和街镇两级行政执法指挥协调监督中心，实现执法事项统一受理、执法任务统一派转、执法过程统

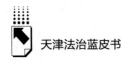
一监督、执法结果统一评价、执法数据统一统计。依托区行政执法监督平台建设"两库两单"和随机联合检查机制，两库即"执法人员库"和"执法对象库"，两单即"执法机关检查事项清单"和"市场主体守法合规清单"。

执法人员库：包括执法人员基本信息、执法范围及执法区域等内容。执法对象库：按照部门属事、街镇属地原则及权责清单全量录入监管对象，并按执法领域划分类别，解决"都管谁、谁来管"的问题。

执法机关检查事项清单：各行政执法机关对本机关的执法对象库全量市场主体按照执法领域进行分类，为每一类执法对象编制对应的检查事项清单，解决"都管什么"的问题。市场主体守法合规清单：依托平台对每一类市场主体涉及各执法机关监管的事项及法律依据进行综合梳理，明确列出市场主体应当遵守的法律法规和相关规定，形成守法合规指导。

随机联合检查机制：落实《滨海新区行政检查暂行办法》，根据各执法单位执法需求，按照不同的抽查比例由平台自动生成执法任务计划，开展"双随机、一公开"检查，同时依托平台自动检索碰撞和撮合，对多部门执法任务计划涉及同一检查对象的生成联合检查任务，确定检查时间，发布指令实现多部门跨领域、跨区域联合检查。

此外，对市场监管一般领域市场主体实行"诚信免查、多查合一、最多查一次"制度，实现对市场监管重点领域管住管好，对一般领域无事不扰，推动行政执法机关精准监管、高效执法，为最大限度减少涉企检查，优化营商环境提供有力支撑。

（三）建立完善三项配套制度

主要包括平台系统操作规范制度、行政执法指挥协调监督工作制度和人员装备保障制度。依据行政执法和执法监督相关法律、法规、规章对现有的滨海新区行政检查暂行办法、行政执法"三项制度"配套细则、行政执法监督考核指标体系、行政执法案件质量标准等制度进行梳理整合完善，并协调区有关部门在机构设置、岗位编制、财政装备保障等方面形成规范制度，对试点工作形成有力支撑。三项配套制度是新区在加快推进法治政府建设进程中逐步完善的，探索实践智慧赋能，旨在推动法治政府建设不断取得新成效。

二 滨海新区行政执法监督平台的功能模式

行政执法的规范性直接关乎人民群众的利益与幸福感。实践中，行政执法具有复杂性，体现在数量大、地域广、事务杂。如果仅仅依靠传统的下达文件、召开会议、案卷评查等方式，难以应对新时代行政执法监督工作的新形势，创新监督方式是不可回避的诉求，应当以科技化、信息化手段规范行政执法程序，实现对行政执法行为的全程监督。

（一）功能定位

滨海新区为努力实现党中央、国务院赋予天津滨海新区的功能定位，不断提高依法行政的能力和水平，致力于打造服务执法实践、功能创新领先、具有新区特色的亮点工程，把行政执法监督平台建设运行作为贯彻落实行政执法"三项制度"的有力抓手，全面提升全区行政执法规范化、信息化水平和行政执法监督效能。平台的建设和使用已经实现全国行政执法综合管理监督信息系统国家级应用和省级应用功能，提前完成了行政执法"三项制度"中关于全面推进行政执法信息化、加强信息化平台建设、推进信息共享和强化智能应用的工作要求。

（二）功能架构

自 2015 年 11 月行政监督平台开始上线运营，陆续实现了对全区 91 个执法主体的执法业务在线指挥和实时监督考核。平台建设集行政执法、执法监督、法制业务于一体，以"两个六"为目标，即实现"执法动态、执法监督、执法考核、法制业务、执法依据、统计分析"六大功能，重点监督"行政处罚、行政许可、行政收费、行政强制、行政征收、行政检查"六类执法行为。平台设计为"一二三四"系统架构。"一"即一套系统，按照

"互联网+"的思路，依托超算中心、电子政务网，借助 GIS、云计算等技术，建成全区统一的行政执法监督信息系统；"二"即两级平台，建成区级行政执法监督平台与各管委会、各委局、各街镇执法和监督分平台，并实现实时互通；"三"即三类监督对象，监督各开发区管委会及其执法部门、各委局、各街镇全部行政执法行为、执法主体和执法人员；"四"即四大数据库，建立运行法律法规、执法主体、执法人员和权力清单四大数据库。平台的架构设计和功能定位达到国内领先水平，从业务领域和地域等方面实现了行政执法监督的多角度、全覆盖和高效率。

（三）功能设计

新区平台在建设模式、基础数据建设、使用方式和实现目标等方面可归纳为"二三二三"：两个一体化建设，实现三个编码化，两个移动化工作模式，实现三个目标。

1.两个一体化建设

即"执法监督+执法办案"业务一体化建设和区平台与区属部门、街镇平台一体化建设运行。

2.实现三个编码化

基于现行法律法规、执法程序、处罚类型和幅度以及业务分类进行系统梳理，主要包括：执法依据编码化，平台制订法律法规编码体系，按照法律、行政法规、地方性法规、部门规章、政府规章等法律位阶对法律法规进行分类，赋予每一部法律法规的条、款、项、目一个唯一的代码；执法事由编码化，平台制订执法事由编码体系，执法事由编码是根据法律法规编码制定，通过对法律法规条款的整理拆分，形成了执法事由、违则（规范性条款）、罚则（处罚依据）等基本信息，在案卷办理过程中按照法律依据控制适用的执法程序、规定的处罚类型、限定的处罚幅度，并与权责清单相关联，也可以对法律及依据使用情况进行统计分析；权责清单编码化，平台制订权责清单编码体系，权责清单编码是由区域代码、行业类别、行政类别、使用级别、业务分类和职权序列号组成。

3. 两个移动化工作模式

主要包括：执法办案移动化，通过平台可实现在移动终端上报执法检查、简易程序、一般程序等案件信息，并可通过连接便携式打印机现场打印简易处罚决定书、调查询问通知书、责令改正通知书等执法文书，制作及提交审批文书，各级领导也可通过移动终端结合 CA 签章进行审核审批，全面提升执法效率；执法监督移动化，借助移动互联网技术，结合滨海新区依法行政、执法监督的管理要求，实现在移动终端上实时监控每个执法主体的履职情况，查看每个案件的全部详细信息，也可以对案件情况进行意见交互以及抽查考核。

4. 实现三个目标

一是执法记录全程化。多媒体信息与案件关联，结合全区各执法主体日常执法办案流程，平台定制化开发各业务审批流程体系，实现执法队员通过办案系统对执法全过程的文字信息、音频信息、视频信息进行留存，通过平台查看案件的办理过程及各种记录信息，实现对案件的回溯管理。按照各部门审批流程严格控制法制审核流程及记录，限定行政处罚决定作出之前必须经过法制审核，并通过 CA 签章留痕。

二是执法监督实时化。基于 4G 专网以及手持视频记录仪、动中通取证等无线传输设备，可实时查看执法队员现场执法情况和车辆巡查情况，统一监督指挥执法现场活动，保障队员安全、规范执法。通过平台实现对执法主体的执法队伍、执法案件、权责履行等基本情况进行实时监督；对执法人员每天巡查的轨迹、检查记录、执法案件办理等情况实时归集；实现对每个执法主体、每个执法人员的执法行为进行实时监督。督促每个主体、每个人员依法履责、规范办案。

三是执法考核智能化。结合新区实际情况制订考核标准，系统通过智能数据分析，对包含履职、执法人员参与、执法证信息归集、设备使用、执法覆盖、案卷得分、行政复议、行政诉讼等情况分别自动进行打分，生成综合的评价考核结果，实现对执法主体、实施机构、执法人员、执法案卷的分别评分。平台加入了网格化管理体系，对各网格内的执法情况进行详细统计和分析，

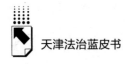

同时可结合 GIS 对权责运行、执法覆盖、执法质量、法律依据运行进行大数据统计分析。对在岗人员、上报案卷、在线视频等数据自动统计。按照执法程序、相对人类别等条件进行自动分类统计，形成多维度的统计分析图。

三 滨海新区执法监督平台的运行亮点

加强对法律实施的监督，加快形成严密的法治监督体系，积极探索行政执法监督新模式，切实把习近平法治思想贯彻落实到全面依法治国全过程。滨海新区行政执法监督平台充分利用云计算、大数据、人工智能等信息化技术，形成多源数据整合机制，提升行政执法监督信息化水平是打造法治天津、智慧天津的必然路径。

（一）实现规范、高效、务实的功能作用

在改革中完善，在创新中提升，滨海新区行政执法监督平台规范、高效、务实的功能价值，在落实"三项制度"中得到充分体现。

第一，促进规范执法。平台建设运行与有效落实行政执法公示、执法全过程记录、重大执法决定法制审核行政执法"三项制度"工作要求对标对表，通过平台强有力、全方位的监督，推动全区各执法单位严格规范公正文明执法。行政执法信息与区政府政务网和"信用中国"平台对接，并对执法信息进行统一全面公示，对行政执法行为实施全程记录，即平台将执法人员的行政执法活动案卷文书、地理位置、行动轨迹、办案流程、审批意见、现场音视频等资料进行全过程留痕和实时记录传输，一线移动执法终端和执法记录仪与平台有效对接，执法信息同步向平台传输，实现执法全过程记录、全过程监督。重大行政执法决定逐一法制审核，平台将一般程序案件法制审核设定为必经程序，未经法制审核，执法决定无法作出，并将法制审核情况纳入总体行政执法监督考核。办案系统预制"填空式"电子文书，设定文书"审核—盖章—打印"流程，保证案卷文书要素齐备、填写规范、归档完整。违法案由自动关联执法依据和处罚幅度，确保法律文书填写准

确、量罚适当，确保了重大行政执法决定逐一法制审核。

第二，提升执法效能。一是行政执法监督和行政执法信息化一体建设。在规范统一行政执法流程和执法文书的基础上，开发建设行政执法指挥调度信息化应用，配合一线移动执法终端和执法现场音视频记录设备使用，支持执法信息同步向平台实时传输，有效保障行政执法部门对执法人员开展执法活动的现场指挥和及时调动，通过执法信息实时传输提高执法效率。全区执法人员在办案平台上开展行政执法工作，确保行政执法每一环节、每一个"动作"均在平台系统中留痕，实现可追踪可回溯。二是在全国率先实现执法依据、执法事由、权责清单编码化统一管理和实用信息化，并实施动态调整，为科学立法提供了直观的数据参考。三是行政执法数据"上云"。通过国家超级计算天津中心提供技术支撑，实现了各类行政执法信息的"云存储"，方便数据的共享和使用。四是注重实战、推动高效执法。平台可对行政执法部门及人员进行事前监督、事中监督以及事后监督：在事前，执法人员可以通过平台精准查询自身的权责范围、依据适用、执法流程等，提升执法的准确性与规范性；在执法过程中，执法监督部门可通过平台提供的执法动态监督、案件抽查等手段，实现在过程中监督、在过程中改正；事后，平台可以根据移动执法终端使用频次、执法人员执法轨迹等数据，结合对执法部门履职率、执法人员执法参与度等指标的统计分析功能，并放置在当前政府重点工作和行政执法工作实际情境下，动态、科学地设定考核考评指标，客观计算考核结果。简言之，平台的使用为行政执法监督提供了法治化、信息化监督保障。

第三，赋能智能执法。利用该平台，一线执法人员可以快速准确地获得相关执法信息，可以利用便携设备移动执法，提高执法及时性和精准度。同时，行政执法监督平台的使用能够聚焦基层执法和执法协调监督工作的难点、堵点、痛点问题，补短板、强弱项、出亮点，着力在创新执法协调监督方式、监督手段、推进信息化建设等方面取得重点突破；完善行政执法协作机制和行政审批、监管、处罚等执法行为相互衔接机制，防止执法部门相互推诿和工作脱节；完善考核评议制度，推进各级行政执法机关和执法单位严

格落实行政执法责任；完善行政执法协调监督的技术支持和机制保障，对执法协调监督职责、机构队伍建设等进行有益探索，推动市、区行政执法和执法协调监督工作全面提升。

第四，凸显应用服务。服务立法，平台对法律法规适用情况和执法权责履行情况进行大数据分析，为上级立法机关科学立法提供参考。服务决策，平台对移动执法终端使用频次、执法人员执法轨迹进行实时监控，通过对执法参与率、人均执法量、履职权责覆盖率、案件查处率以及办案质量等指标进行系统分析，有效服务领导科学决策。服务队伍建设，平台的法律法规库和模拟执法练习模块，为执法人员随时随地学习业务知识、有效提升执法能力提供帮助、创造条件。

行政执法监督平台的建设运行，是新时期科技、数据、信息化与行政执法监督的典型示例，执法办法信息化、执法调度可视化、执法监督实时化、执法案卷电子化均显著提升。数据共享的及时性大大提升了执法参与率以及履职率，对于提升执法人员工作效率、破解行政执法监督难问题质效明显。

（二）提供及时、系统、全面的配套保障

第一，滨海新区结合区平台功能和运行情况，先后制定滨海新区行政执法监督平台监督考核细则、行政执法监督平台使用管理规定、行政执法监督平台音视频记录细则等一整套制度体系，使执法人员依托平台开展的行政执法活动和监督活动有法可依；第二，为动态监督执法规范性，体现在过程中监督、在过程中完善，滨海新区建立行政执法监督月考核、月通报制度，以典型个案分享优秀经验，警示违规行为，树立全区行政执法监督的权威性；第三，区财政拨付专项经费用于平台日常运维工作，为全区各行政执法单位配备车载视频记录设备75套、自携式执法记录仪222套、执法通终端手机535部，为平台投入使用提供财政支持，满足行政执法单位日常执法使用需求；第四，大力开展执法办案和平台终端应用业务培训。5年来，共组织集中培训上百场次，参加人员达2.5万余人次，全区在岗行政执法人员的执法效能和规范化水平显著提高。

（三）可复制、可推广的应用价值

滨海新区行政执法监督平台的建设运行，为研判、推动全区行政执法工作提供了强大数据支撑，有效促进了各执法部门担当作为，成为推进法治政府建设的重要抓手和有力助推。平台以其创新性、可复制、可推广的特色亮点，受到广泛关注。2019 年以来先后荣获"全国司法十大创新案例""全国数字法治、智慧司法信息化大比武二等奖""天津市法治政府建设示范项目"。2020 年 8 月被中央全面依法治国委员会命名为"第一批全国法治政府建设示范项目"。司法部、环保部、住建部、商务部等部委对平台经验予以充分肯定并先后组织现场专题调研；新华网、《人民日报》、《法制日报》、《经济日报》以及市电台、电视台等多家媒体进行了采访报道；全国 50% 以上的省份派员考察学习区平台工作经验，5 个省份司法系统借鉴滨海新区经验建设行政执法监督平台。相关工作负责同志受邀加入司法部执法信息化工作组，协助制订全国行政执法综合管理监督信息化系统在各地部署的标准和技术规范。

在此基础上，将平台改造升级纳入全区 2020 年重点任务攻坚计划，旨在实现智慧执法、智慧监督以及智慧决策。首先，不断健全各区各执法单位的执法人员库、执法对象库以及检查事项范围，同时进行动态管理，便于执法人员进行精细化、精准化执法；其次，实现平台与 12345 政务服务热线的对接，扩大执法监督平台的监督范围，对群众投诉举报的违法问题以及后续执法处置情况进行有效监督；再次，设置信息数据转换推动模块，不断加强科技支撑，破解平台数据壁垒、重复录入等平台使用问题，畅通信息共享渠道；最后，积极推动实现行政罚款在线支付功能，简化行政程序，消除处罚执行难等执法困扰。

（四）为打造法治化营商环境提供制度支撑

2020 年全国营商环境考核评比，滨海新区位列第二名，成效显著。区委书记、区长一起抓、亲自抓行政执法工作，强力推动行政执法监督平台建设和改造升级，重视程度之高、推动力度之大前所未有。书记主导制定《滨海新区行政检查暂行办法》，依托平台运行推行"诚信免查、多查合一、最多查一次"制度，对重点监管领域管住管好，对一般监管领域"无事不扰"，为打造具有新区特色的法治化营商环境提供了制度支撑。区长坚持每个月听取全区行政执法情况汇报分析，提出工作要求。把提升行政执法水平、改造提升平台功能、完善执法监督考核指标体系纳入全区年度 20 项攻坚计划，实施重点推动。实行末位约谈制度，区政府分管领导牵头相关部门，已先后组织 4 次对执法月考核连续排名靠后的开发区管委会、区直部门和街镇等 20 余个单位负责人进行约谈。依托平台抽查执法案卷，组织开展政府系统行政执法"典型差案"评查。各单位主要领导亲自抓执法、解难题成为自觉。

四　滨海新区行政执法监督平台经验总结

总体而言，滨海新区行政执法监督平台经历了两个阶段：第一个阶段从 2015 年建设运行到 2020 年，平台仍然是一个单纯的执法办案系统，功能多局限于在线执法的监督以及法制业务的审核；第二个阶段是 2020 年至今，是平台的功能改造提升阶段。这期间，平台围绕"两库两单"和随机联合检查机制，全区相关部门依托平台的"撮合机制"进行互动配合，实现诚信免查，最大限度减少涉企检查。同时，平台的建成与使用促使国务院贯彻落实多年的"双随机、一公开"检查真正在滨海新区率先落地落实，引领了天津市行政执法监督改革的实践创新。

此外，伴随着人工智能、云计算等信息化技术的成熟，执法监督方式不可避免地要实现原有人工方式的行政执法监督工作向"智能化"方向突破，即实现执法与智能的深度融合。行政执法监督平台将进一步通过与数字城管、社会治理、12345 政务服务热线等信息化系统数据信息的整合，建立和优化"数据共享"机制，利用"客观""多重""智能""预警"的执法监督信息化手段，实现从个案到整体、从局部到全局、从单个问题事项到权责清单等多维度、全方位的分析，不断深入挖掘数据价值，依靠"客观"的数据分析，发现行政执法工作短板问题，并有针对性地解决问题，形成行政执法监督的新模式，更加高效、精准地规范执法行为，提升执法监督效能。在全面推动法治政府建设进程中，形成多级联动、条线结合、全程监管的依法行政管理体系，促进行政执法监督工作向科学化、智能化、长效化、精细化方向发展，助力天津市法治政府建设①，并在推进法治政府建设进程中持续激发创新动力。

参考文献

［1］《天津滨海：搭建行政执法监督平台　助力法治政府建设开新局》，中国长安网，2022 年 8 月 15 日，http：//chinapeace. gov. cn/chinapeace/c100280/2022 - 08/01/content_ 12655347. shtml。

［2］沈春耀：《全国人民代表大会常务委员会法制工作委员会关于 2019 年备案审查工作情况的报告——2019 年 12 月 25 日在第十三届全国人民代表大会常务委员会第十五次会议上》，《中国人大》2020 年 3 月 5 日。

［3］《天津市人民代表大会常务委员会和区人民代表大会常务委员会规范性文件备案审查办法》，天津人大网，2020 年 10 月 14 日，http：//www. tjrd. gov. cn/flfg/system/2020/10/14/030018143. shtml。

［4］《天津市行政规范性文件管理规定》，天津市人民政府网，2019 年 10 月 26 日，http：//www. tj. gov. cn/zwgk/szfwj/tjsrmzf/202005/t20200519_ 2366104. html。

［5］梁鹰：《备案审查工作的现状、挑战与展望——以贯彻执行〈法规、司法解释备案审查工作办法〉为中心》，《地方立法研究》2020 年第 6 期。

---

① 许泽、刘静、于吉兴：《"数据共享"开启行政执法监督新模式》，《中国司法》2021 年第 4 期，第 51~55 页。

B.10
西青区法治政府示范创建综合
示范区的实践与探索

西青区法治政府示范创建研究课题组 *

摘　要： 西青区自法治政府示范创建综合示范区建设以来，深入推进
　　　　"放管服"改革，优化营商环境，简化政府组织结构，加强行政
　　　　文件管理的规范性，促进行政决策科学化、民主化、法治化。
　　　　深化行政审批制度与行政执法体制改革，健全行政执法监督工
　　　　作机制，完善监督制约机制，构建多元化纠纷解决机制。不断
　　　　提高依法行政能力，推动节能与环境保护，创新社会治理与公
　　　　共法律服务，全面建设数字法治政府。在诸多领域推进法治创
　　　　新实践，取得了积极成效。

关键词： 西青区　法治政府　示范创建　依法行政　执法监督

近年来，天津市西青区始终把党的领导贯彻到法治建设全过程和各方
面，全面落实党中央、国务院关于法治政府建设的决策部署，因地制宜、突
出重点、开拓创新，依法行政水平不断提升，法治政府建设不断向纵深推
进，取得了很大成效，为地方做好区域法治政府建设作出了表率。

一　西青区法治政府示范创建的实践成效

西青区委、区政府努力提升法治思维能力，紧紧围绕建设法治政府的目

---

* 执笔人：胡兰玲，天津师范大学法学院，教授。西青区政府提供相关资料。

标任务，结合中国特色社会主义法治政府理论，扎实推进高质量法治政府建设。

（一）加强行政文件管理的规范性

1. 规范行政规范性文件制发备案工作

按照《天津市行政规范性文件管理规定》，严格规范文件制定审核备案程序，落实重大规范性文件专家参与审核机制，推行"三统一"制度①。2020 年印发《天津市西青区人民政府办公室关于印发西青区关于进一步规范合法性审核（审查）工作机制实施方案的通知》，2019 年至 2022 年 10 月 31 日，共审核行政规范性文件 8 件。

2. 开展行政规范性文件清理

落实市政府办公厅《关于开展废止或修订与现行开放政策不符的地方性法规、市政府规章和规范性文件工作方案的通知》的要求，组织开展涉及优化营商环境、《民法典》、行政处罚内容、《外商投资法》及计划生育内容的行政规范性文件专项清理工作。共清理以区政府和区政府办公室名义发布的行政规范性文件 43 件。制发《西青区人民政府办公室关于开展行政规范性文件后评估工作的通知》，按照"谁起草，谁负责"原则，对实施 2 年以上以区政府（区政府办）名义印发的行政规范性文件开展后评估，对不符合法律法规政策或者不适应当前形势的行政规范性文件进行修改、废止或者宣布失效。

（二）促进行政决策科学化、民主化、法治化

1. 规范行政决策程序

严格落实《天津市重大行政决策程序规定》《西青区人民政府关于进一步规范"三重一大"决策工作的意见》《天津市西青区人民政府工作规则》，对全区经济社会发展、公共政策、安全稳定、大型建设项目等重大决策事

---

① "三统一"制度是指行政规范性文件统一登记、统一编号、统一印发。

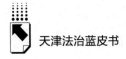

项，以及涉及人民群众切身利益的决策事项，坚持"公开透明、公众参与、科学规范、集体研究"原则，严格执行公众评议、专家论证、合法性审查、社会风险评估和集体讨论法定决策程序，落实科学决策、依法决策、民主决策要求，充分听取公众意见。

2. 把好重大决策合法性审查关

重大决策事项均须前置合法性审查通过后才能提交政府常务会集体审议。2019 年至 2022 年 10 月 31 日，共审核重大决策事项 117 件，提出法律意见 214 条；审核合同协议 390 份，提出法律审核意见 1588 条；审核其他政策文件、方案通知等 497 件，提出法律审核意见 977 条。

3. 建立政府法治智库

出台《西青区人民政府关于进一步深化政府法律顾问工作的实施意见》《关于进一步加快实现公职律师全覆盖的通知》，优化法律顾问机构，形成以司法行政机关负责人为首席法律顾问、以法制机构人员为专职法律顾问、以专家学者和执业律师为外聘法律顾问的政府法律顾问体系。结合各单位实际，多措并举不断提升公职律师人员配备，2022 年新增公职律师 23 人，全区 18 家党政机关已配备公职律师，69 家党政机关共聘任法律顾问 147 人。通过不断加强公职律师、法律顾问队伍建设，西青区实现专兼职法律顾问、公职律师相融合、智库专家助力的良好工作格局。建立区"法律职业资格人员"人才库，作为党政机关通过遴选、调任等方式配备公职律师的重要参考。在公务员招考中定向招录具有"法律职业资格"的人员，为配备公职律师创造条件。从天津市政府法治智库专家中选聘 6 名区政府外聘法律顾问，外聘法律顾问共参与审核决策事项 566 件，提出法律审核意见 1046 条；协助办理行政复议案 404 件，代理区政府行政应诉案件 21 件，有效促进了依法决策。

（三）严格规范公正文明执法

1. 深化行政执法体制改革

不断巩固"一支队伍管执法"改革成果。根据中央、市委关于深化综合执法改革精神，按照全市统一部署要求，完成了综合行政执法改革工作，整合组建综合执法队伍。充实街镇综合执法机构人员编制力量，下放和调整优化了街镇执法事项。完善执法职权动态调整机制，将《天津市文明行为促进条例》等法规赋予的新职权纳入调整事项，在区政府网站进行动态更新。强化"街镇吹哨，部门报到"等执法协调机制，努力帮助街镇执法改革工作做到"职责能下放，下放接得住"，使执法改革工作出实效。

巩固"三项制度"① 改革成果。进一步落实《西青区关于全面推行行政执法公示制度　执法全过程记录制度　重大执法决定法制审核制度的实施方案》，实现执法信息公开透明、执法全过程留痕、执法决定合法有效。行政执法人员持证上岗，执法质量有了较大提高。执法更加公开透明，在区政府网站共公示行政执法信息1000余条。为进一步规范街镇综合执法改革工作，提高全过程记录制度落实质量，对街镇综合执法文书及执法流程进行梳理，优化法制审核环节，更新文书模板，探索送达地址确认及电子送达方式确认等新文书应用，规范执法案卷制作标准，压实执法各项工作。

深化行政执法和刑事司法的衔接。制发《西青区关于加强行政执法与刑事司法衔接工作的实施方案》，加强部门协作配合，畅通沟通衔接渠道，合力打击犯罪。建立行刑衔接数据月报制度，完善行政执法系统行刑衔接工作网络。

2. 健全行政执法监督工作机制

监督立案7件，主动监督纠错2件。针对执法事项中发现的问题，要求相关执法单位予以改正。将行政执法检查内容纳入依法治区督查范围，进一步健全法治工作全方位监督。发挥行政执法争议协调机制作用，针对行政机关提出的争议协调申请，积极协调有关部门，明晰责任分工，化解行政执法争议纠纷。

不断强化执法监督平台建设，组织行政执法监督平台培训。完成新建执法监督平台的网络联通，明确平台管理责任人，梳理执法主体、执法单位、

---

① 行政执法三项制度是指行政执法公示制度、行政执法全过程记录制度、重大执法决定法制审核制度。

监督单位、执法人员信息等，通过执法监督平台抽查各类执法信息。对相关执法数据进行分析，定期进行情况通报。配合市、区人大常委会开展执法检查。对全区行政执法工作情况进行调研，整理形成《西青区行政执法建设情况调研报告》，针对调研有关情况，通过了《西青区进一步加强行政执法工作的实施意见》，为全区提升行政执法工作指明了方向。

（四）强化对行政权力的制约和监督

1.接受人大和政协监督

制定《西青区人民政府办理人大代表建议和政协提案工作实施办法（试行）》，搭建区级建议提案办理工作系统，建立"清单+台账"精细化管理模式。主动对标市政府工作方式，遴选涉及城市管理、社区管理、道路交通、产业发展等方面重点建议提案，由区政府领导领衔督办，发挥示范引领作用。组织各承办单位依法接受区人大代表对建议办理情况进行专题询问，召开代表委员座谈会，广泛听取意见建议，推动建议提案办理落实。2019年至2022年共办理建议提案638件，其中国家级人大代表建议1件、市级建议提案123件、区级建议提案514件，代表、委员满意率达到100%。

2.接受司法监督

重新修订《西青区行政应诉办法》，规范全区行政应诉工作，提高行政应诉工作质量，化解行政矛盾纠纷，充分保障人民群众合法权益。制定《西青区行政机关负责人出庭应诉管理办法》《西青区关于在行政诉讼中推进行政争议实质性化解的若干规定（试行）》，为化解行政争议、促进案结事了提供了制度保障。将行政机关出庭应诉、支持人民法院受理和审理行政案件、执行人民法院生效裁判、行政应诉能力建设、行政案件败诉情况纳入年度依法行政考核，以制度促行政执法机关增强依法行政意识，行政机关负责人出庭应诉率显著提高。狠抓典型案例指导工作，组织编写《西青区行政败诉典型案例汇编（2019年）》，推动典型案例发挥警示指引作用。狠抓行政应诉业务培训，举办复议应诉业务培训班，各行政机关法制干部参加培训，提高了参训人员依法行政和行政应诉能力水平。

3. 接受社会监督和舆论监督

按照"五公开"要求，严格贯彻落实《天津市政务公开工作要点》。及时公开全区重大行政决策事项、规范性文件等政府信息 23272 条，受理政府信息公开申请 1270 余件，答复率 100%。进一步完善公开平台，丰富政府网站功能，增强用户体验，政府网站访问量已达 1.33 亿次。不断拓宽政务公开渠道，充分利用政务新媒体。天津西青政务微博发布微博 27431 条，转评赞 446.8 万余次，阅读量 2.3 亿次。按照《天津市政府办公厅关于全面推进基层政务公开标准化规范化工作的通知》要求，组织完成《西青区基层政务公开标准化规范化目录》编制发布工作，帮助指导全区 10 个街镇政府完成街镇级基层政务公开标准化规范化目录编制发布工作。根据《西青区政务数据资源共享管理暂行办法》，完成区政府办公室政务数据资源目录编制工作。

（五）预防和化解社会矛盾取得良好成效

1. 发挥行政复议主渠道作用

西青区政府共办理行政复议案件 642 件，违法、不当行政行为得到纠正。为不断深化行政复议体制改革，制定《西青区行政复议体制改革实施细则》《西青区行政复议接待工作规范（试行）》《西青区行政复议案件立案办法》《西青区重大、疑难行政复议案件会审规定（试行）》《西青区行政复议法律文书履行及督察规定（试行）》等制度。严把行政复议监督关，执法行政复议建议书 21 件，实现"行政复议意见书、建议书百分百全覆盖"。由于成绩突出，2020 年司法部印发《关于表彰全国法治政府建设工作先进单位和先进个人的决定》，西青区司法局行政复议与应诉科获评"全国法治政府建设工作先进单位"荣誉称号，成为天津市唯一获评的复议应诉单位。

2. 构建多元化纠纷解决机制

积极推进社会矛盾纠纷调处化解工作。加强政法、信访、司法、公安、法院等部门联调联动、协同配合，实现无缝衔接，高效化解矛盾纠纷。建成区、镇（街）两级社会矛盾纠纷调处化解中心，形成域内矛盾纠纷一站式接收、一揽子调处、全链条解决模式，初步实现社会矛盾纠纷"只进一扇门、最多跑一地"。发挥调解作用，积极调解当事人纠纷，为和谐西青、法治西青提供了有力保障；不断拓宽畅通信、访、网、电等信访渠道，实现智慧信访系统在全区全覆盖，信访工作智能化、信息化水平进一步提高。完善群众信访诉求快速反应机制，及时受理各类信访事项。推广应用"一般问题简易办、紧急问题马上办、重点问题现场办、疑难问题提级办"的"四办合一"服务模式，大力提升信访事项"一次性化解率"，让群众满意。人民网地方领导留言板网民留言办理工作指标排在全国 6000 余家单位前列，被人民网评为 2020 年度人民网网民留言办理工作"民心汇聚单位"。

深入开展"集中治理重复信访、化解信访积案"三年专项行动。广泛开展"走百镇（街）入千家，万名党员干部'四访'"工作，化解"四访"信访积案，整体进度居全市前列。制定出台系列规章制度，全区共选任"厚德乡贤" 828 名，明确了受案范围，拓宽了案源渠道，完善了运转流程及机制，进一步创新拓宽了社会矛盾纠纷多元化解机制。

（六）依法行政素质能力有了较大提高

树立领导干部选拔任用法治导向。始终将依法行政作为选拔任用领导干部的硬性指标，全区 30 个政府部门和街镇配备了具有法律背景的领导干部，领导班子法治水平明显提升。并将履行法治建设工作纳入年度考核，准确把握干部运用法治思维推动重点工作落实，倒逼法治建设责任落实。构建"干部任前必考法"考评制度，落实领导干部任职前法律知识考察和依法行政能力测试要求，将考察和测试结果作为领导干部任职的重要参考。将学法用法情况列入公务员年度考核重要内容，把守法、依法办事作为考察干部的重要依据。以《西青区处、科级干部任职前法律知识考试工作实施办法》为基础，及时修订法律知识考试题库 4 次，实现各级领导干部法律知识考试全覆盖，全区有 530 名处、科级干部通过任前和任职资格法律知识考试。

健全国家工作人员学法用法制度。把法治教育纳入工作人员入职培训、晋职培训的必训内容。建立区政府常务会议学法制度，举办 21 次法治专题讲座。组织开展领导干部集体学法、带头讲法、任前考法、年终述法、以案释法、旁听庭审、警示教育等活动。集中开展行政执法人员公共法律知识培训，开展网上学法用法考试，开设普法骨干培训班，落实行政执法人员持证上岗和资格管理制度，进行执法人员培训、能力测评，开展旁听庭审、宪法宣誓、法治宣传进机关等活动。学习强国、天津干部在线学习、政府网站、"两微一端"等新媒体新技术广泛运用，不断拓宽学法渠道，实现学法用法参与率 100%。

（七）公共法律服务供给进一步提升

以打造服务多元化、群众便捷化、领域全覆盖、效果优质化的公共法律服务体系为目标，稳步推进各项公共法律服务工作。开展"乡村振兴法治同行""法援惠民生·为民办实事"等活动，以法律服务和法治保障为民服务。2021 年受理各类法律援助案件 495 件，为当事人代写法律文书 86 余份，开展公益法律咨询等活动 85 场。西青公证处受理各类事项共 1883 件，免费解答法律咨询 4370 多人次，代写和修改法律文书 460 余份。

二 西青区法治政府示范创建的经验做法

西青区将法治建设纳入区委工作要点和区政府工作报告，与经济社会发展同部署、同推进、同督促、同考核。经过不懈努力，西青区获得国家法治政府建设示范区荣誉称号，法治政府建设取得了有目共睹的成绩。

（一）加强第一责任人职责履行

西青区委、区政府积极履行法治建设第一责任人工作职责，部署推动法治政府示范创建综合示范区建设。西青区入选全国 56 个综合候选区后，召开法治政府建设示范创建迎接专家组实地评估工作部署会进行工作安排。制定《西青区关于党政主要负责人进一步履行推进法治建设第一责任人职责的实施意见》等文件，将领导干部履行法治建设职责情况纳入督察巡查、实地评查、绩效考评和述职评议重要内容。区委、区政府主要负责人率先垂范，积极履行"四个亲自"，对法治政府建设督察、全面依法治市考评、"关键少数"述法等工作多次研究、批示，并对重点单位走访调研、指导工作。坚持每年组织"习近平法治思想区管处级干部专题研讨班"，年终召开4个层次领导干部"述法大会"，并将抓法治建设情况纳入街镇政法委员月例会述职内容。联合区委组织部创新制定《西青区领导干部法治素养和依法履职考核评价实施办法（试行）》，使领导干部法治素养和依法履职能力成为衡量干部能力素质的重要标尺。

2020年结合行政败诉案件进行集体讲法学法，针对土地管理、农民工工资支付、知识产权等领域开展集体学法5次。2021年区主要负责人主持审议《西青区人民政府关于公布行政规范性文件评估清理结果的通知》《西青区政府法治智库专家拟入库名单》《西青区违法建设治理长效管理工作方案》等法治工作专题。区政府常务会会前设置讲法学法环节，由全区各级党政"一把手"讲授法治课。针对法治建设各项问题，组织对法治建设重点单位开展落实第一责任人职责、全面依法治区、法治政府建设综合实地评查，针对发现的问题在全区通报，持续压紧压实法治建设第一责任人职责。

（二）深化行政审批制度改革

一是加强政务服务事项管理。依法做好行政许可事项取消、合并和承接等工作，及时将事项清单在天津网上办事大厅对外公开。印发《西青区政务服务事项目录（2020年版）》，深入推进"五减四办"改革。推行"容缺承诺"登记制度，"多证合一"改革扩容，实现"24证合一"，"证照分离"改革有序推进，全面推行承诺审批办理机制，明确行政许可事项承诺制审批负面清单。制定《西青区取消调整行政许可中介要件清单》《西青区行政许可中介要件清单》《天津市西青区工程建设项目网上办理指导手册》。

探索"场景式"审批服务。在"津心办"西青旗舰店（1.0 版本）首批推出了 50 个社会事务类高频办理事项"场景式"信息整体性告知清单。积极推进"一个号码管服务"，建成西青区为民服务智慧网络平台，全区便民专线体系进一步健全。全面落实清单式管理制度。抓住"清权、减权、限权、晒权"四个环节，加强权责清单管理，面向社会公开权责清单事项 2759 项，规范行政职权运行要件，明确管理权限，厘清职权边界，优化运行流程。二是全面推行审批便利化。"一颗印章管审批"改革效应持续放大，全面推行"马上办""就近办""网上办""一次办""自助办""一门通办"①，梳理形成《西青区政务服务事项"网上办"和"一次办"负面清单（2021 年版）》，其中"网上办"负面清单 36 项，"一次办"负面清单 15 项。三是大力推行"智能审批"服务。完善西青市民中心智能化建设，在办事大厅网上自主申报专区配备志愿服务人员进行指导，最大限度方便群众办事。四是深化"证照分离改革"。按照取消审批、审批改为备案、实施告知承诺、优化审批服务等四种方式实行涉企经营审批服务。

（三）采取多种措施，优化营商环境

加强整体调控。做好重要时间节点经济运行的调查研究工作，形成分析报告。起草年度经济社会发展计划报告，报请人大审议通过。做好全区适应采用 PPP 模式建设项目的初步筛选工作。梳理了涉及生态保护、基础设施、社会事业等方面的一批政府投资项目，及时纳入储备。起草了《西青区2020 年国民经济和社会发展计划》，提出全区经济社会发展主要预期目标，加强整体调控工作。

强化市场监管。一是深化准入制度改革。优化企业开办工作，实现企业开办"1110"服务，即"一个窗口可开办、一份材料可共享、一个工作日即办结，企业开办零成本"，持续深化"放管服"改革。二是加强事中事后监管。坚决纠正"以批代管""不批不管"问题，防止出现监管真空。将

---

① "一门通办"是指政务服务集中办理。

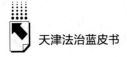

"双随机、一公开"监管作为市场监管的基本手段和方式，切实减轻企业负担。继续深化信用监管，运用企业信用信息公示系统，开展企业信用风险分类管理工作。开展"持续深化危险化学品企业特种设备隐患排查治理专项工作"等专项监督检查，依据重点工业产品质量安全监管目录，对重点产品实行重点监管，对"两品一械"（药品、化妆品、医疗器械）经营企业进行检查、监督抽查，对药品和医疗器械的安全监管深入有效。联合惩戒工作不断深化，依法主动公开一般程序行政处罚案件信息，查处食品、餐饮类违法违规案件。三是推动"互联网+监管"，探索智慧监管，加强监管数据共享，运用大数据、物联网、人工智能等手段精准预警风险隐患。积极利用信息网络技术提升市场监管效能。

促进市场主体公平竞争。发挥公平竞争审查联席会议办公室职责，统筹协调推进公平竞争审查工作。按照"谁制定、谁清理"原则，各部门负责本部门政策措施文件的清理审查，有力促进形成高效规范、公平竞争的国内统一市场。建立《西青区公平竞争审查投诉举报受理回应机制》，畅通投诉举报接收、受理、处理等工作环节。制定《西青区重大政策措施公平竞争审查会商会审制度》，对重大政策措施进行会商会审。制定《西青区公平竞争审查抽查检查制度》，通过各单位自查、网上抽查、实地抽查、部门间互查、第三方抽查等方式提高审查质量。

（四）创新社会治理

持续开展扫黑除恶专项斗争，深入开展防范盗抢骗的"云剑"行动、打击毒品犯罪的"飓风"行动、"雷霆"行动，持续开展"猎狐"行动、"昆仑"行动、"扫黑除恶百日行动"、"酒毒同检联合检查"、"禁毒两打两控"、"吸毒人员见面行动"等专项行动，社会治安稳步提升。安全西青建设扎实推进，加快智慧交通建设，部分路口路段电子警察系统已建设完成并投入使用。夯实平安建设基础，将区域边界作为平安建设的查控"圈"，将社区、医院、学校、企事业单位等作为平安建设的防控"单元"，将人、地、事、物、组织作为平安建设的管控"要素"，各项人防物防技防设施不断完善。坚持走智慧防范之路，建设完成 143 个智慧平安社区。开展出租房屋集中整治行动，从规范房屋出租行为、消除消防安全、整治出租乱象等方面不间断开展清理清查，拆除乱搭乱建群租房约 1.4 万平方米。强化安全生产，开展违法建设、违法用地治理等专项执法。"拆违治乱"行动在全市建成区违法建设专项治理月度考核中，各项指标均名列前茅。

（五）优化政府组织结构

2019 年完成区级党政机构改革和街镇机构改革，政府组织结构得以优化。此外，还组织实施公益类事业单位改革，纳入改革范围的公益类事业单位机构个数缩减比例为 54%，编制缩减比例为 23%。通过改革基本建立起功能明确、治理完善、运行高效的事业单位管理运行体制，形成基本服务优先、供给水平适度、布局结构合理、服务公平公正的公益服务体系。

（六）推动节能与环境保护

印发《西青区生态环境损害赔偿文件汇编》《西青区生态环境损害赔偿工作会商制度》《西青区生态环境保护责任清单》等文件，抓实节能和保护生态环境。加强流通领域煤炭、车用汽柴油质量监管，对 372 个建设项目进行总量控制审核，严格按照国家及天津市污染物排放总量控制制度落实。推行生态环境损害赔偿制度，2019 年西青区被国家生态环境部授予"国家生态文明建设示范区"称号，成为天津首个生态文明建设示范区。

全力打好蓝天保卫战，完成华能杨柳青热电厂 6 号机组、8 号机组脱硝设施催化再生改造；推动精武镇、杨柳青镇、中北镇、王稳庄镇及开发区范围内 7 家企业 VOCs 低效治理设施升级改造工程；积极推进 5 家供热企业煤改燃项目，对中北镇 9 台燃煤锅炉实施超低排放改造；在全面完成 20 家 50 台燃气锅炉低氮改造的基础上，组织推动全区在用燃气锅炉低氮改造。划定全区 148 个河道断面，加强对各个街镇的水环境质量监督监测，定期发布水环境质量月报。

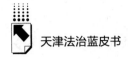

全力推进净土保卫战。积极完成农用地土壤污染状况详查和重点行业企业用地调查，加强土壤污染源头预防，完成4家重点监管单位土壤和地下水的自行监测，加强建设用地准入管理，完成36处地块土壤污染状况调查报告评审，严控地下水污染，完成55座加油站地下油罐改造，开展地下水污染源清单建立工作。持续开展危险废物规范化管理，不断增强危险废物环境监管能力、利用处置能力和环境风险防范能力。

三　继续深入推进法治政府示范创建的举措

市场经济就是法治经济，法治是国家治理的基石。西青区将不断巩固和拓展全国法治政府建设示范区成果，着力解决制约法治政府建设的突出问题，进一步提升法治化治理能力，通过多种举措持续开展工作，提升法治政府建设水平。

（一）深化思想认识，加强法治能力建设

通过实践创新，西青区法治政府建设迈上了新的台阶。今后，将持续推动习近平法治思想学习、宣传、贯彻，从"两个维护"的高度把党的领导贯彻落实到法治政府建设的全过程和各方面，不断丰富学法用法方式，提升各级领导干部法治思维、法治意识，切实增强运用法治方式解决复杂问题的能力。

（二）进一步促进行政决策法治化，推进政府职能转变

认真落实《重大行政决策程序暂行条例》《天津市重大行政决策程序规定》等文件要求，严格遵守公众参与、专家论证、风险评估、合法性审查、集体讨论决定法定程序，充分发挥法律顾问的"智库""外脑"作用，全面实行重大行政决策合法性审查等。

深化"放管服"改革，持续优化营商环境。全面推行政务公开，进一步加大法规、规章、文件公开力度，尤其是在重要领域（如教育、卫生、

公用事业等）开展政府信息公开，以公开促建设、促规范、促服务。加快推进市场化法治化进程。加快推动数字政府建设，加快数据融合，消除数据壁垒，持续优化营商环境。

（三）进一步深化综合执法体制改革，严格规范公正文明执法

首先，要进一步强化行政执法"三项制度"落实，加强行政执法队伍建设，以年度执法培训计划台账为抓手，落实行政执法人员培训学时要求。其次，要强化执法监督检查，不断提高行政执法质量和效率，推进基层行政执法规范化。探索建立全方位、全流程的法治督察体制机制，不断提高依法行政水平。通过开展行政执法检查，建立评查工作长效常态机制。加大对不作为、乱作为行为的责任倒查、责任追究力度。再次，强化重点领域体制机制建设，推动执法力量向基层下沉。严格落实经济发达镇执法体制改革要求，着重深化街镇机构运行，完善执法体制机制，推动治理、服务重心向基层转移。优化基层管理模式，健全执法协调联动机制，既要做到权要下移，又要做到下移求实，保障执法改革落地见效。

（四）以更严格的标准加强执法监督

聚焦民生，加大重点领域监督力度，针对安全生产、拆违治乱、市场监管以及环境保护的等重点执法领域开展监督检查，着力解决不作为乱作为等问题。扩大"制度+科技"执法监督方式运用范围，在市民服务中心建立行政执法监督平台，运用多种监督手段，力争实现对行政执法全领域全过程监督。并自觉接受社会各界监督。要在执行中强化监督考核，广泛听取各方意见，及时发现问题解决问题，充分保障人民群众的合法权益。

（五）加大预防和化解社会矛盾力度

构建多元化纠纷解决机制，加大预防和化解社会矛盾力度，尤其是在"防"上下功夫。完善人民调解、行政调解、司法调解联动体系，发挥调解作用，积极调解当事人纠纷；依法履行行政复议和应诉职责，不断畅通群众

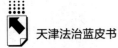

诉求表达、权益保障渠道；积极推进社会矛盾纠纷调处化解工作，加强政法、信访、司法、公安、法院等部门联调联动、协同配合，实现无缝衔接，高效化解矛盾纠纷；不断拓宽畅通信、访、网、电等信访渠道，进一步提高信访工作智能化、信息化水平，完善群众信访诉求快速反应机制，及时受理各类信访事项。

参考文献

［1］《法治政府建设实施纲要（2021~2025 年）》。

［2］天津市法治政府建设实施纲要（2021~2025 年），《天津日报》2022 年 2 月 25 日。

［3］马怀德：《落实〈法治政府建设实施纲要〉深化"放管服"改革》，《中国行政管理》2021 年第 11 期。

［4］邢鸿飞：《充分发挥法治政府建设示范创建的样板效应》，《中国司法》2020 年第 12 期。

B.11

天津市行政执法"典型差案"评查
及"示范优案"评选制度实践分析

天津市行政执法"典型差案"评查及"示范优案"评选制度研究课题组*

摘　要： 行政执法改革历来是国家治理体系中极其重要的一环，是提升国家治理能力的必然要求。党的十九届四中全会以来，行政执法改革不断深化。天津市开展全市行政执法"典型差案"评查和"示范优案"评选工作。这种行政执法"优差双评"的典型经验，是天津市推动行政执法工作的创新制度，已获得中央依法治国办推介。通过这一制度，及时总结天津市行政执法工作中的经验及创新做法，发现并纠正行政执法工作中的问题和短板，实现正向引领、反向鞭策相结合，提升执法能力，规范执法行为。

关键词： 行政执法　优差双评　制度规范

行政执法涉及人民群众的切身利益，反映国家治理能力现代化水平，是建设法治政府的重要环节之一，是群众对国家法治信心的直接体现。2018年8月，习近平总书记在中央全面依法治国委员会第一次会议上深刻指出，党的根基在人民、力量在人民。现在，人民群众对美好生活的向往更多向民主、法治、公平、正义、安全、环境等方面延展。人民群众对执法乱作为、不作为以及司法不公的意见比较集中，这要成为我们厉行法治的聚焦点和发

---

*　执笔人：于海生，天津社会科学院法学研究所研究员。市委依法治市办、市司法局、各区政府提供相关资料。

力点①。为整治行政执法存在的问题，天津市开展行政执法"典型差案"评查和"示范优案"评选工作，以行政执法过程中的各种痛点、难点、堵点为重点，以具有示范意义的优秀案例、典型做法、创新经验为抓手，实现正向引领和反向鞭策，取得了突出成效。

一　天津市"典型差案"评查和"示范优案"评选的创新实践

自 2019 年起，天津市组织开展行政执法"典型差案"评查工作，2020 年起，又开展"示范优案"评选工作，至 2021 年，共评查出 32 件"典型差案"和 20 件"示范优案"。通过开创性地推行这一优差双评制度，天津市行政执法领域积极贯彻鼓励与鞭策有效结合、问题导向与目标导向双管齐下，实现行政执法政治效果、法律效果、社会效果相统一，取得了积极成效。天津市的创新做法具体体现在以下几个方面。

（一）建立领导机制

分别成立"典型差案"评查和"示范优案"评选工作领导小组，统一领导全市评查、评选工作。制定印发《全市行政执法"典型差案"评查和"示范优案"评选领导小组组成人员名单》，确定领导小组组长、副组长，以及领导小组和办公室成员，建立健全评查组织保障。

（二）建立案例征集机制

评查、评选范围重点围绕市场监管、交通运输、城市管理、生态环保等十大执法领域，全面覆盖市、区、街（镇）三级执法主体。"典型差案"主要包括行政审判败诉和行政复议案例，市有关部门报送案例和通过纪检问责、媒体监督、法治督察等渠道发现案例。"示范优案"主要由

---

① 习近平：《加强党对全面依法治国的领导》，《求是》，2019 年第 4 期。

市级执法单位和各区组织推荐报送，视线范围全覆盖。此外，突出重点执法领域，覆盖市、区、镇（街）三级，实现案例征集多领域、多层级、多渠道。

（三）建立专家评审机制

对征集到的案例进行全面审查，组建专家评审智库，有20余名评审专家，包括行政法学专家学者、行政审判法官、行政检察工作人员、行政复议工作人员、人大代表、政协委员、律师代表。评审专家组对候选案例进行逐一评审打分，推荐提出建议案例。此外，还进一步创新完善"典型差案"评查机制，除组织全市行政执法"典型差案"评查外，10家市级执法部门结合各自执法实际，组织开展了各自领域的"典型差案"评查，由专家评审组对10家重点执法单位评审情况进行审查评价，给予划分档次。

（四）建立结果运用机制

通过向全市印发行政执法"典型差案"和"示范优案"案例，组织全市各区部门通过党委（党组）会议、专题会议、业务培训、支部学习等方式传达案例内容，并建立通报制度；由市委依法治市办牵头部署，开展"典型差案"整改工作，跟踪问效，督办推进，各市级行政执法部门根据评查工作情况，针对性部署整改；将优差双评案例纳入执法培训内容，深入开展警示教育，部分案例被纳入法治政府专题辅导课程内容，进行专题解读。

二 "典型差案"评查的实证分析

通过对32件"典型差案"的评查，反映了当前执法领域存在执法理念有偏差、服务群众意识不足、执法不作为不担当、严重违反执法程序等突出问题。

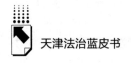
（一）程序违法

在已评查的 32 件案件中，多数存在程序违法问题。例如，未经催告即强制拆除，询问笔录与现场勘验笔录无执法人员签名，虽形成了"行政处罚告知书"，但未在文书中明确告知相对人陈述、申辩权等。在上述程序违法案件中，有的行政执法单位在执法过程中行政违法情节比较严重。例如，某街道办事处拆除违法建设违法案：2020 年，某区某街道办事处在未经法定程序的情况下，仅张贴涉案违章建筑统一拆除的公示后，便对行政相对人搭建的违法房屋实施了强制拆除。该案经行政复议审理，被确认违法，该街道办事处未履行责令限期拆除、催告、作出强制执行决定、报请区政府责成有关部门实施强制拆除、由区政府责成有关具体部门对涉案违法建筑予以强制拆除等程序规定，直接作出强制拆除行为，属于违反法定程序。

另一具有代表性的案件是某村镇综合执法大队未下达履行行政决定催告书案。2020 年 1 月 17 日，某区某村镇综合执法大队发现某农产品交易市场疑似存在违建，经执法队员调查，发现某公司在未取得建设工程规划许可证的情况下进行建设，该行为违反了《城乡规划法》第 40 条之规定，1 月 17日进行立案，1 月 23 日下达"行政处罚决定书"，要求立即整改，并处以罚款结案。该案反映的问题是，在行政执法过程中，执法人员未按照法定程序对行政相对人下达"履行行政决定催告书"。未能严格依法履职，损害了行政相对人的陈述、申辩等合法权益。

（二）实体违法

在 32 件案件中，有一半以上存在不同程度的实体违法问题，主要表现为：对涉案违法行为的基本事实表述不清、认定证据不足；法律适用不精准，不恰当。2020 年 9 月，某区某街道办事处接群众举报，对某小区翻建小院违法行为进行立案调查，于当日对当事人进行询问，依据《城乡规划法》第 64 条、《天津市城市管理相对集中行政处罚权规定》第 4 条和《天津市街道综合执法暂行办法》第 7 条之规定履行执法程序，制作并向当事人送达"责令限期改正通知书",责令当事人收到通知书之日起 10 日内自行整改、恢复原貌。由于当事人逾期未进行整改,该街道办事处于 2020 年 10 月 20 日制作并向当事人送达"责令限期拆除决定书",责令当事人 10 日内自行拆除。本案中,该街道办事处作出的"责令限期拆除决定书"关于涉案违法建设的基本事实不清、认定证据不足,当事人对行政决定不服,申请行政复议后,复议机关依法撤销行政决定,造成行政机关执法公信力受到影响。

在另一案件"某街杜某某未按规定倾倒垃圾案"中,存在法律适用不当问题。本案中,执法人员对随意倾倒生活垃圾的行为人处以罚款,但执法人员适用《天津市生活废弃物管理规定》而非《天津市生活垃圾管理条例》进行行政处罚,其法律适用是不恰当的。根据法律适用原则,法律、法规、规章对同一事项均作出规定的,应当优先适用位阶高的法律、法规。《天津市生活废弃物管理规定》为地方政府规章,《天津市生活垃圾管理条例》为地方性法规,效力高于本级和下级地方政府规章。故本案对当事人适用《天津市生活垃圾管理条例》更为恰当。从本案执法结果看,适用《天津市生活废弃物管理规定》或《天津市生活垃圾管理条例》都会产生对违法行为人罚款的行政处罚,但二者处罚幅度不一。根据当事人的违法情节,适用《天津市生活垃圾管理条例》更有利于保护违法行为人的合法权益。

(三)执法人员的执法能力不足

在已评查的案件中,普遍存在因基层执法人员执法态度差、执法能力不足导致错案发生的情况。比如,执法人员未在现场勘察笔录上签名;引用法条不清;仅张贴涉案违章建筑统一拆除的通知后,便对相对人的违法房屋实施了强制拆除;执法纪律松懈等。2021 年 4 月,某镇综合执法大队工作人员在日常巡查中发现,相对人蔡某擅自占用道路和公共场所从事经营的违法行为,执法人员现场调查取证。根据《天津市市容和环境卫生管理条例》第 19 条规定,责令相对人蔡某改正违法行为,并处罚金。事实上,在巡查过程中,执法人员早就发现其占道经营行为,起初多次只是口头警告,并未

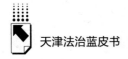

履行执法程序，这反映了执法人员执法过程中存在纪律松懈、走过场现象，执法效果较差。长此以往，易使违法经营者产生侥幸心理，误认为即使占道经营也不会得到相应处罚，虽口头答应撤离，待执法人员离开后复占道摆卖，导致违法占道经营者有恃无恐，对辖区营商环境造成不良影响。可见，基层法治建设尚有赖于提高执法人员专业素养，加强执法人员培训，进一步强化执法队伍规范化建设。

另一典型案例为某镇执法人员代缴行政处罚罚款案。2021 年 3 月，综合执法部门通过高架视频发现某镇某村东有露天焚烧现象，镇综合执法队及时立案处理，经了解，锁定露天焚烧当事人为某村村民焦某某。执法人员进行了取证调查，当事人焦某某承认自己所为，执法人员告知其行为违反了《大气污染法》第 77 条之规定，执法人员依法下达了行政处罚决定书，焦某某接受行政处罚，但提出自己到镇上缴纳罚款还要再次往返乘车比较麻烦、对处罚缴款形式不熟悉，希望将罚款 500 元交给执法人员后，执法人员帮忙到镇银行缴纳罚款，罚款已按时缴纳并出具罚款收据。被处罚人将罚款交给执法人员帮忙代缴的行为，有违罚缴分离原则，被处罚人虽说明了一些情况，但不符合《行政处罚法》规定的"当场收缴罚款范围"和"边远地区当场收缴罚款"情形，该案反映了执法人员执法行为不规范现象。某镇执法人员虽在前期调查取证、走访询问等执法环节严格履行执法程序，但面对被处罚人主动配合行政处罚情况对执法行为要求有所放松，说明执法人员对《行政处罚法》法律规定的理解还不够深、掌握还不够全。因此，要培养基层执法人员牢固树立程序正义观念，严格按照法定程序要求，及时规范行政处罚各环节。

行政执法行为是一种具有内部张力的复合性行为，执法人员既要贯彻自上而下的国家意志、法律规定，又要追求执法效果，维持稳定的执法环境，这就对执法人员的水平、行政执法人才资源提出了极高的要求。以上行政执法"典型差案"反映了天津市行政执法实体问题、程序问题及执法水平问题，基本上是我国行政执法中存在的普遍问题。这些问题的成因固然有执法人员法治思想不牢固因素，也与传统观念导致的不敢为、不愿为、不能为、不思为有关，以及各方监督不力有关。但根本原因在于我国现阶段行政立法滞后，要完善行政法规体系，坚持从实际出发，避免单向度的法律控制行政，就要立足基层行政执法经验，了解基层执法困境，结合实践形成中国特色社会主义行政法律法规体系，而非机械适用严格的规则主义或形式主义法治标准。

三　"示范优案"评选的实证分析

通过评选的 20 件"示范优案"展示执法机关在优化营商环境、依法防控疫情、主动服务保障人民群众合法权益、推进执法规范化建设等方面的典型案例，展现执法机关主动担当、依法履职的过硬素质及优良作风，具有较强示范引领意义。

（一）深化"放管服"改革，提高行政审批效率

在 20 件"示范优案"中，部分案例在深化"放管服"改革方面具有典型性和示范性，提高了行政审批效率，促进了企业发展。

某有限公司是一家生产"网红"饮料的互联网公司。为满足市场快速增长需求，公司总部经过比选，决定在某区建立华北地区生产基地，于 2020 年 8 月与某区开发总公司签订了投资协议，并提出希望能够早开工早投产。区政府立即成立了多个部门参加的公司投资发展专项服务组。各部门依据审批标准，深挖政策法规要求，优化审批流程，推演审批结果，设计审批路线图。2020 年 9 月，某区出台了实施投资项目审批代办"交钥匙"工程的意见，实行项目服务两级代办工作机制，为某公司天津工厂项目提供了全程代办的"保姆式"服务。在某公司项目签订承诺书后，区规划资源局在土地挂牌公示期间（30 天）对项目方案进行审查和公示，大大缩短审批时间。区政务服务办并联开展前期工作，为项目单位开展勘察设计招标、施工图审查等前期工作提供依据；区发展改革委、区住建委、区人防办等部门主动服务，对项目建设实行承诺制审批。在多方共同努力下，某公司天津工

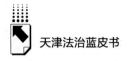

厂项目在取得土地证的同时取得了施工许可证，成为全市首个工业项目"拿地即开工"案例。

此案例的示范性在于大幅提升了工业类工程建设项目审批效率，切实做到办企所需、干企所盼、解企所困，为项目建设提供了精准高效的服务，实现了常态化疫情防控和经济社会发展"双战双赢"，为全市工业项目审批提速提供了经验。要广泛开展基层调研、专题座谈等，深入一线全面了解企业发展过程中遇到的问题，持续探索工业项目审批服务新流程，点燃经济发展新引擎。细化区域评估。在土地供应前，符合条件的各园区管委会牵头组织选取片区的区域能评、环评、水土保持方案等评估评价工作，实现同片区评估评价成果共享，项目不再单独进行评估和审批。优化投资项目代办，大幅降低企业办事成本。

在另一案例中，2021年7月，某区市场监管局企业登记全程电子化服务平台接到某公司的设立登记申请，即时指导申请人登录"津心办"小程序，通过市规划资源局"不动产业务"模块获取核验码，在填报登记信息时自动带入住所信息，当日取得"营业执照"，成为天津市首家住所信息在线核验成功办理营业执照的企业。通过住所（经营场所）信息核验市场主体信息，同步推送到国家和天津市市场主体信用信息公示系统，对其住所信息标识"已核验"字样，增强社会公众对市场主体登记信息的信任度。在线核验住所（经营场所），能有效保障住所信息的真实性、解决填报虚假住所信息取得登记的问题。同时，需不动产所有人通过"津心办"小程序实名认证后获取不动产核验码，有利于解决冒用他人住所信息的问题。该功能不仅大幅提高了市场主体登记的便利化程度，还增强了住所登记信息的规范性准确性，为深化商事制度改革、激发市场主体活力提质增效。

此案例充分体现了推进市场主体登记便利化是深化"放管服"改革、激发市场主体活力的重要举措。加快实现市场主体登记事项全流程网上办，优化企业开办服务，全力打造办事方便、法治良好、生态宜居的市场化法治化国际化营商环境。敢于创新、大胆尝试、担当作为，不断总结商事制度改革中的成功经验，改进不足，逐步提升政务服务水平。加强部门间信息共享。进一步利用信息化手段提升政务服务工作效能，"让数据多跑路，群众少跑腿"，不断提升人民群众的获得感、幸福感和满意度。

（二）有效化解社会矛盾，推进基层社会治理法治化

在评选的"示范优案"中，还有案例通过行政执法有效化解社会矛盾，攻克基层社会治理难题，打造公平、公正的经济秩序和社会秩序，深入推进基层社会治理法治化。

2021年8月，市人力资源和社会保障综合行政执法总队在对某公司劳动保障监察过程中发现，该公司拖欠96名员工劳动报酬。经调查，同年2月，该公司被法院裁定进入破产重整程序，未发放96名员工劳动报酬48万余元。但该公司仍处于经营状态，应当按照合同约定按时足额发放员工工资。鉴于该公司并非故意拖欠，因为对法律法规理解不到位，市人力资源和社会保障综合行政执法总队没有立即作出行政决定，而是向其反复解读劳动保障法律法规政策，讲透处罚理由和违法后果，在赢得该公司认同后，依法责令其足额支付拖欠员工劳动报酬，法律效果和社会效果良好。

此案例中，行政执法部门坚持"人民至上"工作理念，发现违法行为后迅速采取强有力措施，短时间内为96名员工追回劳动报酬，保障其合法权益。严格落实"谁执法、谁普法"普法责任制，普法执法并重彰显法治温度。注重释法明理，反复以说理式执法向违法行为人宣传法律法规，从优化营商环境、降低社会影响、促进企业重新发展等方面分析解读，及时纠正违法行为人的错误认识，使原本程式化的执法模式更具"温度"和"人情味"。行政执法单位紧紧围绕企业在破产重整过程中产生的问题，主动说理，以案释法，帮助企业深刻认识、理解法律法规，主动支付劳动报酬，没有"一罚了之"或采取行政强制执行等硬性执法方式，把对企业的影响降到最低。在妥善化解涉企矛盾纠纷方面进行了有益的探索。

还有在社区治理过程中发生的案例，对基层社会治理法治化具有较强的示范性。为饲养信鸽，翟某在无建设工程规划许可、未经属地社区居委会审查同意的情况下，私自在某小区自行搭建鸽棚，面积合计60平方米，还在

楼道内堆放大量鸽粮和杂物。附近居民多次举报投诉，社区居委会就鸽棚、鸽粮和杂物等影响公共卫生问题多次与其沟通无果。2020年2月11日，根据市、区两级疫情防控指挥部部署，某区九部门联合发出通告，在全区范围内深入开展饲养鸽专项治理，要求相关饲养者对违规搭建鸽棚、鸽舍等问题拆除整改。街道办查明相关情况后，2月11日向翟某当面送达了通告，并与其谈话，详细讲解疫情防控期间有关防控措施。后翟某将饲养的信鸽转移至他处，但未拆除鸽棚。2月15日，街道办再次与翟某进行沟通但被拒绝。同日，街道办依法实施应急处置措施，组织执法人员对翟某违规搭建的鸽棚予以拆除。翟某不服，向某区法院提起行政诉讼，请求法院确认街道办拆除行为违法，并赔偿损失1元及恢复鸽棚原状。街道办依法应诉，一审、二审法院均判决翟某败诉。翟某申请再审，市高级法院亦裁定驳回其申请。

本案入选天津法院2020年度十大影响性案例。一是体现了严格规范公正文明执法要求。街道办坚持严格依法依规开展执法工作，前期认真制订工作预案，做了充分准备，依法实施应急处置措施，强制拆除违规鸽棚，符合正当程序原则，做到了严格规范公正文明执法。二是严格落实"谁执法、谁普法"普法责任制。在开展违规鸽棚和饲养鸽子专项治理过程中，街道办将普法宣传做到前面，向广大信鸽养殖者进行了大范围、多层次的普法宣传，得到了多数行政相对人的理解和支持。本案在法院庭审网络直播环节引发30余万网友关注，使庭审过程成为疫情防控期间的特殊法治公开课。

（三）坚持执法利民惠民，依法妥善处理涉众纠纷

在行政执法过程中，坚持执法利民惠民是基本理念，一些案件关系到千家万户，需要依法切实保障民众基本需求。还有些案件涉及特殊群体，人数众多，要避免激化矛盾，必须依法妥善处理。

2021年7月，某供热站周边500多家企业和2500户居民，被纳入"煤改燃"工程，项目涉及3条现状道路，地下管线密集且与周边高压电缆距离较近，工期至少需要3个月，如逾期完不成将影响冬季供暖。市交通运输委特事特办，准许企业破路、夜间施工，同时开通绿色通道，优化审批流

程，快速高效完成涉路施工行政许可审批，实现"一次递交，一次通过"，整个流程 3 天内完成，按时完成工程项目，确保群众企业温暖过冬。

此案的示范意义在于，一是利民惠民。近年来，市委、市政府把延长供暖期作为"民心工程"来抓，为确保如期供暖，市交通运输委主动克服困难、打通堵点，精准测算工期，提高办事效率，督促供热改造工程项目按时完成、按时供暖，让人民群众感受到了党和政府政策的温暖。二是便企惠企。持续深化"放管服"改革，简化审批流程、压缩审批时间、减少审批要件，帮助企业解决实际困难，以优质高效便捷服务释放"一制三化"改革红利。

在另一案例中，2018 年 12 月底，某区在对某酒店装修项目安全执法检查中，发现该项目存在拖欠农民工工资问题线索。经初步核实，该项目施工总承包单位为某公司。由于涉及欠薪人数众多、金额较大，且存在较大争议，某区人社局迅速启动应急预案，成立专项工作组，由人社部门牵头处理欠薪问题。2019 年 1 月 5 日，某区人社局进行立案调查，及时获取农民工考勤、每人按捺指印的拖欠工资明细、公安机关询问笔录等证据材料，确认某公司在某酒店装修项目中存在拖欠 497 名农民工工资约 691 万元违法行为。某区人社局依法下达限期整改指令书，责令某公司限期支付。某公司逾期未支付，某区人社局依法将该案以涉嫌拒不支付劳动报酬罪移送公安机关，同时抄送检察院。1 月 9 日，公安分局受理立案。某区人社局将某公司列入拖欠农民工工资"黑名单"管理，并通过官方网站进行公示，对违法欠薪行为形成有力震慑。2 月 15 日，该公司将拖欠 497 名农民工工资全部支付完毕。

此案件的典型意义在于，一是迅速重拳出击，打响根治欠薪当头炮。涉案企业也列入了人社部公布的全国欠薪企业黑名单。相关部门不仅在较短时间内为农民工追回了欠薪，而且将涉案企业依法列入黑名单，使其一处违法、处处受限，形成了治理拖欠农民工工资案件的有效示范效应和强大震慑作用，彰显天津市保障农民工合法权益的决心。二是多个部门联动，形成强大工作合力。人社部门充分发挥牵头作用，公安、住建、检察院等相关部门

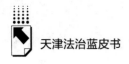

主动担当、履职尽责、密切配合，行政执法、行业管理、刑事司法紧密衔接，形成了齐抓共管、综合治理的有效工作机制，确保案件依法及时处置。三是勇于攻坚克难，创新行政执法方式。该案发生在春节前夕，绝大多数被欠薪农民工已返回原籍，调查取证难度大。相关部门借助互联网新媒体技术，采取不见面方式，通过短信、微信和视频对话等方式调查取证，形成案卷1800余页，确保在较短的时间内查明事实，为依法处置打下了坚实基础。

四　进一步推动"优差双评"的对策建议

天津市"优差双评"工作作为中央依法治国办推介的行政执法典型经验做法，运行三年来，取得了良好的政治效果和社会效果。这对督促基层执法人员公正文明执法，强化基层执法人员执法能力、执法态度，均起到了重要作用，在一定程度上改善了执法队伍的精神面貌，实现了执法队伍"五个有力提升"。为巩固评查、评选成果，进一步将"优差双评"工作推向深入，提出如下优化工作机制的对策建议。

（一）进一步优化"优差双评"长效机制

要全面总结提升3年来天津开展"优差双评"工作所取得的成功经验，及时以制度化形式推动形成长效机制，适时推进《天津市依法行政考核办法》修订工作，通过地方立法构建完整的依法行政评议考核体系，加强行政执法评价工作的法治保障、制度保障。进一步扩大评议主体范围，增加企业代表、群众代表，特别是执法对象代表的比例，增强评议工作的客观性、公正性、公开性，通过评议考核促进在全社会达成法治共识。进一步完善评议流程，突出自查、测评和整改三个重点环节，提高评议工作的实效性和针对性，推动执法主体从"以评促改"向"未评先改""创先争优"转变。

（二）进一步健全完善"优差双评"指标体系

行政执法评价指标体系建设可以为法治政府建设和法治国家建设提供指

引。立足三年来开展"优差双评"工作的实践经验，分析行政执法各方面问题的最大公约数，找到真正能够反映行政执法评价质量的重点、难点、关键点，围绕业务素质、政策水平、执法态度、执法效率、内部管理以及廉洁自律等各个方面，建立科学、合理、明确的评价指标体系。将行政执法评价与行政执法环境改善相衔接，注重以行政执法评价促进行政执法的制度供给、执行机制、信息系统和保障能力。逐步推动评估指标体系与行政执法大数据收集相结合，分析发现行政执法的共性问题、趋势性现象和普遍性规律。

（三）进一步深度扩展"优差双评"结果运用

要进一步扩展评议结果的运用场景，强化影响的广度和深度。在抓好个案纠错，加强跟踪问效，定期督办推进基础上，更要注重评议结果的放大效应。针对个案中反映的共性问题，积极开展调查研究，以小切口解决大问题，促进行政执法工作整体提升。针对"示范优案"中发现的创新点和闪光点，注重提炼、总结、升华好的经验做法，完善执法工作标准，从而整体推进类案执法规范化建设。进一步探索将"典型差案"和"示范优案"典型案例纳入各类执法培训内容，深入开展警示教育，引导广大执法人员牢固树立执法为民理念，全面提升担当精神和履职能力，切实改进工作作风。进一步加大在各类媒体、网络上的宣传力度，不断提升全社会对"优差双评"工作的公信力。

（四）进一步放大"优差双评"示范效应

参考借鉴人民法院案例指导制度的部分方法，建议定期公布指导性案例，在每年评选出来的"示范优案"中选择样本，再由专家评审智库的专家对案例进行点评，进一步扩大"优差双评"的示范效应。建议每年至少召开一次由相关专家、学者及市级和基层单位执法人员参加的工作交流会议，由评选出的"示范优案"办案人员作主旨演讲，并由相关专家、学者同时进行点评，促进行政执法的工作交流。要进一步加大宣传力度，与普法

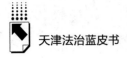

和法制宣传教育工作紧密结合，加大在各类媒体和网络上的宣传力度，吸引更多的人关注和参与评查和评选工作，扩大"优差双评"的社会影响力。

参考文献

［1］房宇：《服务型政府理念下的依法行政探讨》，《法制与经济》2016 年第 5 期。

［2］李辰星、肖竹：《城市基层综合行政执法的发展导向与实践进路》，《学习与实践》2021 年第 12 期。

［3］王留一：《论行政执法决定公开：功能、问题与对策》，《学术论坛》2022 年第 1 期。

［4］卢护锋：《行政执法权全面下移的组织法回应》，《政治与法律》2022 年第 1 期。

B.12
攻克基层社会治理法治化难题的经验研究

——以"飞地"治理为例

天津市"飞地"治理研究课题组*

摘 要： 随着社会经济发展和城镇化进程加快，天津市在城市规划和社会
建设过程中积累了大量的"飞地"。由于行政区划与管辖权不统
一，社会治理职责不明，使得"飞地"出现管理和服务的盲区，
"飞地"居民生活环境、社会服务、权益保障等方面更是无法获
得充分的社会支持和保障。天津市坚持属地化原则，通过规范治
理过程、提高多元主体参与、综合运用治理手段、推进智慧化建
设等，攻克"飞地"基层社会治理难题，不断推进基层社会治
理现代化和法治化。

关键词： 社会治理 "飞地" 属地化 法治化

对于基层社会治理，习近平总书记曾指出，要完善共建共治共享的社会
治理制度，实现政府治理同社会调节、居民自治良性互动，建设人人有责、
人人尽责、人人享有的社会治理共同体。要加强和创新基层社会治理，使每
个社会细胞都健康活跃，将矛盾纠纷化解在基层，将和谐稳定创建在基层。
要更加注重维护社会公平正义，促进人的全面发展和社会全面进步①。2021
年7月11日，中共中央、国务院印发《关于加强基层治理体系和治理能力现

---

* 执笔人：魏慧静，法学博士，天津社会科学院法学研究所，助理研究员。市政府办公厅、
市委政法委、市规划资源局、相关区政府提供资料。

① 习近平2020年8月24日在经济社会领域专家座谈会上的讲话。

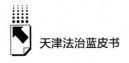
代化建设的意见》，明确指出关于加强基层治理体系和治理能力现代化建设的总体要求和重要任务。天津市在推进基层社会治理现代化和法治化方面进行了有效的探索，本文将以天津市"飞地"属地化治理为例，总结分析天津市破解基层社会治理难题、不断推进基层社会治理法治化的实践和探索。

一 "飞地"治理的背景与现状

随着社会经济发展和人口增长，城市化进程加快，天津市在城市规划和社会建设过程中积累了大量的"飞地"，主要分布在市内六区、环城四区等区域，共计546处，其中分布较多的是南开区、西青、河东区、河西区、东丽区、红桥区、北辰区等。根据"飞地"形成的历史原因、管理现状、漏洞短板、群众诉求，可将天津市"飞地"分为四种不同类型。一是"城中村"，共涉及43个村、231处。历史上经过多次行政区划调整，环城区的部分地域被纳入中心城区，但由于城镇化不彻底，形成了"城中村"。由于管辖权交叉，合力不足，中心城区管事不管人、环城区又"够不着"，形成"城中村"乱象。二是接壤的"插花地"，共涉及8个区、112个小区。主要涉及部分在环城区开发、与中心城区接壤且房产证隶属中心城区的小区。虽然有的接壤"插花地"明确了委托中心城区管理，但缺乏法律支撑；有的管辖权交织，相互推诿，治安安全隐患多。三是不接壤的"插花地"，共涉及33个社区49处。主要为集中安置市内六区户籍居民，在环城区开发，与中心城区不接壤，由于配套难以实施，普遍存在市容环境、市政养管、行政执法等方面的问题。四是责任不清的地带，涉及154处。有的是属地对配套不认可或因遗留问题未接收而居民已经入住；有的是一些企业产、单位产、军产与属地衔接不通畅，形成治理真空；还有一些保障房片区，低保、特困救助、残疾救助、精神病救助等社会服务也不能属地化，形成属地与服务管理对象脱节，存在社会治理"虚焊"。

天津市四种类型"飞地"中以"城中村"和接壤的"插花地"比重大、问题体量大，对治理效率和质量要求高。此外，"飞地"还存在涉及居民家庭、产业、企业等不同类别，需要明确不同的治理方案，其中以涉及居民家庭的"飞地"治理问题多、难度大；还有相当一部分"飞地"历史久远，成因复杂，社会问题积累严重，治理难度增加。

二 "飞地"治理的难点与困境

"飞地"治理既是历史遗留问题，又有治理主体困境，同时也有治理方式和治理手段问题。多种因素使"飞地"问题成为近年来难以攻克的治理难题。

一是治理主体职责不清。"飞地"是城市化进程中由于城市规划与社会管理脱节，长期积累形成的、行政区划与管辖区不统一的区域。由于"飞地"未能实现基层社会治理属地化治理机制和管理模式，长期存在行政区划与管辖权不统一，社会治理职责不明，"飞地"出现管理和服务盲区，引发了一系列社会问题，"飞地"居民生活环境、社会服务、权益保障等方面更是无法获得充分的社会支持和保障。无论是"城中村"的行政区划调整，还是接壤的"插花地"、不接壤的"插花地"的中心城区与环城区域的隔离，抑或是责任不清地带涉及的一些企业产、单位产、军产，社会治理主体职责不清，是其普遍面临的与属地衔接不通畅、社会治理脱节等问题的主要根源。

二是治理过程不规范。在"飞地"基层社会治理法治化过程中存在基层执法程序不完善、执法碎片化现象严重以及治理模式不科学等问题。部门权责不清晰，机构设置较为混乱，实践中存在重复执法、多头执法问题，使得执法效果存在偏差与疏漏。基层网格化治理是指依托现代信息技术平台，按照地理空间与人口分布状况，将基层行政区域划分为若干网格，并配备网格员对辖区的人、事、物等进行治理的新模式，是基层社会治理重要的实践创新。"飞地"由于行政区划与管辖区的脱离，基层网格化治理模式不规范甚至并未真正形成。

三是社会参与不足。在社会治理多元化时代，社会组织和社会公众提前介入基层社会治理是社会治理法治化的重要基础，制度化和法治化的社会治

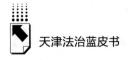

理多元化可以有效化解社会纠纷和社会矛盾①。在传统的"飞地"基层社会治理过程中，存在基层人民群众或社会群体参与治理的深度和广度明显不足，甚至社会公众治理主体参与缺位现象。拓宽基层各类群体有序参与基层治理渠道，增强村居群众参与社会治理的主观意愿和法律意识，可以有效提高基层治理社会参与度。

四是治理方法单一化。"飞地"基层治理往往采用行政式手段，这种单向的管制手段已经不能满足基层社会治理需求，更不能有效解决"飞地"居民群众的利益诉求。社会治理的本质是服务于民，"飞地"治理也不应单单是为解决城市发展或行政管理问题，它更是一项民生工程和民心工程。综合化、多元化的社会治理方法才是真正符合基层社会发展规律，能够有效解决基层社会治理难题，不断满足居民群众利益诉求的治理模式。

五是信息化运用不足。党的二十大报告指出，要完善网格化管理、精细化服务、信息化支撑的基层治理平台。随着互联网时代和智能社会的到来，基层社会治理面临新的挑战和机遇，一方面基层社会问题增多且复杂化，另一方面信息化可以更加便捷、高效地为基层社会治理提供数据和技术支撑。"飞地"社会治理尤其是"城中村"基层社会治理中，存在基层信息化不足、互联网技术薄弱、各部门信息系统无法互通等问题，数据资源共享也就难以实现，不但增加了治理成本，治理效果也不尽如人意。

三 "飞地"基层社会治理法治化的实践探索与实现路径

（一）建立统筹联动机制，规范治理过程

天津市在"飞地"社会治理过程中，实行"战区制、主官上、权下放"，推动党建引领基层治理体制机制创新。明确市委和市政府负首责、总责及责

---

① 童彬：《基层社会治理法治化：基本现状、主要问题和实践路径》，《重庆行政》（公共论坛）2018年第4期，第40~44页。

任人，成立市专项工作组，下设工作专班，市级 11 个相关部门联动为专班成员，定期召开会议，听取工作汇报，专题研究行政区划调整、"城中村"等治理难点，建立主体责任、整体联动、属地发起、吹哨报到四项机制，抓好组织实施和督办落实。同时建立区、街（镇）、居（村）三级联动机制、区与区协商联动机制，属地街道与职能部门协同配合，有效沟通，及时反馈，集中解决各区工作中遇到的困难和问题，确保"飞地"治理过程规范、高效。

按照"属地化"原则要求，总结研究并详细制订解决各类"飞地"有关问题实施方案，推动"一地一册、一地一策、一地一专班"。规范治理程序，建立"六清楚六到位"工作标准，建立区级验收机制，提升治理标准，规范工作流程，形成"点位报结、督查复核、反馈整改、验收销号"工作闭环。建立联签联核机制，按照"一地一档"要求，做到风险隐患联查、移交责任联签、报结事项联核；点位治理完成后，由社区、街（镇）逐级申请报结，由区级做好查访、验收工作。建立复查复核机制，市工作专班办公室组成暗访组，采取实地查看、调研座谈、走访群众等方式，对报结点位进行复核，确保整治质量和效果。

（二）属地化治理，解决主体权责不清问题

属地化治理是总原则、总要求。通过压实"飞地"治理属地责任，建立"飞地"基层社会治理属地化工作标准，即行政界线、治理主体、管理职责、运行机制、移交接管、风险隐患"六个清楚"和治理责任、应管尽管、共治共享、维护稳定、组织保障、责任落实"六个到位"。如前进村平房建于 1953 年，是铁路的职工宿舍，产权单位是中铁北京局集团有限公司。该点位紧邻京津城际高铁线路，行政区划属于北辰区，日常管理属于河北区。由于三方管辖职能交叉导致该地房屋年久失修、电线私拉乱接，环境脏乱，存在严重安全、治安、消防等隐患。市专项工作组积极推进前进村治理工作，专程赴北京，与中铁北京局集团有限公司会商前进村铁路职工安置问题。北辰区、河北区迅速完成行政、治安管辖权交接，用 13 天时间完成 3.16 万平方米违建的拆除工作，累计走访入户调查 2000 多户次。再如，沙

柳北路 64 排小区，行政区划属于东丽区，建于 20 世纪 90 年代，是河东区建设的周转安置房。由于长期失管，环境脏乱差、违章建筑多、人员结构复杂、消防安全设施缺失，各类隐患问题突出。东丽区主动与河东区对接，完成了治安管辖权交接，及时开展"拆违治乱、扫黑除恶、消除安全隐患"专项行动，压实了属地责任。

（三）坚持系统治理，综合运用多种治理方法

天津市创新工作思路，采取科学方法，分类推动，依法施治，统筹资源，整体联动。市人大常委会从立法、执法等方面深入研究，完善"飞地"治理顶层设计和地方性法规保障。市政协由副主席带队，深入基层，查找"飞地"治理中存在的问题，提出意见建议，形成调研报告。市委组织部、市委政法委等联合推动 19 处"飞地"基层社会治理空白点全部纳入社区（村）和网格服务管理，新建社区党组织和居委会各 10 个，新划分全科网格 62 个，覆盖居民 1.2 万户、1.5 万人①。市民政局牵头推动华苑、丽苑、梅江南等 7 片接壤"插花地"变更行政区域界线，经民政部审核同意，区划变更方案依法依规履行法定程序。市公安局牵头印发了《关于调整新中村等 27 处区域点位司法管辖权的通知》，将全市排查出的 27 个"飞地"点位司法管辖权全部移交属地。市住房城乡建设委推动相关区将 133 处配套公建移交属地，占应移交总数的98.5%，2 处在建的配套公建年底前完成移交工作；研究起草《关于我市市筹集公租房（廉租房）运营管理权移交属地工作方案》等。

对于不同类型的"飞地"，治理方法和策略也有显著差异，坚持分类施治。一是通过坚持加强党的领导、坚持属地管理、分类推进实施、强化管理创新、保障合理待遇、保持社会稳定等治理要求，对所辖地块全部嵌入城市区的城中村，其基层党组织、群众自治组织、集体经济组织等全部由环城区统一转至城市区，对地跨两区的城中村，由两区依照行政区划对处于本辖区的地块、人员

---

① 《天津 546 处"飞地"治理任务如期完成》，北方网，http://news.enorth.com.cn/system/2021/02/04/050983993.shtml，2021 年 2 月 4 日。

等实施基层社会治理，有序推进城中村"飞地"落地。二是通过认真学习贯彻、严格执行宪法和《行政区划管理条例》等法律法规，加强向民政部沟通汇报、请示指导。民政部区划地名司函复接壤"插花地"涉及的部分市辖区行政区域界线调整应由天津市人民政府审批，同时报送国务院备案，按照工作进度安排推进行政区域界线变更的各项工作，依法推进接壤"插花地"行政区域界更。三是按照尊重历史、方便管理、保障群众利益的思路，推进不接壤"插花地"管辖权落在行政区划所在区；天津市公安局、市教育委员会、市规划和自然资源局联合印发《关于"飞地"基层社会治理属地化工作中不接壤插花地房籍、户籍、学籍的指导意见》，指出不接壤"插花地"居民房产登记和户籍、学籍可保持不变。西青区与南开区整建制移交 13 处不接壤"插花地"点位，移交前后社区工作者关系暂时不变，经过 3 个月过渡期后自主选择是否继续留任，最大限度地保障了移交过程中组织不乱、人员不散、工作不断，从而平稳推进不接壤"插花地"交接。四是通过市属企业到相关区"报到"，逐一落实 21 处国企宿舍权属单位责任，提出"拆迁收储、交给属地""恢复功能、清退租户""完善设施服务、聘物业建公厕"等针对性的解决方案，大力推进国企宿舍权属单位落实责任。

（四）创新治理体系，推进基层治理智慧化建设

基层治理智慧化建设为基层社会治理提供重要的技术和数据支撑。在社会治安防控体系建设方面，天津市委平安办打造配备 4300 台服务器的基础运行环境，汇聚 140 余类社会资源数据；组建 3000 人应急机动力量，第一时间处置突发事件；依托"大数据监测预测预警系统"，建成"天津治安防控实战应用平台"，搭建了涉黄、涉赌、涉公共安全等数据模型 22 个，实现对"人、地、物、事、网"的依法精准动态管控[①]。在社会帮扶和社会救助工作方面，对排查出的重点帮扶人员纳入台账，实行居家老年人定期排查

---

① 董凡超、鲍静、张弛：《天津纵横联动打赢"飞地"治理攻坚战》，《法制日报》2021 年 11 月 26 日。

和定期探访制度，组织网格员、社区民警等基层力量，定期走访，敲门入户，开发老年人一键报警和智能 AI 语音电话问候系统，实现每日问候、重点巡查、问题推送、服务到位工作闭环[①]。红桥区依托"三级平台、四级网格"，持续深化党建引领基层治理"十个一"工作机制，和苑街"飞地"作为最早建成运行的试点区域，通过信息技术实现辖区内人、地、事、物、组织全覆盖，并建立了 7 类志愿服务队，实施"红橙黄绿四色探视机制"，覆盖新纳入地块老年人，确保重点人群有人问有人管[②]。

（五）促进多元参与，打造社会治理共同体

通过认真落实网格员走访制度，并以网格排查、接警处置、群众来访、志愿服务等方式，及时了解掌握社情民意，及时发现治理隐患；通过发挥区、街、社区三级社会矛盾纠纷调处化解中心作用，有效化解各类矛盾纠纷；通过组建志愿服务团队、社会组织孵化等方式，拓宽基层各类群体有序参与基层治理渠道，积极引导居民群众、社会组织参与基层治理，不断拓展基层群众或社会群体参与治理的深度和广度；通过普法宣传和基层社会治理法治建设，不断提高多元治理主体的法治意识。

四 从"飞地"治理看推进基层治理法治化的经验启示

"飞地"属地化社会治理也是不断推进基层社会治理现代化和法治化的过程，通过"飞地"治理，天津市不断探索创新并积累了攻克基层治理难题、推进基层社会治理法治化的有效经验。

一是坚持基层社会治理党建引领。党的二十大报告中指出，加强城市社区党建工作，推进以党建引领基层治理，在"飞地"治理工作中，通过提

---

① 董凡超、鲍静、张弛：《天津纵横联动打赢"飞地"治理攻坚战》，《法制日报》2021 年 11 月 26 日。

② 刘雅丽：《一场"无"与"有"的管理覆盖——天津集中治理"飞地" 全力推进基层社会治理属地化》，《天津日报》2022 年 6 月 13 日。

高政治站位，强化担当使命，持续深化"战区制、主官上、权下放"党建引领基层治理体制机制创新，始终做到党对"飞地"治理工作的坚强领导。涉及"飞地"问题的各区在"城中村"、"插花地"、责任不清地带处理上，均已实现顺利交接，明晰了各方的责任内容、职责边界，解决了治理真空和职责交叉、行政区划与行政管辖不一等问题，压实了属地化管理责任，实现基层党建和基层社会治理的全覆盖。例如，北辰区开通"网格化管理系统"，配备网格员管理队伍，启动信息化管理工作，并坚持将党支部建在网格上、党小组建在楼栋里，实现党组织和基层治理全覆盖。

二是坚持基层社会治理模式创新。"飞地"治理体量大，成因各异，社会问题堆积且复杂，必须提高创新思维能力，用新的理念、新的方法、新的标准，深入调查研究，科学研判，重点分析，破除体制性、机制性和政策性障碍，做到应新求变，把握基层社会治理规律。同时，"飞地"治理涉及多部门、多系统、多领域，需要各层级、各部门齐抓共管，创新工作机制；通过建立主体责任、属地发起、吹哨报到、整体联动、调研督办、动态管理、工作例会、通报报告、重点挂牌、检查验收 10 项工作机制，明确治理标准，规范工作流程；通过建立"一地一专班、一地一策、一地一册、一地一档、一地一核"的"五个一"工作闭环模式，确保治理过程扎实有效，提高"飞地"治理精细化水平。天津市"飞地"基层社会治理属地化的经验做法得到了民政部的高度认可并向全国民政系统推广。

三是坚持基层社会治理服务于民。服务于民是社会治理的本质，天津市在"飞地"治理过程中始终坚持治理惠民的基本准则和治理目标，以群众所急、所愿、所盼为指针，积极采取各项措施，切实维护群众利益。各区通过街镇联合社区居委会和网格员等途径，对"飞地"点位多次开展集中入户摸排，全面了解群众诉求，整理群众诉求清单，如针对生产、消防、居住等安全隐患，开展拆违治乱、扫黑除恶、消除安全隐患等专项行动和集中攻坚整治；有效解决拆迁安置、涉企业产职工安置等重点难题；对排查出的重点帮扶人员纳入台账，实行居家老年人定期排查和定期探访制度；采取困难帮扶、低保救助、申请保障住房等措施，改善群众居住生活条件，为困难群

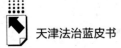
众解决实际问题。天津市共投入整治资金 1.6 亿元、拆迁安置资金 3.4 亿元，排除问题隐患 1.1 万个，兜底重点扶助人员民生保障 20.9 万人，拆除违建 11.9 万平方米，改善群众生活居住条件，消除各类隐患，居民获得感、幸福感和安全感显著提升。

四是坚持基层社会治理法治保障。严格执行宪法和《行政区划管理条例》等法律法规，先后制定《关于解决我市"飞地"基层社会治理属地化有关问题的督办方案》《关于解决"城中村"飞地基层社会治理属地化有关问题的意见》，明确"飞地"治理工作总体要求、基本原则、对策措施和方法步骤，分类推进，依法施治。研究起草《关于我市市筹集公租房（廉租房）运营管理权移交属地工作方案》，先后印发《关于"飞地"基层社会治理属地化工作中不接壤插花地房籍、户籍、学籍的指导意见》《关于调整新中村等 27 处区域点位司法管辖权的通知》等文件，强化"飞地"治理政策支持和法治保障。

参考文献

［1］中共济南市委党校课题组：《基层社会治理法治化的关键与路径探析——以济南市拆违拆临工作为例》，《中共济南市委党校学报》2017 年第 5 期，第 115~119 页。

［2］童彬：《基层社会治理法治化：基本现状、主要问题和实践路径》，《重庆行政》（公共论坛）2018 年第 4 期，第 40~44 页。

［3］《天津 546 处"飞地"治理任务如期完成》，北方网，http://news.enorth.com.cn/system/2021/02/04/050983993.shtml，2021 年 2 月 4 日。

［4］董凡超、鲍静、张弛：《天津纵横联动打赢"飞地"治理攻坚战》，《法制日报》2021 年 11 月 26 日。

［5］刘雅丽：《一场"无"与"有"的管理覆盖——天津集中治理"飞地" 全力推进基层社会治理属地化》，《天津日报》2022 年 6 月 13 日。

B.13

天津市12345政务服务
热线的创新实践

天津市政务服务热线研究课题组*

摘　要： 天津市12345政务服务便民热线自归并以来，狠抓服务流程优化和系统升级改造，统筹做好疫情防控和电话畅通，工作中坚持有速度、有力度、有温度，切实解决好企业和群众反映的诉求，在创新发展、运行机制、协同联办、智能化服务方面积累了一系列经验做法。12345政务服务便民热线将进一步通过完善新系统功能，理顺政务服务受理事项，持续优化工作流程，健全接诉即办和督办问责机制，推进知识库场景化精准化建设，在社会稳定、基层治理、化解矛盾等方面继续发挥重要作用。

关键词： 政务服务便民热线　服务型政府　闭环运行　民生工程

天津市便民服务专线自2021年6月11日起更名为天津12345政务服务便民热线。12345政务服务便民热线受理企业和群众各类非紧急诉求，包括经济调节、市场监管、社会管理、公共服务、生态环境保护等领域的咨询、求助、投诉、举报和意见建议等。不受理须通过诉讼、仲裁、纪检监察、行政复议、政府信息公开等程序解决的事项和已进入信访渠道的事项，以及涉及国家秘密、商业秘密、个人隐私和违反社会公序良俗的事项。2021年，

＊ 执笔人：龚红卫，天津社会科学院法学研究所，助理研究员，研究方向为刑法学。市政务服务办提供相关资料。

市便民专线服务中心坚持以习近平新时代中国特色社会主义思想为指导，认真学习贯彻党的二十大精神，以推进政务服务便民热线归并为主线，抓服务流程优化和系统升级改造，统筹做好疫情防控和保持电话畅通，切实解决企业群众反映的诉求，社会满意度不断提升。

一　总体运行情况

2021 年，12345 热线受理企业群众诉求 1093.48 万件，日均 3 万件。在 2021 年全国政务服务热线评估中，荣获服务群众"优秀单位"；官方微博评为 2021 年上半年"全国十大服务中心微博"第 1 名；国务院第八次大督查第二督查组到热线现场调研，对 12345 热线工作给予充分肯定。

（一）加强工作统筹，加快政务服务热线归并

天津市在实践中以企业群众便利化为目标，推进政务服务热线归并，切实解决政务服务热线号码多、群众办事多头找、企业和群众办事难等问题，实现一个号码服务企业和群众。

1. 全面摸排调研

《国务院办公厅关于进一步优化地方政务服务便民热线的指导意见》印发后，天津立即组织对全市 100 余条热线设立情况进行调研摸排，组织有关部门就业务流程、系统需求、人员安排、机构编制、座席场地等方面沟通交流，对标对表国家要求，确定天津市 63 条政务服务便民热线分类分级归并优化，整体并入 8 条，已归并需取消号码 43 个，双号并行 9 个，设分中心 3 个。

2. 强化组织保障

天津市政府办公厅印发《天津市进一步优化政务服务便民热线工作方案》，明确工作任务、时间进度、优化清单，建立了市政府办公厅、市政务服务办牵头，市人社局、市财政局、市委网信办等部门参与的政务服务便民热线归并工作统筹协调机制，负责 12345 热线工作统筹规划、重大事项决策

以及重点难点问题协调解决。

3. 做好业务衔接

天津市便民服务专线自 2021 年 6 月 11 日起更名为天津 12345 政务服务便民热线，正式以 12345 对外开展服务，为避免热线归并过程中群众反复拨打，实现一次就能接通，设立 2 个月过渡期，过渡期间设置语音提示，12345 与 88908890 互转，确保 88908890 与 12345 顺利衔接。12345 热线启用两个月来，共受理政务服务类诉求 172.67 万余件，热线官方微信、微博、网站等媒体总计发布信息 2663 条，总阅读量 1393.48 万人次，受到了社会的普遍关注和好评。

4. 快速实施归并

根据天津 12345 热线归并清单，积极与有关热线部门沟通，成熟一批，归并一批。截至 2021 年底，63 条热线均优化归并到位，其中 8 条热线整体并入、43 条热线已归并需取消号码、7 条热线双号并行、3 条热线设分中心，均已在 7 月份完成，比国务院文件要求 2021 年底前完成的时限提前近半年时间。

（二）优化机制流程，加强政务热线能力建设

在运行中构建"受理、承办、直办"办理体系，实行"统一受理、归口办理、限时回复、回访评价、督办考核"闭环运行机制，通过实施智能化、便捷化、规范化建设，提升热线服务能力。

1. 构建诉求办理体系

一是受理体系。形成了以市级 12345 热线为主体，12366 税务服务热线、12360 海关服务热线、12367 移民咨询热线 3 个分中心，12348 法律服务、12333 人力社保、12329 住房公积金等 6 条双号并行保留座席热线为分平台的天津政务服务便民热线受理体系，做到"有求必应"，服务"全覆盖"。二是承办体系。落实党建引领基层工作体制建设，12345 热线与全市16 个区、36 个市级部门、6 个驻津单位、12 个公共企事业单位建立快速转办体系，推动基层治理重心下移。三是直办体系。在供热行业，树牢全市一

盘棋思想,建立供热工作直办体系,实现 12345 热线工单"一键到站",推动工作重心下沉、资源下沉、服务下沉。

2. 实行闭环运行管理

天津 12345 热线建立集成电话受理、派单、办理、答复、督办、办结、回访、评价等环节全流程闭环运行。一是统一受理。咨询类事项,依据知识库信息在线受理解答;办理类事项,工单录入审核后即转相关承办部门处理。二是限时答复。根据紧急程度实行 1 小时、1 个工作日、2 个工作日、7 个工作日四类响应模式,要求承办部门快速处置群众诉求。三是回访评价。部门办结回复后 24 小时内,平台短信邀请评价,人工回访了解不满意原因后结合实际重新转办。四是督办考核。对于热点难点、跨部门、跨行业交叉等问题,采取沟通联办、专项督办、通报促办、协调会办等"四办"方式,与部门协商解决,并将办理情况纳入绩效考核,"每月一考评、每月一通报",以评促改、以评促进。

3. 推进信息化便捷化建设

建设一体化 12345 热线信息服务平台,加强自助下单、智能文本客服、智能语音等智能化应用,确需保留号码、座席的热线将数据实时共享归集到 12345 平台,工单流转情况在 12345 热线平台上全程可视。构建热线电话、微信公众号、微博、天津网上办事大厅、中国政府网、国家政务服务平台等"多位一体"的咨询投诉举报渠道,企业和群众反映诉求建议更加便捷。

4. 建立健全制度规范

结合政务服务便民热线归并工作,推进业务制度创新,制定了电话受理转接、工单派发、无理重复诉求评判、退单审核、延期申请、知识库管理、群众评价满意度测评、督办考核等制度规范,修订或制定制度 20 余项。通过修订《12345 热线受理服务规范》,使话务员准确判别诉求分类、规范答复群众咨询,精准制发办理工单;实行《12345 热线质量监测管理制度》,对服务态度、业务应答熟练度、热线转接顺畅度等全程监测,促进服务水平提升。

（三）实施创新驱动，推进政务热线转型升级

在实践中围绕"接得更快、分得更准、办得更实"，实现"两号分离"专注政务服务、协同联动推进高效处置、"最强大脑"精准解答、"大数据分析"辅助政府决策、拓宽服务范围助企便民，推进12345热线转型升级。

1. "两号分离"形成天津特色

在启用天津12345热线的同时，分离并保留88908890便民服务热线，设立社会服务专家座席承接家政服务事项，方便群众生活。2021年共受理社会服务相关诉求54.7万件。

2. "四个联动"提升办理质效

与110、119、120、122等紧急类服务热线建立了联络员与舆情处置机制，与96655水务、95598电力、96677供热燃气、96196公交、85568890轨道交通等公共事业服务热线建立电话转接和信息联动机制，与供热行业建立系统终端到供热站点"一键到站"直办机制，与北京12345热线建立电话转接和业务联动。推动实现紧急事件快速协同响应、服务信息共享互联互通、重点舆情高效联动处置。

3. "最强大脑"实现精准解答

围绕建立"权威准确、标准统一、实时更新、共建共享"的知识库，融合人工智能和大数据技术，实现知识动态采编管理、智能过滤、自动关联、查询智能化、结构多样化、管理全周期，将事项深入细化为12类5个层级1072小项，形成通俗易懂的解答口径，打造让企业群众"秒懂"的热线"最强大脑"。

4. "大数据分析"辅助政府决策

加强大数据分析研判，定期向市卫健委、市规划局、市环保局等委局提供行业相关数据，为解决看病"三难"问题、城市交通规划、制定下一步民心工程等提供支持，为部门研判分析、加强履职、事中事后监管、解决普遍诉求提供数据支撑。2021年编发便民服务专线舆情、疫情舆情监测日报等4类专报60余期，向市委、市政府及有关部门报送200余篇统计分析报

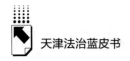

告，精准"绘制"群众需求"晴雨表"。

5. "服务增项"热线助企便民

组建营商环境投诉受理专席，负责企业全生命周期问题的受理解答和协调转派工作，与相关市级部门和各区政府形成有效沟通渠道，解决营商环境工作中的难点堵点问题；设立社会服务专席，承接家庭服务类事项，为群众推荐日常生活所需的加盟企业服务；参与重大活动，承担农民工欠薪治理、疫情防控、基层减负、惠民惠农补贴等电话受理。

二 主要经验做法

天津市全面深化"放管服"改革和推动政务服务便民热线归并优化以来，市政务服务办始终坚持以习近平新时代中国特色社会主义思想为指导，全面贯彻党的十九大和十九届历次全会精神，深入贯彻落实习近平总书记对天津工作"三个着力"重要要求和一系列重要指示批示精神，按照党中央、国务院决策部署和市委、市政府工作要求，坚持以人民为中心的发展思想，大力推进政务服务热线优化归并工作，实现12345政务服务便民热线"一号响应"，统一受理企业群众诉求，助力打造"有求必应，无事不扰"的良好营商环境，形成了一系列经验做法。

（一）坚持创新发展，筑牢服务民生"连心桥"

1.热线管理科学规范，企业群众暖心安心

将12345热线建设成为集政府服务和公共服务于一体的政务服务便民热线平台，提供"7×24小时"全天候人工服务，集中受理群众咨询、求助、投诉事项，设立"总监—班长—组长"三级管理层级。加强话务现场运行协调管理，强化执行落实力度，根据话务峰值科学排班调度，全力保障电话接通，让政务服务热线的用心服务换来企业和群众的暖心感受。结合"我为群众办实事"主题活动，与相关承办部门召开协调会，指导各区建立了疑难问题协调会商机制，推动解决企业群众反映的"急难愁盼"问题。

2. 政务热线优化归并，实现服务集约便利

天津市政务服务办公室大力推进政务服务热线优化归并工作，实现12345热线"一号响应"，统一受理企业群众诉求，助力打造"有求必应，无事不扰"的良好营商环境。承办体系覆盖至天津市45个委办局、16个区政府、24个公共事业单位，切实解决政务服务热线号码多、群众办事多头找、企业和群众办事难等问题，全力打造便捷、高效、规范、暖心的政务服务"总客服"。

3. 热线受理渠道多样，保障群众有求必应

一是优化"统一受理"工作机制，开通电话语音、网站、微信、微博等渠道受理群众咨询、求助、投诉、举报和意见建议。自开通至2021年底，受理企业和群众电话诉求825.8万件；官方网站发布信息1110条，受理6790件，访问网站119.82万人次；官方微信发布信息1740条，受理诉求及互动交流4.29万件，阅读量96万人次，粉丝总数13.41万人；官方微博发布信息6679条，受理诉求及互动交流6.86万件，阅读量6997.15万人次，粉丝总数22.06万人。二是注重信息宣传，热线知名度逐渐提高。组织在天津政务服务微信公众号发布68篇，其中3篇入选网信天津月度正能量文章传播影响力十佳。与海河传媒广播新闻中心每周推出《天津12345政务服务便民热线》专栏节目，共举办50期，平均每期接听热线50多通，节目收听率稳居天津新闻广播前列。与电视台津云调查栏目合作拍摄30分钟宣传片，与都市报道60分栏目合作推出12345热线归并优化、寒潮期保障供暖方面的新闻报道，提升12345热线知名度。

4. 设立社会服务专席，创新服务惠企利民

助力小微企业在津经营，8890家庭服务热线与12345热线双轨运行，专门为群众提供日常生活所需的加盟企业服务。截至目前已有2700余家小微企业加盟，范围涵盖家居服务、家电维修等14个大类、106个小类。"企业加盟8890后与平台一起发展到现在，已经从个体变成了公司，甚至开了分店分公司，规模变大了。"随着平台的多元化发展，企业也扩大经营范围。疫情防控期间，通过为市场主体牵线搭桥，提供信息咨询，有效助推了

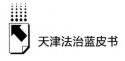

中小微企业复工复产和生产生活秩序的恢复。

5. 抓运行重培训，服务质量稳中有升

一是保障电话畅通。在做好日常话务基础上，制定《大型会展论坛活动咨询投诉受理工作方案》《供热期运行保障方案》，重点保障了智能大会、绿色建筑博览会等重大活动以及夏季防汛、冬季供热等的话务工作。调整话务班次 138 次、发送"舆情提示函"5 次。二是强化业务培训。利用现场与钉钉直播相结合的方式，围绕常项业务、热线归并、新系统建设等方面，开展专题培训 6 期 67 场，2.3 万人次参训，微课堂 85 场，4 万人次参训；开展线上"每日一考"、线下座席抽测等测试考核，共举办 362场，6.3 万人次参加，切实提升培训效果。三是完善知识库储备。更新维护信息 133026 次。推进知识结构优化，梳理业务知识，为系统知识智能搜索搭建基础。

（二）完善运行机制，做好倾听民意"试金石"

1. 强化内部管理，中心运行稳中向好

一是筑牢疫情防控防线。完善疫情防控处置方案，细化防控措施，积极推动疫苗接种工作。二是抓实安全生产。组织安全教育培训 5 次，坚持定期排查、日常巡查和应急演练，20 个安全隐患已整改完成，举办和参与各类消防演练 4 次。三是推进制度建设。新修订党建类、行政类、业务类等 3 类40 余项制度，并形成制度汇编。建立 12345 政务服务便民热线工单退回、延期申请和无理重复诉求处置等规范，指导各区准确建立了工单审核、退回和延期标准，优化工单闭环处置流程。四是加强财务管理。制定 7 项财务管理制度，完成 2020 年度决算公开、绩效自评、内部控制建设及 2021 年度整体支出绩效目标和 2022 年度预算上报。

2. 聚焦群众痛点难点，问题解决卓有成效

充分发挥协调会办、专项督办、通报促办、重点盯办的作用，全年处置解决疑难工单 7.56 万件，其中重复问题工单 1.33 万件，跨部门问题工单6.23 万件。一是协调会办。召开协调会 5 次。重点协调道路桥梁路面破损、

路灯不亮、充电桩停车位管理、检测线管理等30类75件疑难问题解决。二是专项督办。对2020年度199件农民工欠薪问题工单和64件营商环境涉企服务重难点问题工单专项督办。三是通报促办。对农民工欠薪和营商环境落实不力问题,向有关单位发送《督查快报》2期、专项协调函20次。四是重点盯办。协调处理信访问题工单18件,"办不成事"反映窗口问题工单4件,推动了未及时联系群众、未办理先办结、未解决到位等问题的整改落实。同时,完成2021年度市、区两级重点工作绩效考核指标及群众评价满意度测评办法修订工作。

3. 跑出接办诉求"新速度"

与各区、各市级部门、公共企事业单位建立快速反应机制,特别是在供热行业创建诉求直派供热站模式,形成"一键到站"机制,打通服务"神经末梢"。话务员依托知识信息库解答咨询,每通电话结束后55秒内完成工单录入,天津市突发疫情以来,进一步缩短至30秒;对办理类事项,工单录入审核后即转承办部门处理,根据紧急程度实行30分钟、1个工作日、2个工作日、7个工作日四类响应模式,分类快速处置群众诉求。

4. 挖掘精准服务"新深度"

通过建设让企业群众"秒懂"的热线"最强大脑",实现服务标准、知识信息、质量监测"三个统一"。实施《天津12345政务服务便民热线受理服务规范》,明确受理范围、服务流程、话术用语等,准确判别诉求分类、规范答复群众咨询,精准制发办理工单等统一服务标准;建立"权威准确、标准统一、实时更新、共建共享"的热线知识库,将事项深入细化为12大类5个层级1393小项,形成通俗易懂的解答口径。

5. 强化解难纾困"新力度"

一方面,加强督办考核力度,坚持"每月一考评、每月一通报",以评促改、以评促进,充分发挥《督查快报》《便民专线服务舆情》《农民工欠薪专报》作用,推动重点难点问题解决;另一方面,推动线上线下融合,与"办不成事"反映窗口协同互补,窗口受理后直接通过12345热线派转

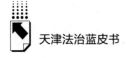

相关部门办理，形成"专人受理、分析原因、限时办结、督促落实"办理链条。

6. 拓展服务事项"新维度"

组织推动各区加大 12345 热线承办工作力度，对疫情防控、医疗救助、生活保障等紧急问题，提质提速尽快办理，确保群众反映事项办理到位；组建营商环境投诉受理专席，负责企业全生命周期问题的受理解答和协调转派工作，与相关市级部门和各区政府形成有效沟通渠道，解决营商环境工作中的难点堵点问题；设立社会服务专席，承接家庭服务类事项，为群众推荐日常生活所需的加盟企业服务；参与重大活动，承担农民工欠薪治理、疫情防控、基层减负等电话受理，疫情服务热线受理解答问题工单近 200 万件；与110、119 等紧急服务热线建立热线联络员与舆情处置机制，与水电等公共服务热线建立信息联动机制，与北京 12345 热线建立电话转接和业务联动，实现信息共享和异地互办。

（三）实现上下联动，当好甘于奉献的"排头兵"

1. 紧密联动各承办部门，不断加强信息互联互通、协同联动

保障信息渠道畅通，实时梳理更新政策信息，不断补充完善知识库思维导图，依托群众来电诉求分析，及时发现信息、反馈信息、发布信息，通过知识库系统及时向有关部门推送知识信息需求，形成信息联动响应新模式，快速有效解决群众困难。2021 年完成 63 条政务服务热线归并，实现 12345 热线与 8890 专线独立运行，建立了与北京 12345 热线、110 等紧急服务热线、水电等公共服务热线的联动机制，制定电话受理转接、工单派发、无理重复诉求评判、退单审核、延期申请、知识库管理、群众评价满意度测评等制度规范，实现及时启用 12345 热线到位、热线归并到位、配套制度完善到位、新系统开发到位、人员素质提升到位、厘清职责转办督办到位，服务质量和效率稳步提升。

2. 始终坚持精准靶向聚焦民忧企困，探索建立多元协同长效处置机制

依托创新重点盯办、以函督办、协调联办、通报促办"四办"方式，

进一步压紧、压实承办主体责任，探索建立多元协同长效处置机制，力求在闭环解决"急难愁盼"问题上，再亮硬招、再举新措、再聚新能、再提质效。

一是抓热点、聚焦点，统筹问题关键，重点盯办。集中力量瞄准疫情防控涉及的紧急医疗救助、集中隔离点、复产复工等群众反映集中的重点问题线索，实施"挂账盯办，限时办结、跟踪回访，实时上报"，已累计办结6800余件。二是线上转、线下督，揪住时间节点，以函督办。促进线上工单转办、线下函示提醒、电话实时跟进相融合，重点监督超时未接、超时未办等时效问题136次，打造与市有关部门、区网格中心互联互通、实时互动的督办工作体系，提升处置效率。三是集群策、聚群力，助推多方配合，协调联办。以"解决一大类问题"为出发点，以"破壁垒、聚新能"为着力点，以"难事办好、群众满意"为落脚点，通过"我为群众办实事"承办工作协调会，助推多部门对道路桥梁路面破损、路灯不亮等30类75个疑难问题打出协同治理"组合拳"。四是亮清单、抓整改，突出考核问责，通报促办。对居家隔离管理、排查管控不到位、聚集性活动等4类千余件问题逐件回访核实，对群众反馈未解决问题形成报告，在一定范围内通报督办情况，推动落实解决。

3. 多渠道受理，助力营商环境更加有力

营商环境投诉受理专席（企业家服务专席）电话受理企业诉求7.11万件，网上办事大厅客服受理诉求20.33万件，受理中国政府网、国家政务服务平台网民留言1491件。推进政务服务"好差评"差评转办。同时，按照天津市政务服务"好差评"工作部署，12345热线设置政务服务"好差评"业务办理工作小组，依托国家政务服务"好差评"系统，实时推动政务服务"好差评"差评转办各业务部门，全年处置"政务一网通"平台好差评回访、二维码差评工单4.74万件。

4. 加强队伍建设，员工素质明显提高

一是加强干部队伍建设。制定《"以干带训"培训方案》《干部接话方案》，提升干部管理能力和业务技能；通过撰写宣传稿件、座谈交流发言

等，提高干部写作和表达能力，2 名同志在市政务服务办开展的"喜迎建党百年奋进复兴征程"主题演讲活动中取得好成绩。二是加强合同制员工管理。组织开展岗位竞聘，选拔组长 4 人、班长 2 人，选拔营商环境组组员 11 人；加强员工管理，修订《天津市便民专线服务中心员工管理制度》；推动员工学习交流，推荐 2 人前往市关工委、6 人前往市政务服务办机关学习交流。同时，利用问卷调查、线下沟通等形式，掌握员工心理状态和调节员工情绪，组织减压活动、心理调适共 45 场，4516 人次参与。

（四）大数据辅助决策，做好汇集民智"贴心人"

市政务服务办建立《天津 12345 政务服务便民热线知识库管理制度》，完善多方校核、查漏纠错的知识库系统功能，统一知识库信息模板和提交审核规范，制定培训手册、录制系统操作视频，对承办部门进行培训，指导各承办部门做好知识库信息更新维护。通过大数据辅助决策，在汇集民智和助力社会治理方面积累了不少经验。

1. 实施新系统建设，智能化水平显著提升

一是着力推进与市建行合作开发新系统。通过系统开发、测试、培训、数据初始化、数据迁移、开通政务外网以及 12345 热线切换、8890 专线分离等工作，构建了多级工单流转体系，扩充智能查重和催撤补功能，实现工单全流程跟踪，满足国产化适配。二是提高数据辅助决策能力。编发《便民服务专线舆情》等 3 类专报 51 期，向市委督查室、市文明办、市基层减负办公室、市卫健委、市城管委等部门提供数据统计分析报告 230 余篇。

2. 为提升城市治理水平提供方向

广泛倾听民声、汇聚民意，向市委深改办、市委督查室、市委办公厅信息处报送关于新能源汽车充电桩安装、广场舞扰民、古树名木保护分析、停车收费不规范等分析报告，促进城市精细化治理。定期梳理违反《天津市文明行为促进条例》的相关工单，定期梳理"不文明投诉"相关问题，报送市精神文明委、市人大，为其开展文明行为促进条例执法检查

提供问题线索，使其执法检查更突出问题导向性，助力天津文明城市创办。

3.为政府科学决策提供参考依据

定期向市卫健委、市规划局、市环保局等委局提供行业相关数据，为解决看病"三难"问题、城市交通规划、下一步民心工程等提供支持，为部门研判分析、加强履职、事中事后监管、解决普遍诉求提供数据支撑。报送《疫情舆情监测日报》《12345热线疫情专报》等，充分发挥民意直通车热线作用，分类梳理、深度挖掘各类急、难、要问题，为政府调整相关政策措施提供参考，进而提高群众诉求处置效率。

4.助推全面从严治党向纵深发展

12345热线在重要节假日及关键时刻，提供违反中央八项规定投诉举报情况，辅助市纪委做好节假日期间正风肃纪工作，为天津市加强作风建设，整顿"四风"提供线索，拉紧干部"守纪弦""监督弦"。

三 未来展望与建议

市政务服务办坚持党建引领，以打造便捷、高效、规范、智慧的政务服务"总客服"为目标，做细做精话务质量、做强做大政务服务、做新做优系统功能、做实做深问题督办，推进12345热线服务优化，使政务服务便民热线接得更快、分得更准、办得更实。同时12345热线在实践中还存在一些需要进一步解决的问题，具体表现为数据统计分析、智能语音质检、智能排班、人力资源管理等功能有待逐步完善，热线服务流程还存在一定缺陷，应对特殊时期、大型事件的话务预案存在欠缺，不能迅速响应。话务质量检测不全面，抽检率低，存在风险解决滞后问题。人工回访未全面覆盖，不能满足群众需求。承办单位存在虚假办结、回复结果不规范，重复来电多、群众意见大等问题。热线服务质量还有待进一步提升。天津市12345热线始终坚持用心用情受理群众企业诉求，不断改进，力图在"通民意、汇民智、安民心、解民忧"方面发挥重要作用。

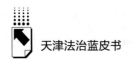

（一）进一步完善功能，优化工作流程

加强自助下单、智能文本客服、智能语音等智能化应用，方便企业和群众反映诉求建议。加强与政务服务平台、政府网站知识库互联共享和同步更新，推动热线知识库向基层工作人员和社会开放，拓展自助查询服务。

成立政务服务专席，统筹负责一体化政务服务"好差评"邀评、天津网上办事大厅企业群众咨询投诉和建议、国务院"互联网+督查"平台和国家政务服务平台留言处置、"天津政务一网通权利运行与监管绩效系统"国家"好差评"板块差评处置等工作。

根据国家法治督察整改要求，完善工单审核归档、办结回复、督办回访等环节机制流程，扩大质量监测覆盖面，强化对各流程环节的监督管控。建立话务保障应急响应机制，提升应对汛期、十一假期、供热期、重大活动、疫情等特殊节点的话务保障能力。

（二）健全接诉即办和督办检查机制

在充分利用重点盯办、以函督办、协调联办、通报促办等方式的基础上，理顺市、区、乡镇（街道）便民专线工作承办体系，发挥各区网格化平台作用，压实承办单位职责，做好解决群众问题的最后100米。加强媒体监督协调力度，深化与海河传媒合作，推出《12345在行动》栏目，引入"广播节目+网络视频"相结合方式，聚焦群众反映的重点、难点问题，加大督办力度。用好督办问责机制，加大对虚假办结、推诿扯皮等问题的通报力度，并纳入绩效考核。

（三）推进知识库场景化精准化建设

构建"场景式"知识关联。推进热线平台与"政务一网通"平台对接，扩充热线知识库信息，开展工单梳理分析，强化与承办单位的联动机制，及时采集知识信息，做到知识查找精准化、信息梳理场景化，建立高效便捷的知识库。

　　天津市坚持从企业和群众的"急难愁盼"问题入手，从最突出的问题抓起，从最现实的利益出发，把为企业群众办实事工作任务扛在肩上、抓在手上、落实到行动上，工作中坚持有速度、有力度、有温度，切实解决好企业的困难事、群众的烦心事。用心把"12345"热线打造成"民生工程"，建设让党中央放心、让人民群众满意的热线，不断提高服务广度和深度，切实筑起党和政府密切联系人民群众的"连心桥""暖心线"，在社会稳定、基层治理、化解矛盾等方面，发挥好"减压阀""缓冲器""晴雨表"作用，让人民群众更为直观、真切地体会到获得感、幸福感、安全感。通过"12345"政务服务热线，进一步畅通政府与企业和群众的互动渠道，提高政务服务水平，建设人民满意的服务型政府。

参考文献

［1］《进一步优化地方政务服务便民热线》，《人民日报》2021 年 1 月 7 日。

［2］国务院办公厅：《国务院办公厅关于推动 12345 政务便民热线与 110 报警服务台高效对接联动的意见》，《中华人民共和国国务院公报》2022 年第 16 期。

［3］詹洪陶：《各地政务服务便民热线将归并为 12345 热线打造便捷、高效、规范、智慧的政务服务"总客服"》，《民心》2021 年第 1 期。

［4］潘从武、刘琰、张亮：《"12345"就是政府的"总客服"》，《法治日报》2021 年 12 月 31 日。

B.14
从"津心办"看天津市数字化
法治政府体系建设

天津市数字化法治政府研究课题组*

摘　要： 近年来，天津市深入推进法治政府建设，依托数字化方式创新政府管理手段，提升公共服务效能。积极探索"互联网+政务服务"，建立"津心办"平台，着力推动全市一体化政务服务平台建设。"津心办"平台集成本市移动政务服务，是各地区、各部门对外提供政务服务的移动端"总窗口"，为公众提供一站式政务服务，以智能化方式提升为民服务质效。天津市将不断优化"津心办"平台，推动一体化政务服务平台移动端标准化、规范化建设和互联互通，筑牢数字化政府转型基础。同时立足本市实际和政务服务需求，依托"津心办"平台，推动规范化、精准化、智能化的数字化法治政府体系建设。

关键词：　"津心办"　政务服务　数字政府　法治政府

为深入贯彻落实党中央、国务院关于加强数字政府建设的部署要求，天津市大力推进"互联网+政务服务"，着力推动全市一体化政务服务平台建设，通过不断完善系统功能，加强全市政务服务数据汇聚，以智能化提升政务服务效能。目前，天津市以"津心办"平台为依托，推动一体化政务服

---

　*　执笔人：闫尔宝，南开大学法学院副院长、教授；李冉，天津市行政检察研究基地助理研究员，南开大学法学院行政法专业博士研究生。市委网信办、市政府办公厅提供相关资料。

务平台移动端标准化、规范化和互联互通，创新服务方式，增强服务能力，为数字化法治政府体系建设提供有力支撑。据市委网信办统计，目前"津心办"平台累计注册人数超 1750 万，访问量超 10 亿次，获各类表彰 10 余次，授权软件著作权 2 项，在疫情防控、惠企便民、网络文明建设等方面作出了突出贡献，成为天津一张亮丽的"数字名片"。

一 天津市数字化法治政府建设概况

天津市在"十三五"期间就已经开始数字化法治政府建设，在国务院指导下出台了实施方案。"十四五"期间，天津市陆续出台了各种规范标准和行动方案，形成了一整套数字化法治政府建设的制度体系。以"津心办"一体化政务服务平台为代表，数字化法治政府具备了相应的服务功能，形成了服务功能体系。

（一）天津市数字化法治政府的制度梳理

2018 年 7 月，《国务院关于加快推进全国一体化在线政务服务平台建设的指导意见》（国发〔2018〕27 号）要求，加快建设全国一体化在线政务服务平台，推动政务服务从政府供给导向向群众需求导向转变，从"线下跑"向"网上办"、"分头办"向"协同办"转变，全面推进"一网通办"……加快建设全国一体化在线政务服务平台，推进各地区各部门政务服务平台规范化、标准化、集约化建设和互联互通，形成全国政务服务"一张网"。2019 年 3 月，天津市人民政府印发的《天津市加快推进一体化在线政务服务平台建设实施方案》（津政发〔2019〕8 号）指出，加快建设全市一体化在线政务服务平台，对接融合各级各部门业务办理系统，推进政务服务平台规范化、标准化、集约化建设和互联互通，形成全市政务服务"一张网"。优化政务服务流程，精简办事环节，有效汇聚政务服务数据资源……切实提高政务服务效率和质量。

2021 年 3 月，《国民经济和社会发展第十四个五年规划和 2035 年远景

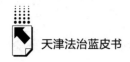
目标纲要》提出，要提高数字政府建设水平，将数字技术广泛应用于政府管理服务，推动政府治理流程再造和模式优化。2021 年 8 月，中共中央、国务院印发的《法治政府建设实施纲要（2021～2025 年）》明确提出，健全法治政府建设科技保障体系，全面建设数字法治政府。随后，为进一步加强和规范全国一体化政务服务平台移动端建设，推动更多政务服务事项网上办、掌上办，2021 年 11 月，《国务院办公厅关于印发全国一体化政务服务平台移动端建设指南的通知》（国办函〔2021〕105 号）要求，围绕加快转变政府职能、深化"放管服"改革、持续优化营商环境，加强和规范全国一体化政务服务平台移动端建设管理，全面提升移动政务服务能力和水平，最大限度利企便民。

2021 年 8 月，《天津市人民政府关于印发天津市加快数字化发展三年行动方案（2021～2023 年）的通知》（津政发〔2021〕14 号）指出，聚焦数字时代城市高质量发展，围绕数字化既深度融合产业又成为人民群众不可或缺、无所不在的生活方式，以场景牵引和数字赋能为主线，统筹谋划、协同推进数字经济、数字社会和数字政府发展，打造城市数字化发展新底座，完善新型基础设施建设、数字科技创新攻关、数据要素市场培育、数字生态营造四位一体保障体系，构建天津数字化发展新格局。

为规范一体化政务服务平台移动端建设，根据上述规定，结合天津实际，2022 年 1 月，由市政务服务办和市委网信办会同部分区和市级有关部门起草，市政府颁布的《天津市一体化政务服务平台移动端建设工作方案（2022～2023 年）》（津政办发〔2022〕9 号）提出，积极运用大数据、区块链、人工智能等技术手段，完善全市一体化政务服务平台功能，重点推动"津心办"平台标准化、规范化建设和互联互通，全面提升移动政务服务能力和水平，最大限度利企便民。该工作方案与《天津市加快推进一体化在线政务服务平台建设实施方案》等进行衔接，持续完善天津市一体化政务服务平台功能，全面提升移动政务服务能力和水平，加快政务服务数字化发展。

2022 年 6 月，《国务院关于加强数字政府建设的指导意见》（国发

〔2022〕14 号）要求，将数字技术广泛应用于政府管理服务，推进政府治理流程优化、模式创新和履职能力提升，构建数字化、智能化的政府运行新形态，充分发挥数字政府建设对数字经济、数字社会、数字生态的引领作用。根据上述指导意见，天津市不断推动数字化法治政府体系建设，进一步优化"津心办"平台，统筹政府各部门职能，建立部门职能清单，以企业和群众需求为导向提供一站式服务，以数字法治政府促进数字经济、数字社会、数字生态规范运行，提升公共服务精细化管理和智能化水平。

（二）"津心办"平台的现有功能

1. "津心办"平台的建立

"津心办"平台是天津市移动政务服务的主要提供渠道和总入口，是全国一体化政务服务平台移动端组成部分。天津市各区、各部门借助全市一体化政务服务平台，整合各自政务服务资源，共同建设"津心办"平台。各区、各部门原则上由"津心办"平台统一对外提供移动政务服务，按照"应接尽接""应上尽上"原则，逐步整合已建成的各类政务服务平台，将相关服务应用接入"津心办"平台。质言之，"津心办"平台集成天津市移动政务服务，是各地区、各部门对外提供政务服务的移动端"总窗口"，企业、群众可以通过该平台办理各类政务服务和便民服务，形成全市一体化政务服务移动平台。

"津心办"平台作为政府部门对外提供政务服务的"总窗口"，回应群众对移动政务服务的实际需求。近年来，通过大力推进"互联网+政务服务"工作，天津市政务服务一体化、智能化水平和能力不断提升，企业和群众网上办事越来越方便快捷，服务体验也越来越优化，"网上办"已变成办事的常态。但是，在企业群众日常办事过程中，仍然存在政务服务平台移动端入口多、标准不统一等问题，在一定程度上制约了"掌上办"。为此，"津心办"平台更符合移动政务服务发展趋势，既聚焦了企业群众对移动政务服务的个性化、多元化、集成化、智慧化需求，又有利于推动各区、各部门政务服务资源整合，从而简化办事流程，优化移动政务服务供给，提升一

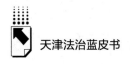

体化服务水平，推动政务服务从"掌上可办"向"掌上好办"转变。

2．"津心办"平台的功能

"津心办"平台以移动端方式为公众提供一站式政务服务，精简办事流程，提高服务质量与效率。一方面，在服务内容上，"津心办"作为天津数字社会综合应用平台，一站式提供公安、人社、教育、医疗等服务事项1700 余项，让"数据多跑路、百姓少跑腿"。其中，"津心办"推出"天津健康码"，成为市民出行的"数字通行证"。推出"津策通"2.0 版，全时呈现市政府、各区各部门等发布的政策信息及相关解读，推动政策落实。2020 年市政务服务办深化审批服务"马上办、就近办、网上办、一次办"，公布 47 项"网上办"、20 项"一次办"负面清单，清单外事项网上办理或"最多跑一次"，564 个政务服务事项"零跑动"，将出入境、车务、户籍等13 项业务纳入市政务服务中心集中办理、现场服务，让企业群众"办一类事、进一个厅"，从而提升政务服务便利化水平。

另一方面，在服务程序上，"津心办"平台致力于将职能部门负责的单个事项融合为个体视角的一件事。例如，企业开办"一件事"是将市场监管、公安和税务部门的企业设立登记、公章刻制、发票领用等事项进行集成，高校毕业生落户"一件事"是将人力社保、公安和教育部门的档案管理、户口登记等事项进行集成。2021 年市政务服务办拓展网办深度。推动"一网通办"由"可办"向"好办、易办"转变，市级行政许可事项网上审批和"零跑动"事项比例由 30% 提升到 81%，平均跑动次数由 0.77 次降到 0.21 次，即办件占比由 17% 提升到 36%，承诺时限压缩比由 75% 提升到81%，更好实现"数据多跑路，群众少跑腿"。

二 天津市数字化法治政府的实践经验

天津市相关部门把"互联网+"作为提升政务服务能力的"突破口"，整合资源提升政务服务能力，以智能化方式增强为民服务质效，有力推进天津市一体化政务服务平台"津心办"建设，促进数字化法治政府发展。

（一）整合资源提升"一站式"服务能力

1. "一网通办"汇聚服务事项

2021年，天津市"一网通办"系统全面提升。一是加强系统对接。组织推动落实全市一体化政务服务能力整改整治专项行动43项任务，推动人社、公安、民政等30个部门108个业务系统对接全市统一身份认证平台，16个区和19个市级部门开通政务服务"旗舰店"，二次登录、重复注册等问题得到有效解决。二是强化数据汇聚。依托天津市信息资源统一开放平台，加强政务数据汇聚、共享和开放。向国家平台推送入库的个人用户占全市常住人口比例由24%提升到57.6%，法人用户提升16倍，证照库中电子证照种类达到340种、数据量超过5402万条、政务服务办件量超过3163万件，分别提升2.9倍、5.3倍、7.1倍。三是完善网厅功能。实现水电气一体化报装等15个"一件事"场景应用，在天津网上办事大厅发布公积金、社保、个税、居住证办理等163项查询服务，新增982个事项的搜索热词，网上办事可以"一键查询"。

2. "城市大脑"专区提供精准民生服务

为使"城市大脑"具有牵引性、普惠性、感知性的应用场景更好地服务企业群众，"津心办"平台推出"城市大脑"专区。专区主要包括惠民直达、惠企直达、社会治理等板块。其中，"惠民直达"板块提供社保服务、公积金服务及便民缴费等百姓日常用到的服务事项，切实打通服务群众的难点、堵点问题。"惠企直达"板块可让企业享受到企业服务、税务服务以及金融服务。"社会治理"板块提供以"随手拍""来津报备"为代表的社会治理服务，联通天津数字社会综合应用平台"津心办"与全市一体化社会治理信息化平台"津治通"，实现民生服务"一张网"和城市治理"一张网"在"指尖"合一。

3. 跨省通办消除区域壁垒

"津心办"上线"跨省通办"专区，实现从"全市通办"迈向"跨省通办"。一是按照"健康码"服务、社会保障、生活服务、医疗卫生等分类

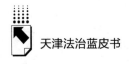
方式提供32项公共应用服务。二是实现学历公证、学位公证、机动车驾驶证公证等134项高频热门服务"跨省通办"。三是提供按主题、部门分类的"跨省通办"政务服务筛选、办理功能。

此外，2021年，市政务服务办推动京津冀政务服务合作。联合印发京津冀自贸试验区政务服务"同事同标"工作方案，153个政务服务事项实现"同事同标"。围绕市场主体登记注册、职业资格证书查验、养老保险关系转移接续等高频服务，推动134个政务服务事项"跨省通办"。上线"京津冀一网通办"服务专区，提供医疗卫生、交管出行、社会保障等便民服务80余项。以消除区域壁垒促进区域合作，进一步解决跨地区政务服务效率低、跑腿多、办事慢问题。

4. 主题专区助力政策落地

"津心办"平台结合传统节日，推出专栏。为方便群众在清明期间祭扫，推出清明祭扫专区，主要公开全市殡仪馆、全市经营性公墓以及市直属单位收费价目等信息，公开骨灰撒海、节地生态安葬办理流程及相关注意事项，为市民群众提供方便。同时提供网上祭扫、在线续期、骨灰迁移预约等网上办理事项，让"信息多跑路、百姓少跑腿"，方便群众祭扫。

"津心办"平台以智能化方式助力政策落地。为贯彻落实党中央、国务院关于巩固脱贫攻坚成果同乡村振兴有效衔接的决策部署，推进脱贫地区发展和乡村全面振兴，上线"乡村振兴"专区。汇聚农业相关的服务事项，主要包括农机购置补贴用户申请、农村信息化示范基地查询等事项；集合消费帮扶商城，与建设银行、农业银行、工商银行联合，将集公益、数字、监管、统计于一身的专业化消费帮扶服务平台提供给市民；及时发布农业及帮扶相关政策，在提供办事服务的同时，方便查询农业及帮扶相关政策。

5. 特定群体专区提供专属服务

中共中央、国务院印发的《法治政府建设实施纲要（2021~2025年）》要求，坚持传统服务与智能创新相结合，充分保障老年人的基本服务需要。2021年，市政务服务办开辟老年人特色服务专区专栏，网站无障碍、适老化服务能力明显提升。一是定制老年人界面风格，新增网页浏览字幕辅助、语音朗读等功能，让操作更便捷化，让服务更人性化。二是上线养老关爱卡包，提供"健康码"和电子社保卡等电子卡包，便于老年人出行就医。三是集合社会保障、看病就医、交通出行、生活消费、文化娱乐五大主题，提供23个养老高频服务事项，让老年人一键办理少跑腿。四是及时发布更新养老政策信息，方便老年人及时了解养老政策。

此外，为便利外籍人士使用"津心办"，开设国际专区。集合外籍人士专属服务，提供了天津健康码英文版、外籍人士核酸结果查询、国家防疫健康码英文版、外国人签证预约服务、三级医疗机构查询、出入境服务大厅查询、常用电话查询等多个服务事项；加强城市对外宣传，采用文字和视频相结合的方式，突出展现天津特色和城市文化。

6. 融合媒体提供新闻资讯

其一，率先开通新闻资讯服务，上线"瞰天津、阅津彩"专区。从时事新闻、政策解读、重大事记三个角度打通政策资讯"最后一公里"，以滚动新闻形式呈现中央、天津市内发生的重大时事信息，让市民及时获取最权威、最新的新闻资讯。其二，升级推出"津策通"2.0版，提供政策"指引"服务。全面呈现市政府、各区各部门发布的政策信息及相关解读。其三，融合"门户网站+移动端"，将"津心办"打造为市政府门户网站移动端统一入口。通过加挂标识、设置入口、同源建设等方式，将"津心办"与市政府门户网站一体化融合，整体接入市政府门户网站发布的重要信息、政策、互动等内容，提供多渠道、全面的掌上服务。

（二）数字化助力疫情防控和复工复产

1. 上线疫情防控专区，助力复工复产

在疫情防控初期，上线"防控疫情天津在行动"服务专区，推出疫情谣言粉碎机、发热门诊定点医院等民生服务应用，实时准确播报疫情防控的权威数据，提示疫情防护措施，以聚合服务方式让市民群众安全防控、健康防控。为全面落实"六稳""六保"工作，上线"企业复工复产轻松办"板块，发布复工复产、惠企政策等信息，畅通企业办事通道，推出"小微

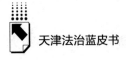

企业金融帮扶"专区，汇集各银行关于小微企业信贷功能，助力小微企业应对疫情期间融资难等问题。在疫情防控常态化后，在"惠企直达"中保留相关功能，继续服务各类企业。

2. 推出疫情防控功能，打造数字社会"新身份"

推出"天津健康码""津盾""场所码"等一体化疫情防控功能，成为市民出行的"数字通行证"；上线40余家三级医院预约挂号功能，方便市民享受更加便捷的医疗卫生服务；推出疫苗接种记录查询、核酸检测记录查询、行程核验等功能，共同构筑免疫长城；在电子卡包中新增电子社保卡，集合社保多项功能，实现跨省服务"零跑腿"。

（三）智能化提升为民服务质效

1. 以智能化方式实现一站式服务

一是制订服务清单和操作规程。2021年市政务服务办编制《天津市政务服务事项目录（2021年版）》，制订公布"网上办""一次办"负面清单和"就近办""马上办""零跑动""全市通办"事项清单。制作公布3508个标准化操作规程，实现同一事项无差别受理、同标准办理。

二是开设"津心办旗舰店"。以部门、各区、商业机构为单元提供汇聚服务。截至2022年6月，已上线公安、市场监管、税务、医保、卫健等部门旗舰店13个，西青区、武清区、滨海新区、东丽区、南开区等区级旗舰店7个，建设银行、能源集团等商业机构旗舰店2个。实现用水报装、用气报装等功能掌上办、一次办，医保卫健等功能一站式服务，同时结合定位功能，精准提供各区的服务及资讯。

三是推行智能自助服务。2020年，全市共建成智能政务自助服务区50个，实现231个事项自助办理。在全市625个银行网点智慧柜员机开通天津政务板块，提供临时身份证、个人参保明细等便民服务。2021年，全市已建成140个自助服务区，在625个银行网点智慧柜员机上开通政务服务功能，上线200余项自助办理事项。

四是积极探索"政务+金融+科技"政务服务新模式。除农行天津分行外，自 2019 年 5 月起，市政府办公厅与 5 家金融机构签署了战略合作协议，包括中国建设银行天津分行和中国工商银行天津分行，全力配合"互联网+政务服务"的整体建设，并向金融机构各分支机构拓展政务服务。中国建设银行天津分行 257 个网点已全部开通网上"政务服务"板块。中国工商银行天津分行 318 个网点的柜员机已全部开通"天津市政府"板块。

2. 借助技术提升服务质量

一是智能搜索让服务更加"易得"。升级语义及智能关联的精准搜索，智能识别"百姓体"，推荐相关应用和服务，解决因服务需求模糊、服务名称复杂导致的服务不好找问题。后台通过数据统计和分析智能推荐热门应用，同时结合"个人空间"功能，为不同用户提供更加精准、更加智能的搜索服务，切实打通服务中政府和群众之间的"最后一公里"，真正做到"搜索即服务"。

二是智能客服让服务更加"智能"。智能客服打破了传统检索式机器人服务模式，升级到自然语言理解的智能问答模式，更好地理解群众的服务需求，实现群众在网上 7×24 小时咨询，并以预置知识库、人工客服等方式互补，解决服务前期机器人学习数据缺少、服务不到位等问题，智能机器人将为群众提供更加精准的问答服务。

三是个人空间让服务更加"精准"。以用户为中心，打造个人和企业专属主页，从用户属性、行为偏好等维度挖掘用户画像，通过热门推荐、相关性推荐、个性化推荐等功能，提供个性化、便捷化、智能化服务，不断推动服务由"被动服务"向"主动服务"转变。

四是评价系统让服务更加"满意"。2020 年，上线政务服务"好差评"系统。建立"好差评"服务评价机制，在"政务一网通"平台集成办件"好差评"功能，实行各类政务服务评价数据集中管理、分类交办、快速处理，由企业和群众评判服务绩效，倒逼各级各部门不断改进工作。2021 年，制定"好差评"实施细则，建设"好差评"系统。汇聚 19 个部门 30 个系统的评价数据，主动评价率大幅提升。

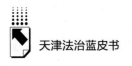

三 天津市数字化法治政府的对策展望

天津市"互联网+政务服务"体系初步形成，有力地支撑了全市数字政府建设。同时立足天津地方特点和政务服务的需求，积极依托"津心办"平台探索规范化、精准化、智能化建设数字法治政府体系。

（一）推进政务服务事项规范化、精准化，筑牢数字化政府转型基础

一方面，统一移动平台管理，推进政务服务事项规范化。市政务服务办按照事项数字化管理和智能化整合要求，建设政务服务业务中台，推动事项要素信息颗粒化、标准化；加快推进"政务一网通"平台与"津心办"平台两端融合，为前台综合受理、中台业务分流、后台数据汇聚的集成式政务服务提供智能化工具和数字化支撑；完善"一站式"政务服务大厅功能。深化"综合窗口"改革，推进"一门""一窗"式服务全覆盖，支持鼓励各区政务服务中心将专业窗口调整为综合窗口，实行"一窗受理、集成服务"；建立全市数字化政务服务工作机制，推动"一件事"场景服务多端统一发布、数据跨部门流转、全程网上办理，全面提升一体化政务服务能力。

另一方面，以服务事项清单推动政务服务精准化。其一，依托"津心办"平台，建立高频政务服务事项清单和高频民生服务事项清单，实现"清单式"管理，并动态更新。基于全市政务服务事项目录，结合全国一体化平台移动端高频政务服务事项清单，编制天津市高频政务服务事项清单。围绕教育、社会保障、民政、卫生健康、税务等群众与企业密切相关领域，纳入民生服务事项清单。其二，编制全市政务服务事项年度目录，推动天津市政务服务事项与国家事项目录"应关联尽关联"。动态调整全市"网上办""一次办"负面清单和"就近办""马上办""零跑动""全市通办"事项清单。深化完善全市政务服务事项操作规程，实现同一事项同标准受理、无差别办理，让企业群众办事"可预期、不求人"。

（二）优化政务服务智能化方式，提升数字化政府服务质效

其一，丰富"一件事"应用场景。以企业群众实际需求为导向，聚焦企业群众在开办、准营、新生儿出生、就业、婚育、退休等全生命周期高频"一件事"应用场景。各场景牵头单位要落实"一次告知、一表申请、一套材料、一窗受理、一网办理"的要求，优化业务程序。借助系统对接与数据共享，精简办事流程，并制订实用性和操作性强的工作方案，衔接"一件事"线下窗口和线上专区，推进一口出件。

其二，推广便利化政务服务应用。围绕老年人等特殊群体关切，扩容专区事项，提供个性化政务服务。围绕企业和个人全生命周期服务，提升用户空间，完善进度查询、信息订阅等专门功能，完善高频服务搜索引导功能，提升智能化服务水平。

其三，推动政务服务事项"跨省通办"。在市区两级政务服务中心设立"跨省通办"窗口，实行异地代收代办、多地联办等方式。通过对接国家"跨省通办"平台，推进更多政务服务事项"跨省通办"，提升全程网办服务水平。深化京津冀政务服务合作，推进京津冀自贸试验区政务服务事项"同事同标"。

（三）打造数字化政务服务中台技术，推动数字化政府融合发展

其一，启动业务中台建设。按照数字化管理和智能化整合的要求，依托全市统一政务服务事项库管理系统，开展数字化政务服务业务中台建设，制定政务服务办件提交、结果反馈、页面布局风格等规范，实现事项申办流程管理、智能表单编排、标准化元数据管理、服务应用接入管理等功能。重点为政务服务"一件事"、两端融合建设、线上线下服务同质提供支撑。

其二，优化智能客服和移动政务服务"好差评"功能。市政务服务办正在组织建设政务服务智能咨询引导系统，各区、各部门对各自政务服务事项的情形、申请条件等进行梳理，通过制作递进式问卷等形式进行智能导引，实现一次告知、精准告知。各区、各部门要持续推进本部门移动端应用

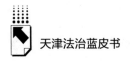
与全市统一政务服务"好差评"系统对接。

其三，优化服务运营。借鉴先进理念，推广市级"统建结合"与区级"建用结合"模式。鼓励基层围绕"一件事"服务、"关键小事"等高频场景开展探索创新。转变现有"重建设、轻运营"的思维，通过购买服务等方式开展平台运营。

（四）加强政务服务平台监管，促进数字政府法治化建设

加强对政务服务平台的监管，规范政府数据处理行为，保护个人信息。数字化政府以智能方式提升政务服务质效。然而，因政府数字化转型的技术风险等，存在侵犯商业秘密、个人信息等法治风险。在当前的数字政府建设中，政府数字化转型的价值取向局限于效率目标，对数字治理的伦理性和公平性关注较少，缺乏法治维度，存在数字专制主义的法治风险[①]。为此，在推动数字化政府建设的同时，也要具备法治意识，以法律制度规范与保障数字政府发展，保护个人信息权利。

第一，以立法规范政府对公众数据的收集、管理和使用行为。2021 年 6 月通过的《数据安全法》第 38 条规定，国家机关为履行法定职责需要收集、使用数据，应当在其履行法定职责范围内依照法定程序进行。对在履行职责中获取的个人隐私、商业秘密等数据应当依法保密，不得泄露或者非法向他人提供。第 39 条规定，国家机关应当依照相关规范，建立健全数据安全管理制度，落实数据安全保护责任，保障政务数据安全。可以看出，立法在赋予政府数据权力的同时，也规范其对数据安全的监管职责，保护个人信息安全。2021 年 8 月通过的《个人信息保护法》第 34 条规定，国家机关为履行法定职责处理个人信息，应当依照法定权限与程序，不得超出履行法定职责所必需的范围和限度。从个人信息保护视角规范政府对公众信息的管理行为，强调个人信息权利。此外，行政机关处理个人信息的行为在法律上属

于行政行为，故应当受到行政行为法意义上的合法性控制①。

第二，规范政府数据处理执法行为，保护个人信息权利。在大数据时代，政府作为信息处理者行使法定职权，个体作为信息处理相对人处于弱势地位，需要规范政府信息处理行为，平衡双方主体地位②。具体到执法领域，政府收集数据要符合必要性原则，基于公共服务目的收集个人、企业信息，不能超越自身职能范围随意收集个人信息；建立政务数据共享机制，避免多方主体要求个人提供相同数据，但部门之间数据共享是出于政务服务的职能交叉；《个人信息保护法》规定，个人作为一方主体在个人信息处理中具有个体权利，相应地，行政机关处理个人信息的行为应遵循法定程序③，如执法部门通过数字化方式收集个人信息，应当告知个人有陈述和申辩等权利。

第三，应对政府数据治理中侵犯个人信息的行为，要为个人提供司法救济途径。根据《个人信息保护法》第70条规定，对于个人信息处理者违法处理个人信息，侵害众多个人权益的，检察机关、法律规定的消费者权益保护组织和由国家网信部门确定的组织可以提起公益诉讼。该条赋予公众、社会组织和检察机关对众多个人信息受到侵犯后，提起民事公益诉讼权利。与此相应，随着数字政府发展，对于政府以数据处理方式履行公共职责而侵犯众多个人信息权利的，性质上属于政府与公众的公法关系，相关主体可以提起行政公益诉讼。当然，对于政府数据处理行为侵犯个人信息权利的，基于

---

① "行政机关处理个人信息行为具有行政性。行政机关之所以需要收集、分析、共享、运用个人数据，乃在于其需要处理信息以实现组织的功能，进而实现公共管理和服务的组织目标。"王锡锌：《行政机关处理个人信息活动的合法性分析框架》，《比较法研究》2022年第3期。

② "个人信息国家保护义务的价值基础在于，对政府或企业使用大量数据的情形，个人与信息处理者之间存在不平等关系，这需要国家转变消极的守夜人角色，运用规制方式保护弱势地位的个人，避免个人由于被工具化而丧失主体性地位。"王锡锌：《个人信息国家保护义务及展开》，《中国法学》2021年第1期。

③ "在国家机关处理敏感个人信息等情形，其依然需要取得个人同意。除前述权利外，个人还可依法行使同意或拒绝国家机关处理其个人信息的权利。"张新宝：《论个人信息权益的构造》，《中外法学》2021年第5期。

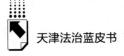
政府数据处理为其执行公共任务的行政行为，个人作为权利主体可以提起行政诉讼，保护自身合法权益。

参考文献

［1］余凌云：《数字政府的法治建构》，《社会科学文摘》2022 年第 7 期。

［2］王锡锌：《行政机关处理个人信息活动的合法性分析框架》，《比较法研究》2022 年第 3 期。

［3］庞宇、张玲：《地方政府一体化在线政务服务平台效能提升路径探究——以"京、沪、苏、浙"在线服务平台为例》，《北京行政学院学报》2022 年第 4 期。

［4］魏志荣、赵兴华：《"互联网+政务服务"创新扩散的事件史分析——以省级一体化网上政务服务平台建设为例》，《湖北社会科学》2021 年第 1 期。

［5］李晓方、王友奎、孟庆国：《政务服务智能化：典型场景、价值质询和治理回应》，《电子政务》2020 年第 2 期。

［6］汪玉凯：《智能化治理与智慧化服务：打造政务服务新模式》，《信息化建设》2017 年第 1 期。

B.15
天津市持续优化不动产登记服务的探索与实践

天津市不动产登记服务研究课题组*

摘　要： 天津市深入推进不动产登记制度创新，通过规范化管理，保障不动产交易的过程合法合规。通过延长服务时间、压缩登记时限，持续提升不动产登记服务的质量和效率。通过"互联网+"不动产登记不断推动数字化改革，推进"不动产登记一网通"和不动产登记线上业务拓展。推出了交房交地交证"三同步"改革新举措，常态化"交房即交证"，探索"交地即交证"模式。天津市不动产登记的改革经验核心是注重整体规划，创造性开展工作，开拓创新不动产登记的"天津模式"。

关键词： 不动产　登记服务　一网通　改革创新

有恒产者有恒心，无恒产者无恒心，"与民恒产"是历代治国者实现国家治理的不变信条。时至今日，"恒产"的内涵早已超出古代社会的功能认知，在社会发展中发挥多方面的作用：保护不动产权人的合法财产权、提高政府治理质量和效率、方便当事人以及减轻当事人负担、维护正常的市场秩序等。天津市政府相关部门认真贯彻落实不动产登记相关法律法规，结合天津进入推动高质量发展的战略攻坚阶段、转型升级和全面深化改革加快、推

* 执笔人：尚绪芝，法学博士，天津工业大学法学院常务副院长，教授，主要研究方向为法学理论；姜锡昆，天津工业大学法学院 2020 级硕士研究生。市政府办公厅、市规划资源局提供相关资料。

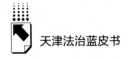

进城市治理体系和治理能力现代化转型新任务等，创造性地开展工作，持续优化不动产登记服务，采取了一系列创新举措，社会效果良好。

一 不动产登记率先改革，形成了天津特色

天津持续推进不动产登记改革，始终将其作为一项重要的民生工程，坚持将人民群众的"急难愁盼"问题放在中心位置，作为法治政府、数字政府建设的重要组成部分，采取了一系列措施：建立并完善"津心登"App，积极推进不动产登记网上办理；推动实现不动产登记同水电气热联动过户；积极为群众办实事，着力破解不动产登记历史遗留难题，持续发力，不断提升群众的法治获得感；积极探索"交房即交证""交地即交证"新模式等，取得了良好的社会效果。2020年以来，天津市不动产登记不断实现新发展、新突破，实现了不动产登记"一站式"办理、"不动产登记一网通"、有效缩短登记办结时间等多项改革目标，形成了不动产登记改革的天津特色。

一是开创网上登记办事方式。到2020年底，不动产登记"一网通"银行端服务网点达到545个，已覆盖全部行政区，"津心登"App正式上线，政企民实现良性互通，"一站式"服务，省时省心。2021年对"津心登"App进行细化完善，积极主动推进不动产登记网上办理，实现抵押登记、预告登记、首次登记、新建商品房转移登记、变更登记等近九成的登记业务无须现场当面办理。银行端起着联通作用，为线上办理各项不动产登记业务提供便利，将不动产抵押贷款与登记业务相匹配，已与51家金融机构合作，延伸服务网点721个，业务覆盖面达到90%以上。推动"津心登"App优化升级，与自然资源部"一窗受理"平台衔接，实现不动产登记跨省通办。响应国家"互联网+"发展规划，对不动产登记制度进行微调，便民利企。颁发不动产电子证照实现"互联网+不动产登记"，在各政务服务领域共享共用，纸质与电子证书具有同等法律效力。自2021年3月31日起，全市办理不动产登记全部实现证书电子化。2021年底实现了不动产抵押登记全程网上办理。

二是推动不动产登记办理不断提速。2020 年天津市登记财产耗时指数获评全国最佳，营商环境评价更是取得满分的优异成绩。压缩全市各类不动产登记办结时限，"一网通"银行端和移动端更是"立等可取"。推动不动产登记与电、水、气、热等市政公用服务联动，便利群众办理相关业务。

三是开启常态化"交房即交证""交地即交证"。为解决房证、地证分离的矛盾，天津市组成工作专班，主动对接、优化流程。目前已有 22 个项目、10434 户群众在收房当天拿到产权证。不动产登记"交地即交证"已于 2021 年 7 月 1 日在滨海新区率先落地，地证实现更好衔接。

四是全面建立不动产登记责任保险机制。为保障不动产登记制度实施，减少政府因登记失误等造成的非必要赔偿支出，天津市政府于 2021 年 4 月 29 日与中国人民财产保险股份有限公司签订保险合同，开创了以省级不动产登记机构签订不动产责任保险并覆盖全市各不动产登记经办机构的模式。保险制度的融入让企业有了"定心丸"，让人民群众更加放心安心地进行不动产登记，满意度随之提高。"天津市优化不动产登记服务方便企业和群众办事"典型经验做法，得到国务院办公厅表扬。

二 天津不动产登记服务改革发展的主要做法

（一）加强制度建设，在法治框架下深化改革

对不动产当事人权利的保护是法治建设的重要内容之一，能够发挥固根本、稳预期、利长远的作用。国家颁布的法律法规或中央的政策文件是推动天津不动产登记制度改革的基本法治框架。例如，2007 年颁布实施的《物权法》，2015 年 3 月颁布实施的《不动产登记暂行条例》（国务院令第 656 号），2016 年颁布实施的《不动产登记暂行条例实施细则》，2019 年 3 月发布的《国务院办公厅关于压缩不动产登记办理时间的通知》（国办发〔2019〕8 号），2021 年发布的《关于加快解决不动产登记若干历史遗留问题的通知》。特别是 2021 年颁布实施的《民法典》，为天津市不动产登记进

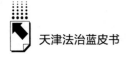

一步深化改革提供了指引。

天津市从制定修改相关法规入手，加强不动产登记制度建设。2018 年修订了《天津市矿产资源管理条例》《天津市土地管理条例》；2021 年修订了《天津市土地管理条例》《天津市不动产登记条例》。为进一步落实好国办发〔2019〕8 号文要求，天津市规划和自然资源局在 2021 年发布了津规资登记发〔2021〕57 号文，提前实现国务院文件提出的 5 日办结登记要求。

加强不动产登记规范化管理，保障不动产交易的过程合法合规，维护市场秩序。2021 年 6 月发布的《天津市自然资源保护和利用"十四五"规划》明确提出，"健全自然资源确权登记信息管理基础平台，构建信息共享机制，提升公共服务能力和水平""坚持确权登记法治化，制定本市自然资源统一确权登记工作方案"。通过明确权属，减少不必要的争议纠纷；规范登记程序和流程，提高效率，细化职责权利，更好地履职尽责；简化登记步骤，提升人民群众的获得感和体验感，助力完善现代产权制度。

（二）提高登记效率，优化服务居民、服务企业的各项举措

不动产登记工作涉及群众切身利益，是一项实实在在的民生工程。天津市规划和自然资源局制定下发了《天津市不动产登记领域开展"我为群众办实事"实践活动工作方案》，进一步明确了在不动产登记领域扎实为群众办实事的工作任务与工作举措。

一是延长服务时间，缩短办证时间，解决遗留问题。自 2019 年 7 月 20 日起，不动产登记部门中午不再午休、周六照常办公，化解了原窗口服务时间与工薪一族实际需求存在错位的问题。同时，优化办证流程，将个人办证时间从 30 个工作日缩短至 5 个工作日，与银行开展合作，扩展不动产登记网点 497 个，让百姓和企业办事更便捷。对于历史遗留问题往往存在资料不齐全等情况，天津市政府坚持"以稳定大局为重，以群众利益为上"，坚持"尊重历史、面对现实、实事求是"原则，扎扎实实为群众解难题、办实事。2021 年以来，为历史遗留问题项目的 6 万余户群众解决了产权证问题，缓解了民忧，温暖了民心，人民群众财产权益得到有力

保障。

二是打造"20分钟不动产登记服务圈"。为进一步优化政务服务环境，提升天津市不动产登记服务效能，为广大群众和企业提供更加优质、高效的服务，2021年10月8日起，天津市区不动产登记新服务大厅正式启用。新服务大厅共设置111个窗口。由此，市区不动产登记服务开启"1+14+3"通办模式，即1个新服务大厅、14个借助建行营业网点设立的便民服务网点和3个中介服务网点同步开放。该通办模式成功打造出"20分钟便民服务圈"，存在了半个多世纪的市内六区分别办理各自行政辖区内不动产登记业务的传统模式退出历史舞台。缩短不动产登记时间，是人民群众的迫切需要，也是彰显政府治理效能的重要指标之一。市规划和自然资源局推出便民新举措"周六服务不打烊"，于2019年7月开始在下属单位市不动产登记局中心城区分局开通周六不动产登记窗口服务，有效提升了便民服务效能。

三是压缩登记时限，实现"0、3、5"个工作日办结。目前已实现不动产查封登记、异议登记、符合登记要求的工业或仓储用地的转移登记即时办理；抵押登记（包括通过"不动产登记一网通"银行端申请的）以及企业办理转移登记时限减至3个工作日；一般登记包括不动产首次登记、变更登记、转移登记、更正登记、地役权、不动产预告登记、注销登记等时限减至5个工作日，提前超额完成《国务院办公厅关于压缩不动产登记办理时间的通知》（国办发〔2019〕8号）规定的压缩不动产登记办理时限的要求。

（三）通过"互联网+"不断推动不动产登记数字化改革

一是积极推进"不动产登记一网通"改革创新工作。与建设银行、市公积金管理中心、津房担保等31家单位签订合作框架协议，全市延伸服务网点达到417个，在全国首次开启"全城一网通，不见面审批，一趟不用跑"模式。二是积极推进不动产登记线上业务拓展工作。在已推出的现房抵押权首次登记、抵押权注销登记、解除在建工程房屋打印合同限制等不动产登记业务基础上，新增了新建商品房抵押权预告登记业务（期房抵押登记）。三是不断精简登记申请材料，在"不动产登记一网通"线上业务中启用"主债权合同及抵押合同表"，采集了主债权合同、抵押合同中登记所需各项要素，申请人将不再上传主债权合同、抵押合同，减少了银行端人员工作量，登记人员只需对合同表进行审核，避免了因各金融机构合同版本不同带来的大量审核工作，站在方便申请人角度改进工作，有效提高了效率。此外，对于金融机构的营业执照、金融许可证等材料，采取集中统一备案制度，避免了申请登记时反复提交。四是首创不动产登记缴税工作无人值守智能模式。与市住建委、市税务局等部门积极推动"网上办、零跑腿"服务，全面实现不动产登记系统、交易系统与纳税系统的实时共享、互联互通，全面统一登记、交易、缴税工作的流程和标准，涉及的契税、增值税、个人所得税、印花税以及不动产登记费、土地出让金等各种税、费、金全部由系统自动操作。在办理不动产登记手续时，缴税工作后台式办理、自动式审批、一网式通办、清单式告知、一键式缴纳。

（四）常态化"交房即交证"，探索"交地即交证"

2021年天津推出了交房交地交证"三同步"的改革新举措。在首批项目实现"交房即交证"的基础上，成立工作专班，结合有意向参加"交房即交证"活动项目的具体情况，按项目制订工作方案，加强部门协同合作，优化业务流程，主动服务，提前介入，积极引导符合条件的商品房开发项目，常态化开展"交房即交证"活动。

以滨海新区为试点，充分发挥滨海新区改革先行先试的优势，强化政府与企业、政府部门之间的合作，探索地籍调查服务工程建设项目全生命周期管理工作机制，实行"一码管地"，探索实施"交地即交证"新模式，实现交地与交证的高效衔接，为企业节约了大量时间和资金成本，促进项目早开工早建设，让更多群众尽早入住新居。该举措一经推出，就得到了企业的积极响应，在企业的配合下，截至2021年11月，有10个项目、2000余户群众在收房当天拿到产权证，为人民群众办理与房产有关的系列事项提供了便利。

三　天津不动产登记服务改革发展的基本经验

天津市持续推进不动产登记改革，积极解决历史遗留的不动产"登记难"等一系列问题，基本经验总结如下。

（一）创造性开展工作，解决历史遗留难题

根据国家上位法规定，天津市在较短时间内制定了《天津市不动产登记条例》，并根据实际情况和问题导向，采取有效举措，推动不动产登记进一步向纵深发展。针对历史遗留的房屋产权证问题，天津市对项目逐个分析研究，分类施策制订解决方案，担当负责、创新举措，最大限度缩短产权证办理时间。

一是对不涉及房屋价格的实物还迁安置房项目，不再办理销售许可证，依据还迁安置协议等权源文件办理转移登记。二是对实物还迁安置房项目的维修资金，因不涉及房屋销售价格，改按房屋建筑面积核定，并下放到区里归集和管理，不再作为办理不动产登记的前置条件。三是对还迁安置房屋入住时间较长、对接拆迁项目较多、开发企业管理混乱、按现有规定办理购房资格证明困难大的，由区政府对购房人资格盖章确认后，为购房人办理产权证。四是对已入住未办理规划验收的项目，按照拆（拆除违建）、罚（行政处罚）、补（补办手续）的原则，简化办理程序。五是2006年11月1日修订的《天津市城市规划条例》实施前竣工的项目，未进行规划验收的，简化办理产权证要件，登记时不再收取"建设工程规划验收合格证"。六是对入住时间较早、未办理建设工程竣工验收手续且无法找到五方验收单位的项目，变通办理产权证要件，以消防验收及工程质量验收（或安全鉴定）替代竣工验收证明材料。七是对按规定需缴纳各种税费后才能登记，但因企业改制主体已发生变化且房屋已出售并入住多年，现企业拒不缴纳税费，购房人无法办理转移登记的房屋，本着将群众的问题与企业的问题分开处理、并行完善的原则，由登记经办机构将需缴纳税费情况函告税务部门后，办理登

记手续。八是对原产权单位灭失的，由房屋使用人提供权属来源证明材料、上级单位提供放弃权利的承诺后，按照补登政策为房屋使用人办理产权证。九是对存在在建工程抵押的项目，主动协调市金融局、天津银监局和相关银行，分类提出解决方案。十是对房屋存在拆改问题的项目，协调综合执法部门依照相关规定对合法建筑确认后，按规划审批进行首次登记，未拆改的为购房人办理产权证，有拆改的待恢复后再办理产权证。

2017~2021年，已解决近45万户历史遗留产权证问题。天津不动产登记服务领跑全国，让广大人民群众从中切实体会到"天津速度"。此项工作赢得了广大群众的好评，化解了大量信访积案，也得到了国家信访局、自然资源部等国务院部门的充分肯定，为其他省市提供经验借鉴①。

（二）注重统筹相关力量，联合多部门共同发力

不动产领域的问题解决往往需要多个部门的支持和配合。为不断提升不动产登记率，切实解决人民群众在不动产登记过程中遇到的各种难题，市、区两级规划资源部门牵头，发展改革、住建、消防等多个部门，合力破解历史遗留的不动产登记问题，为不动产登记制度精简步骤，让人民群众安心，提高群众体验感获得感。为进一步方便群众，推动不动产登记与电、水、气、热等市政公用服务联动，2020年实现全市域供电联动过户，2021年5月又实现房屋过户与水、电、气、热配套设施联动变更，让群众"零跑腿"。

（三）整体规划、系统推进，同时注意解决个性化问题

在制订不动产登记历史遗留问题解决方案的过程中，通过总体布局谋划后，又对项目进行逐个分析与探讨，分门别类制订方案。针对房屋或者项目存在的不同问题提出不同方案。为更好地解决不动产登记中存在的问题，最

① 《天津市创新优化不动产登记服务让企业群众安心省心》，天津市规划和自然资源局提供资料。

大限度地简化程序，联合各部门大胆创新。在不动产登记中，各部门各负其责，担当作为；涉及银行贷款等，及时协调金融局、银监局以及相关银行。这些创新举措使不动产登记服务水平不断提升，营商环境也得到极大改善，真正做到各方满意最大化。

（四）结合数字政府建设，探索"互联网+"服务创新

不动产电子证照是落实"互联网+不动产登记"的重要内容，也是深入推进"互联网+政务服务"的具体体现。从 2021 年 3 月 31 日起，全市办理不动产登记全部实现证书电子化，极大地方便企业和群众办事创业。同时还实现了不动产登记跨省通办。在此基础上进一步实施"津心登"App服务功能升级改造，接入自然资源部"一窗受理"服务平台，为群众提供异地网上申请、查询服务，实现不动产登记业务"跨省通办"。天津依托互联网优势，推进了不动产登记再提速。2021 年 4 月 1 日起，全市各类不动产登记办结时限压缩至"0、1、3"个工作日，"一网通"银行端和移动端 App 登记业务 45 分钟或更短时间内办结，实现"立等可取"。天津市财产登记耗时指数在 2020 年全国营商环境评价中获得满分，成为全国最佳表现。

四　下一步继续改进的若干建议

虽然天津市不动产登记取得一定成绩，但目前天津市不动产登记实践中还存在一定欠缺。不动产登记相关法律知识宣传有待加强。机构改革后，各个部门机构在专业融合、职能划分上都需要时间融合，有关制度、政策和措施的研究不够充分，出现工作重复、任务繁重等现象，进而使得工作效率出现问题。相关配套制度还有待完善。部分事项之间存在职能交叉、职责边界不清等问题，监督工作的规范性还有待提高。基于以上问题，对进一步推进、完善不动产登记制度提出如下建议。

（一）加强组织领导和培训，规范执法行为

深入学习宣传习近平法治思想，要把习近平法治思想贯彻落实到规划资源管理各方面，特别是不动产登记管理上。切实加强党对不动产登记工作的领导。需要进一步加强党对规划和自然资源工作的全面领导，将推动党建工作与自然资源业务管理工作同安排、同部署，实现有机且深度融合。在推进党建的过程中，特别要注意发挥"关键少数"的"领头雁"作用，也要注重发挥基层党组织的"战斗堡垒"作用。还要注意加强党政领导干部、公务员队伍培训，包括政治培训和业务培训，也要创新培训机制，提升培训效果，目标在于提升广大自然资源部门干部的政治素养和业务能力，为进一步推进自然资源管理和利用工作提供可靠的人员保障。加大规范执法力度，严格落实行政执法"三项制度"。对于不动产登记过程中出现的违法违规行为，要及时发现，尽早遏制，在执法过程中真正做到"以人民为中心"，文明执法，最大限度维护各方的合法权益。

（二）注重协同合作，完善健全体制机制

协同合作是现代社会发展的重要合作模式。天津市地理位置优越，与京、冀两地相邻，要紧紧把握住良好的区位优势，在京津冀一体化中贡献天津力量。与此同时，各政府机构部门也应加强合作，在不动产登记制度管理上，不断完善不动产登记系统，加强与市政务服务办、相关区政府沟通，积极推动不动产登记事务中心入驻区行政许可中心。继续坚持不动产登记保险制度。进一步完善数据库标准和规范系统、业务流程及相关功能，推动局内局外数据资源共享。不动产登记业务入驻各区政务服务中心全覆盖。不动产登记结果电子证照的共享范围仍需进一步探索、不动产登记的跨省通办还需加快改革步伐，进一步简化优化办事流程，持续优化营商环境。

（三）持续推进技术创新，不断优化登记平台

继续建设"不动产登记一网通"工程，加快天津市"不动产登记一网

通"改革步伐，推进构建基于信息共享集成的"互联网+不动产登记服务"体系升级改造，使不动产登记系统对接本市政务服务平台，完善扩展部门间信息共享，大力打造不动产登记网上"一窗办事"平台"津心登"，实现不动产登记"不见面"办理，加快推进电子支付、电子签名、电子印章、电子证照、电子档案等技术应用，推动不动产登记全程电子化，消除不动产登记纸质资料的存档①。

不动产登记制度一方面连着人民群众的所想所盼、人民群众幸福感和获得感的增强，另一方面承载着法治政府、数字政府的建设任务。天津不动产登记制度在取得突出成绩的同时，也应清醒地看到制度运行过程中存在的一些问题，还有进一步深化、提升的空间，有些制度刚刚起步，如登记保险制度、不动产登记业务进驻政务服务中心、不动产登记数字化等，这些都需要筑牢以人民为中心理念，以"钉钉子"的精神持续推动才能取得更好的效果。

参考文献

［1］崔建远：《中国民法典所设不动产物权登记之我见》，《法学杂志》2020 年第 41 期。

［2］王荣珍：《我国不动产登记机构赔偿责任的司法困境与立法反思》，《政法论坛》2019 年第 37 期。

［3］王亦白：《不动产登记审查的模式选择和标准确立》，《中国土地科学》2018 年第 11 期。

［4］程啸：《财产权保护与不动产权利的登记》，《浙江社会科学》2020 年第 6 期。

［5］李文婧：《历史遗留项目不动产登记的实证方案与规范选择》，《中国土地科学》2021 年第 35 期。

［6］王志青：《天津市不动产登记与互联网结合的调研与应用》，《不动产登记》2017 年第 3 期。

［7］李艳：《新常态下不动产统一登记档案管理的思考》，《浙江国土资源》2016 年

---

① 《天津市自然资源保护和利用"十四五"规划》。

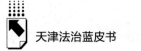

第 4 期。

［8］ 韦勤鸿、黄世鹄、农静绮：《不动产登记档案信息化建设中存在的问题与对策研究》，《中国管理信息化》2018 年第 21 期。

［9］ 张彦东：《不动产登记相关问题探讨》，《黑龙江科学》2017 年第 24 期。

［10］ 程啸：《不动产登记法研究》，法律出版社，2011。

［11］ 向明：《不动产登记制度研究》，华中师范大学出版社，2011。

B.16
天津市应急管理法治化体系建设

天津市应急管理法治化研究课题组*

摘　要： 近年来，天津市应急管理部门深入学习贯彻习近平法治思想，加大应急普法力度。依法履行应急管理职能，健全依法决策机制，提升依法行政能力。推进应急管理行政执法改革，进行安全生产分类分级执法，落实"双随机"执法方式，创新应急管理，开展专项治理，压实安全责任，加大执法监督力度。推进政府信息公开，完善依法化解纠纷机制。加快数字化应急管理体系建设。

关键词： 应急管理　法治化　体系建设　能力提升

随着我国经济社会的高速发展，国内外环境发生深刻变化，来自各方面的风险挑战明显增多，安全生产形势也更趋严峻复杂，重点行业领域安全风险、新技术新业态带来的安全风险突出，呈现风险隐患增多、事故直接损失大、衍生影响大等特征。天津市应急管理部门深入学习贯彻习近平法治思想，在法治轨道上推进应急管理体系建设，积极推进依法决策、依法行政，以解决难点痛点问题为导向，探索应急管理创新，取得了突出成效。

一　深入学习贯彻习近平法治思想，加大应急普法力度

天津市应急管理部门认真学习习近平法治思想，牢牢把握习近平法治思

---

* 执笔人：王焱，法学博士，天津社会科学院法学研究所副所长，副研究员。市应急管理局提供相关资料。

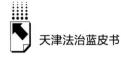

想的精髓要义，强化法治思维，筑牢理论根基，不断提高法治意识、法治能力和依法行政水平。将习近平法治思想纳入党委理论中心组学习、党支部学习和应急大讲堂内容。开展法治宣传教育，加强教育培训，加大普法力度，落实法治宣传教育第八个五年规划要求，落实"谁执法、谁普法"普法责任制。

举办依法治国维护宪法法律权威、安全监管行政执法专业知识、落实行政执法"三项制度"等专题讲座；组织收看法治督察、推进依法治国等宣传片；组织学习行政机关负责人出庭应诉工作措施规定、行政复议与应诉案件情况通报等；组织执法单位进行专题培训，系统学习《行政处罚法》《国务院关于进一步贯彻实施〈中华人民共和国行政处罚法〉的通知》，提升专业素质。抓住领导干部这个"关键少数"，组织学习《安全生产法》及释义，开展专题讲座，为全系统讲解新《安全生产法》；配合做好天津电视台应急之声新《安全生产法》宣传访谈、专题电台录音、吹风会，加大力度向社会宣传普及新《安全生产法》。组织各区、各相关部门和重点企业相关人员，开展安全生产和应急管理大培训，有力增强了紧迫意识、责任意识和担当意识。"应急管理大讲堂"共开办 12 期，深入学习应急管理法律法规和专业知识，提升干部队伍专业化水平。以"防风险、除隐患、遏事故"为主题，扎实开展"安全生产月"各项工作，先后组织开展了"安全生产公众开放日"、"安全发展论坛"、事故和灾害警示教育、"安全在我心中"演讲比赛、"应急之星"宣传、隐患整改专题行、媒体报道专题行等活动，凝聚全社会的安全发展共识，营造良好的安全生产环境。

制定应急管理行政执法过程中精准普法工作实施意见，推动在行政执法过程中开展实时普法、精准普法。制定市应急管理部门开展法治宣传教育的第八个五年规划（2021~2025 年），下发加强《民法典》学习宣传工作的通知；组织"旁听庭审"，编制安全生产行政执法指导案例，用于工作指导，加强"以案释法"普法，开展专项培训；组织开展年度应急管理系统行政执法人员专业法律知识培训考试；组织参加应急管理部等 4 部委安全生产知识竞赛，联合相关部门制定下发通知；扎实开展"安全生产月"各项工作；在"两微一端"等宣传阵地开展法治宣传活动。

二 依法履行应急管理职能，提升依法行政能力

天津市应急管理部门在推进法治政府建设进程中，从制度建设、能力建设入手，推进应急管理职能法治化，完善应急管理制度体系，健全依法决策机制，提升依法行政能力。

（一）完善制度标准，进一步推动依法行政

完成《天津市生产经营单位安全生产主体责任规定（征求意见稿）》，并依法定程序公开征求意见，召开座谈会、论证会多次修改，形成送审稿，按时上报市政府，经市政府常务会审议通过；联合市消防救援总队，完成《天津市消防条例》的报审、审议工作；在加强立法梳理分析和调研的基础上，组织征集 2022 年度立法计划建议项目，报送 2022～2023 年拟完成《天津市安全生产条例》的修订；组织完成《天津市安全生产委员会成员单位安全生产工作任务分工》。

健全依法决策机制。制定《关于做好〈重大行政决策程序暂行条例〉贯彻落实工作的通知》。重大行政决策事项必经集体讨论，主要负责人在集体讨论基础上作出决定；严格执行重大行政决策征求社会和相关专家、律师意见等制度规定，确保行政决策科学规范。在制定规范性文件过程中，公开向社会征求意见。修订《天津市突发事件总体应急预案》，制定《天津市应急管理"十四五"规划》《天津市关于全面加强危险化学品安全生产工作的实施意见》等。发挥法律顾问专业作用。坚持法律顾问参与审查，落实集体讨论决定和决策，参与行政处罚案件研究审查，参与立法、重大行政决策、规范性文件的制定及合同审核法律咨询等工作。

（二）落实权责清单动态管理，完善责任体系

加大行政机关内设机构、职责和人员的优化整合力度，规范权责清单。加强动态调整和考核评估，推动权责清单同政务服务事项有机衔接。组织规范性文件清理，依法废止 4 件；组织开展加强应急管理、优化法治化营商环境建设专项行动；发布《天津市安全生产轻微违法违规行为免罚清单（试行）》，助力优化营商环境。完善应急管理综合行政执法体系，加强应急管理综合行政执法队伍建设，强化执法能力建设，注重运用法律和制度遏制不当干预行为。

深入贯彻落实《天津市党政领导干部安全生产责任制实施细则》，进一步完善安全生产责任体系。对市、区两级党委和政府领导班子成员以及市、区两级党委工作机关、政府工作部门及相关机构领导干部等的安全生产职责进行了规范。组织 16 个区和 18 个市安委会重点部门签订了 2021 年度安全生产责任书。层层压实党政负责人安全生产责任，督促指导各行业主管部门落实"三管三必须"职责；进一步推动企业主体责任落实，把安全生产工作部署压实到企业负责人，压实到车间一线、班组一线、工作岗位。全力做好暑期、汛期、节假日等重点时段和重大活动应急管理工作，加强灾害监测预警，强化各项应急准备，坚决防范遏制重特大生产安全事故发生。按照"隐患就是事故，事故就要处理"和"铁面、铁规、铁腕、铁心"的要求，持续开展事故隐患排查整治和重点行业领域专项治理，全力防范化解重大安全风险，坚决遏制重特大安全事故，维护了全市安全生产形势稳定。2021年全年生产安全死亡事故起数和人数双下降。

三　推进应急管理行政执法改革，加强执法监督

市应急管理部门紧盯事故高发领域，针对高危行业、危险作业、重大危险源等，实行分类分级执法，细化分解重点执法检查事项，采取重点检查、随机抽查、举报核查等多种形式开展"三位一体"安全生产执法检查，防

止一般化、"一刀切"、"运动式"执法。全面推行行政执法"三项制度"，进一步推进严格规范公正文明执法。

（一）推行安全生产分类分级执法

为进一步完善全市安全生产执法机制，提升执法效能，天津市应急管理部门以习近平法治思想为指导，根据《安全生产法》《优化营商环境条例》《中共中央 国务院关于推进安全生产领域改革发展的意见》《国务院关于加强和规范事中事后监管的指导意见》等规定，制定了《关于推进天津市应急管理系统安全生产执法分类分级工作的指导意见（试行）》，着力破解当前各级应急管理部门安全生产执法职责同构、重复执法和存在监管执法盲区等问题，落实安全生产领域改革和实施精准执法的要求，推动企业落实安全生产主体责任。

坚持"先分类后分级"基本原则。一是科学分类。根据企业安全生产许可、危险工艺、行业类别、重大危险源等固有因素，将其划分为"重点企业"和"一般企业"两种类别；以信用信息、生产安全事故统计数据及重大生产安全事故隐患为基础要素，将企业分为"好""中""差"三个档次，其中，信用信息按照《生产经营单位安全生产信用评价管理办法（试行）》执行。二是合理分级。根据本市企业分类情况及安全生产执法实际，合理划分市、区两级应急管理部门的执法事权。

市、区应急管理部门依托执法系统开展安全生产执法分类分级工作，对执法系统进行升级改造，将分类依据和分档要素设置于执法系统中，调整企业信息必填项，按照执法分级，各自完善企业名录库。以企业分类因素为依据，执法人员通过执法系统进行企业分类因素标注，由执法系统对企业自动分类。依照分级管理，按照"谁录入、谁维护"原则，对执法系统中现有企业的信息更新、新增企业的信息录入及企业分类因素的动态调整，由市、区应急管理局分级负责，定期维护。

按照分级分类执法机制，2021年市应急管理部门全年实际监督检查企业1102家次，实施行政处罚154件。

（二）落实"双随机"执法方式

按照《市"双随机、一公开"联席会议办公室关于梳理修订〈随机抽查事项清单〉及〈特殊行业、重点领域清单〉的函》的要求，市应急管理部门对随机抽查事项清单进行认真梳理，按时修订《天津市应急管理领域随机抽查事项清单》，报上级部门审批。对实施"双随机、一公开"监管的领域，原则上不再部署专项检查和全覆盖式排查、巡查。因检查对象数量或执法检查人员数量限制无法实施"双随机"抽查的，可以只对检查对象或执法检查人员作随机抽取。制订全市应急管理领域年度随机抽查计划，根据需要可与年度监督检查计划合并，避免多头检查和重复检查，抽查计划按要求向社会公开。根据法律法规规定和监管范围实际情况，考虑风险等级、信用水平等要素，合理确定抽查比例和频次，对检查对象采取差异化分类监管措施。对发现有普遍性问题或存在突发性风险的，可以动态调整年度抽查计划，适当提高抽查比例和频次。

市应急管理部门将"双随机"抽查功能纳入天津市应急管理执法系统，编制年度随机抽查计划，对一般检查的企业全部实施"双随机"抽查，并将"双随机"检查结果定期在门户网站公示，接受社会监督。2021年，通过"双随机"抽查企业144家次。

（三）规范执法行为，加强行刑衔接

为全面落实行政执法"三项制度"，完善配套制度，印发了《天津市应急管理局行政处罚信息公示及撤销更正办法》《天津市应急管理执法平台管理办法》《天津市应急管理局行政执法音视频记录管理制度》《天津市应急管理局安全生产行政执法案例指导制度》等四项制度，进一步规范行政执法相关工作，全面落实严格规范公正文明执法要求。

加大危险作业行为刑事责任追究力度，落实《天津市安全生产行政执法与刑事司法衔接工作实施办法》要求，市应急局组织市公安局、市高级人民法院、市人民检察院汇总2020年涉嫌安全生产犯罪案件信息和行刑衔

接数据，组织召开 2021 年度行刑衔接联席会议，讨论通过并下发《天津市 2021 年度安全生产行政执法与刑事司法衔接工作联席会会议纪要》。通过上述措施形成有效的行刑衔接工作机制，落实相关工作。

（四）开展执法案卷评查

为进一步规范全市应急管理系统安全生产行政执法行为，提高整体办案质量和水平，市应急管理部门组织开展了全市应急管理系统行政执法案卷评查工作。为保证评查公平公正，抽调市区法制审核经验丰富的业务骨干，并聘请律师组成评查小组，评查小组通过市应急管理执法系统随机抽取行政执法案卷 60 卷。评查小组统一评查尺度，严格按照评查标准逐个案卷逐项进行评查，重点对实体、程序等基本要素进行全面评查。及时召开执法案卷讲评会，对 2021 年度案卷评查情况进行全面总结，选取典型案例，对照《行政处罚法》《安全生产法》等法律法规，以案释法进行讲评，进一步从执法主体、事实、证据、程序等方面规范执法活动。

四 深入推进政府信息公开，完善依法化解纠纷机制

市应急管理部门不断适应新时代应急管理发展的新需求，进一步强化依法公开意识，积极回应人民群众对应急管理工作的关注关切。同时，不断完善依法化解纠纷机制，积极处理信访问题，妥善解决行政复议。

（一）强化政府信息主动公开，健全依申请公开制度

2021 年，官方门户网站共公开各类政府信息 3585 条，搭建并维护专题专栏 23 个。开设"领袖嘱托""重点关注""党建工作"等专题栏目，持续深入宣传习近平新时代中国特色社会主义思想，重点阐释习近平总书记以人民为中心的思想和"人民至上、生命至上"的理念情怀；设置"应急宣教"栏目，结合安全生产、应急管理、防灾减灾救灾等工作，提供便民服务信息。

市应急管理部门细化完善信息公开相关制度，增强答复内容规范性和时

效性，力求群众满意。全年共受理依申请公开信息申请 30 件，其中 1 件为线下申请，其余 29 件均为网络在线申请。申请内容主要涉及安全生产、防灾减灾、应急管理等方面，均已办结。已办结回复中，依申请予以公开 10 件，信息不存在或不属于本行政机关公开职责 4 件，需要本行政机关对现有信息进行加工、分析的 1 件，申请人无正当理由逾期不补正、行政机关不再处理其政府信息公开申请 1 件，申请人主动撤销申请 14 件，所收到的依申请公开的申请均依法依规在法定期限内予以答复。2021 年，未发生因政府信息公开办理不规范申请人申请行政复议、提起行政诉讼的情况，达到群众较满意的效果。

（二）完善矛盾纠纷依法化解机制

自 2018 年 "12350" 安全生产投诉举报专线从 "8890" 便民专线迁出，对外独立运营以来，市应急管理部门严格以 "民生无小事" 为工作宗旨，以 "为百姓服务" 为工作出发点与落脚点，通过各种渠道，广泛听取群众呼声，在依法履职、严肃查处安全生产类非法违法问题的同时，对于群众反映的涉及群众利益的民生问题，主动协调各举报办理部门，积极化解社会矛盾，维护社会稳定。截至 2021 年，共受理群众涉及安全生产类投诉举报事项 5000 余件，切实消除了一批群众关注的生产安全事故隐患，安全生产非法违法行为得到有效治理，取得了良好的社会效果。

同时，制定《市应急管理局信访事项受理办理（暂行）规定》，进一步明晰信访事项办理流程，建立信访事项转送及交办工作机制，形成党政主要领导负总责、分管领导具体抓的工作格局。工作人员耐心接待上访群众，认真受理信访事项，千方百计为群众排忧解难。

市应急管理局依法履行行政复议、应诉职责。2019~2021 年，审理行政复议案件 23 件，其中作出不予受理决定 2 件，行政复议终止 5 件，调解 4 件，撤销行政处罚决定 1 件，确认违法 1 件，维持 9 件，作出其他行政复议决定 1 件。参加行政应诉 14 件，其中原告撤诉 5 件，调解 1 件，驳回起诉上诉等 8 件，无败诉。

五　加快推进数字化应急管理体系建设

天津市委、市政府坚决贯彻落实习近平总书记重要指示批示，坚持"人民至上、生命至上"，结合"数字天津""智慧城市"的整体规划和"数字化治理"等专项行动，以信息化为引领，积极推进数字化应急管理体系建设。

（一）构建全域感知网，实现全要素常态化监测预警

按照信息汇聚、资源共享原则，应急管理平台接入消防、公安、海事、林业、水务等共计 13 万路监控视频。借助消防、公安的移动单兵、布控球等图传信号实时掌握各类火灾、事故、救援现场动态情况。接入全市重大危险源企业危化品储罐液位、压力、温度传感数据，并设定报警阈值，实现监测预警。

1. 实现安全生产监测预警常态化

通过天津市安全生产防控网接入全市 1221 家危化品生产经营企业 5190 路视频感知数据、193 家道路交通安全生产企业道路运输实时感知数据以及 121 家重大危险源企业 6115 路液位、压力、温度等感知数据，通过设定报警阈值，实现 24 小时监测预警。同时，利用天津市危险化学品安全生产风险监测预警系统，进一步优化完善危化品企业安全动态监管、风险分级管控、风险监测预警、数据监测和视频监控能力，整合重大危险源企业在线监测及事故预警数据，将一、二、三、四级重大危险源企业接入"危险化学品重大危险源在线监控及事故预警系统"，实现了对重大危险源（罐区和库区）的可燃气体浓度、有毒气体浓度、温度、压力、液位等风险预警参数的在线实时监控和视频监控，并同步将 72 家危化企业一、二、三、四级重大危险源（储罐区）监测数据、视频监控等数据实时上传应急管理部。

围绕应急业务推进市应急委各成员单位的数据共享，接入了国家应急部

235

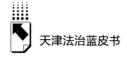
和天津市 21 个委办局 169 个数据项，填补了应急政务服务数据 1.5 亿条，实现了"应急智搜"功能，可对企业信息、危化运输车辆信息、危化品信息进行跨系统、跨主题搜索，支撑综合监测预警和协同应急指挥。建立 GIS 平台，提高地图工具辅助分析能力，GIS 平台包含约 5000 余平方千米的三维倾斜摄影数据、三维精模和三维实景数据。

2. 实现自然灾害复杂要素全监测

自然灾害预警系统建设紧密结合业务需求，通过汇聚天津市地质灾害、气象灾害、水旱灾害、森林草原火灾等风险隐患监测感知数据，形成气象灾害、森林火险、地质灾害、城市内涝、防汛抗旱、地震灾害等六个专题，建成天津市自然灾害感知融合一张图。并利用遥感监测分析实现自然灾害的动态感知和数据可视化集成，能够实时查看各监测点位预警值，清晰掌握预警分布情况，为自然灾害防治和救援工作提供了感知手段，辅助灾害风险评估、风险管控和综合分析工作。

（二）全面提升救援保障能力

建设高水平应急资源管理系统，集成市减灾委 17 个成员单位的专属库、代储库中 348 类 504 种应急储备物资。汇聚了入库装备物资代储企业 17 家、应急避难场所 2395 个、各类医疗卫生机构 182 个、27 类 402 位专家信息、28 类应急救援处置队伍信息。在国家应急管理部的统一部署下与京东等大型电商对接，实现物资出库入库扫码、现场分发扫码、高速通行码生成等功能，逐步完善社会物资保障和物流配送能力。

根据应急实战需要，基于信息化建设成果搭建起快速有效应对复杂情况的应急通信场景，实现了多条业务路径均能匹配到最优选择。主要运用数据治理平台、无线通信系统、卫星通信系统、指挥信息网会议系统及互联网会议系统。同时，将单兵、布控球、无人机、卫星便携站及车载站接入视频会议系统，具备 7×24 小时部、市、区等多层次的融合通信能力，在重大节日及突发事件处置过程中发挥通信保障等重要作用。

（三）持续开展隐患排查整治

结合大起底、大排查、大整治工作部署，利用信息化手段建立市、区、街（镇）三级监管和行业监管的企业安全基础管理系统，让监管人员手中有名录，肩上有责任。利用企业安全基础管理系统与隐患排查、在线监测、行政执法、行政许可等多个系统数据比对碰撞，从人、机、物、环、管等多个维度抽取数据，比对风险、辨识隐患，实现线上发现与线下执法的无缝对接。

制定实施《关于加强安全生产行政执法工作的意见》，采取典型案例曝光、处罚情况通报等措施，16个区消除了"零执法""零处罚"现象，安全监管执法力度不断加大。全市开展危险化学品、建筑施工、公共消防、交通运输、仓储物流等重点行业领域事故隐患排查专项行动，共检查单位23万余家次，督改事故隐患20余万项；组织全市开展为期40天的"保安全迎大庆隐患排查整治集中行动"，全市检查企事业单位13万余家次，发现隐患11余万项，隐患全部清零。

在天津市委、市政府的坚强领导下，应急管理部门紧紧围绕习近平总书记关于应急管理现代化五个能力建设的总要求，以敢为人先的担当精神，抢抓历史机遇，提升能力素质，做党和人民的"守夜人"。要胸怀大局、融入大局、服务大局，不断向永远有备无患、永远主动防范、永远从容应对的方向开拓创新、加快转型，确保突发公共事件应急能力显著增强，自然灾害防御水平明显提升，发展安全保障更加有力。以信息化手段牵动全市各方应急能力，实现应急管理体系和管理能力现代化，确保国家经济安全，保障人民生命安全，维护社会稳定和安全。

参考文献

［1］张海波、童星：《中国应急管理效能的生成机制》，《中国社会科学》2022年第4期。

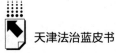

［2］ 高小平：《中国应急管理制度创新的方向、路径及其保障》，《广州大学学报》（社会科学版）2020 年第 2 期。

［3］ 高小平、刘一弘：《中国应急管理制度创新：国家治理现代化视角》，中国人民大学出版社，2020。

［4］ 王郅强、彭睿：《我国应急管理体系建设的演进逻辑：溯源与优化》，《江淮论坛》2020 年第 2 期。

改革创新

Reform and Innovation

B.17

天津市完善社会矛盾多元化解机制研究

天津市社会矛盾多元化解机制研究课题组*

摘　要： 天津市创新和发展新时代"枫桥经验"，建立市、区、街（乡镇）三级联动的社会矛盾纠纷调处化解中心，形成矛盾纠纷调处化解"一站式"平台，实现矛盾纠纷预防调处化解的"一揽子"解决和"一体化"运行。天津市社会矛盾多元化解机制突出党建引领，突出畅通群众利益诉求表达，注重源头预防工作，通过"大数据+网格化"、"全周期管理"，整合多元资源力量，着力提升矛盾纠纷预警感知和源头预防能力，提高就地化解水平。

关键词： 矛盾纠纷　调处化解中心　综合机制　基层治理

---

* 执笔人：张智宇，天津社会科学院法学研究所，助理研究员。研究方向为犯罪学、社会治安防控。市委依法治市办、市委政法委、市高级人民法院、市检察院、市司法局、市公安局提供相关资料。本文系天津市法学会 2022 年度法学研究专项委托课题"天津市推进三级中心建设　完善社会矛盾多元化解机制研究"（课题编号：TJWT2022002）研究成果。

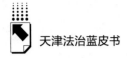
2020 年 3 月 30 日，习近平总书记在浙江省湖州市安吉县社会矛盾纠纷调处化解中心考察时强调，"基层是社会和谐稳定的基础。要完善社会矛盾纠纷多元预防调处化解综合机制，把党员、干部下访和群众上访结合起来，把群众矛盾纠纷调处化解工作规范起来，让老百姓遇到问题能有地方'找个说法'，切实把矛盾解决在萌芽状态、化解在基层"①。为进一步创新和发展新时代"枫桥经验"，立足天津之特、天津之责，切实守好天津之卫，2020 年 5 月 20 日天津市在市、16 个区、257 个街（乡镇）和功能区正式成立并运行三级社会矛盾纠纷调处化解中心（以下简称"矛调中心"），形成一套全国首创的市、区、街（乡镇）三级联动、上下贯通的调处化解中心组织体系，建立具有天津特色的社会矛盾纠纷调处化解综合机制，并在矛盾纠纷多元化解实践中发挥了切实有效的积极作用。

一 社会矛盾纠纷调处化解综合机制概况

天津市社会矛盾纠纷调处化解综合机制建设主要体现为三级中心建设、"一站式"平台建设、"一揽子"解决机制建设和"一体化"运行方式。

（一）构建社会矛盾纠纷调处化解的"一站式"平台

建立社会矛盾纠纷调处化解三级中心，让群众有说话的地方，让群众反映的问题有人管和管到底，彻底解决以往老百姓遇到问题"跑了东家找西家，跑了南城跑北城，有的见得到的管不了，有的管得了的见不到"的顽疾。在总体设计中，各级社会矛盾纠纷调处化解中心合理设置中心功能模块，设立矛盾调解、信访代办、劳动人事争议调解、信访调处、视频接访、人民调解、法律援助、诉讼服务、心理咨询等功能区块，市级中心开放 30 个接待窗口，每个窗口挂牌明示，办事群众按需对牌入座，实现了只受理不

---

① 《沿着总书记的足迹·浙江篇　践行"八八战略"打造"重要窗口"》，《人民日报》2022 年 6 月 3 日。

办理向接办一体转变、一元化解向多元化解转变、多头访多地访向跑一地进一门转变。同时矛调中心整合部门力量进驻中心联合接访，市级中心整合25个市级部门和调解、律师等70多名人员进驻；区级矛调中心平均25个区直属部门进驻；街（乡镇）、区级部门通过"吹哨报到"力量整合在街（乡镇）中心，接待群众，上手解决问题。部门进驻中心人员直接代表"一把手"接待群众解决问题，建立部门驻中心工作人员直通"一把手"、代表"一把手"现场接待和调处化解机制，复杂疑难矛盾纠纷直接推送属地、属事部门"一把手"主办。矛调中心还将领导干部下访与群众上访结合起来，全市2000多名市、区、街（乡镇）三级领导干部和部门"一把手"到中心接访下访。群众反映，领导干部不仅走到了群众身边，也走进了群众心里。

（二）强化社会矛盾纠纷调处化解的"一揽子"解决

社会矛盾纠纷调处化解中心建立"统筹联办、分级负责、一门受理、调处优先、联调联办、案例指导、挂牌督办、情况通报、责任查究"等九项工作机制。

统筹联办机制强化各级党委、政法委牵头抓总，统筹协调社会矛盾纠纷调处化解综合机制建设；各级信访部门负责中心日常运行，督导推动各类矛盾纠纷和信访事项分流转办督办；各级司法行政部门负责组织中心调解力量，做实调解对接多元化解。分级负责机制坚持市事市办、区事区办、街（乡镇）首办，严格落实属地责任、谁主管谁负责。一门受理机制坚持有访必接，对于群众信访事项，三级中心件件受理、规范登记，根据初访、重复访、越级访等不同情形，做好区分办理。

调处优先机制统筹调解力量、法律资源进中心，推动人民调解、行政调解、司法调解三调对接，采取在中心调、约调、下调、到群众身边调等方式定分止争。疑难信访联调联办机制则对疑难复杂信访问题，定期召开部门联席会议，分析研判，会商会办，合力化解，最大限度避免矛盾扩大升级。案例指导机制，分系统、分领域、分类别总结调处化解成功案例，梳理机理规

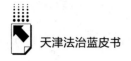

律，形成一类一案一例指引，推动同类问题有效解决。

建立挂牌督办机制，对重复访、越级访、进京非访等重点信访问题，属事属地部门挂牌督办，限期办结。建立情况通报机制，坚持日报告、周分析、月通报，中心研判汇总情况，及时向属事属地部门"一把手"通报，提示注意事项。建立责任查究机制，对不履职、不尽责、工作不到位引发突出问题的，采取"流调"的方式倒查责任，从严执纪问责。

（三）实现社会矛盾纠纷预防调处化解的"一体化"运行

建立矛盾纠纷调处化解综合机制，目的是保障矛盾纠纷不上行不外溢，把各类矛盾纠纷控制在源头、解决在基层，建立起市级统筹、区级统管、街（乡镇）统办、社区（村）统报、网格员统收的"五统"工作模式。首先强化网格员入户排查，组织全市 4.8 万名专兼职网格员开展各类矛盾纠纷滚动排查，自滚动排查机制建立至 2022 年，已排查各类矛盾纠纷 17.6 万余件，全部兜清了底数。其次强化社区村管控责任，已对全市 68 万余名失独、失业、失常、失意、低保户、低收入家庭、残疾人、受疫情损失人员，逐人登记并落实帮扶救助措施。

同时注重强化街道、乡镇就地调处化解机制。整合派出所、司法所、信访办、公共安全办、综合执法、网格中心等力量，对接 12345 政务服务热线、110 非刑事警情和网格员排查上报情况，做到域内矛盾纠纷一把抓，组织力量化解稳控。突出区级中心统筹资源力量优势，联合解决"基层管不了、办不好"的突出问题，及时解决地铁建设、城市建设、房屋拆迁、劳资纠纷、国企改革等各类纠纷。树立市级中心指挥调度权威，着力解难题清积案，对涉及由市级多个部门联合上手解决的 200 余件"骨头案"，一件一件组织攻坚，对其中涉及政策制度保障的，推动部门完善制度，创新解决办法。重视各类风险的预测预警预防，对苗头性倾向性问题，市级中心每天点对点预警，督促"一把手"上手做好工作，彻底消除集访、群体性事件的苗头和隐患。

二 经验与成效

天津市推进三级中心建设，完善社会矛盾纠纷多元化解机制，强化政治引领、制度引领，注重机制建设、源头预防，着力探索预防化解的新模式，形成了行之有效的经验做法，在实践中取得了良好效果。

（一）强化党领导社会矛盾纠纷预防化解体系的制度建设

天津市委聚焦基层社会治理的矛盾和问题，形成了"战区制、主官上"的基层社会治理工作思路。2019 年初，认真学习借鉴"街乡吹哨、部门报到"经验做法，结合天津实际，着力构建"战区制、主官上、权下放"党建引领基层治理工作格局，把全市划分为市、区、街镇、村居四级战区，各级党组织主要负责同志担任本战区的主责、首责、全责，推动资源、力量向基层一线下沉，并将"战区制、主官上"理念贯穿于社会矛盾纠纷预防化解领域。

一是强化政治引领。市委主要负责同志挂帅，明确四级主要负责同志抓安全、抓稳定、抓治理的第一责任。市委主要负责同志亲自谋划部署在全市建立社会矛盾纠纷调处化解综合机制，专程到市矛调中心调研，现场指导推动工作。市委常委会每季度同步研究分析全市矛盾风险隐患和安全稳定形势，部署推动安全稳定和风险防控重点工作。市领导以及市级部门、各区"一把手"直接到矛调中心接访解决矛盾纠纷，有效把党的领导优势转化为预防化解社会矛盾纠纷的政治优势。

二是强化制度引领。以制度建设为抓手，运用平安天津建设机制、信访联席会议机制和"大调解"工作机制，建立党委主管、政法委主抓、信访办和司法局主责的社会矛盾纠纷化解责任体系。制定出台《天津市党委和政府维护稳定工作领导责任制规定（试行）》，建立防范重大社会矛盾风险负面清单制度，落实党政同责、一岗双责、失职追责要求，形成防范化解社会矛盾风险守土有责、守土负责、守土尽责的整体合力，健全社会矛盾纠纷

调处化解中心制度体系，印发《天津市三级社会矛盾纠纷调处化解中心规范》和闭环工作流程，制定《运用"四方"调处方式化解矛盾纠纷的意见》等配套文件，实现对矛盾纠纷化解的全流程管理。深化"N+调解"机制，同时出台《天津市行政调解规定》，规范全市范围内行政调解程序、规则和组织架构等。具体实践中强化目标引领，以推动国家治理体系和治理能力现代化在基层落实落地为目标，围绕落实政治安全、经济安全、公共安全、社会安全、网络安全、意识形态领域风险防控，确定49项主要任务，细化88项具体任务，列出负面清单，制订可量化、可评价的阶段性目标，明确责任主体，实现项目化推进，并把落实情况纳入各级领导责任目标、绩效管理考核。

（二）畅通群众利益诉求表达的社会矛盾纠纷调处化解综合机制建设

天津市在全国率先建立市、区、街（乡镇）三级社会矛盾纠纷调处化解中心，不断优化"一扇门进出、一站式管理、一条龙服务、一揽子解决"工作模式，打造"一站式"社会矛盾纠纷调处化解共同体。一体平台建设本着不另起炉灶、不增设机构、不增加编制，市、区两级依托信访办、街（乡镇）依托综治中心，建立"授办一体、即接即办"工作模式。整合市级部门和调解、律师等人员进驻市级中心，区直部门进驻各区中心，联调联动，一体运行，设立矛盾调解、信访代办、人民调解、法律援助、诉讼服务、心理咨询等功能区块，形成相互补位、相互监督、相互促进的矛盾纠纷多元化解平台。

不断探索建设新领域、新行业、新需求的行业性、专业性调解组织。天津市目前已建立物业、金融等新领域新行业的行业性专业性人民调解委员会53个，建立市、区两级访调委17个，设立了36个诉前调解组织，规范组建10个"检调对接"调解组织，人民调解组织达到6100余个，专业性、行业性调解组织达到620余个。坚持日报告、周分析、月通报机制，市级社会矛盾纠纷调处化解中心每月通报各区各部门"一把手"交办办结、进京越级访和到市重复访情况。强化"市事市办、区事区办、街（乡镇）首办"

责任，建立街（乡镇）中心首办制度，健全重大矛盾纠纷提级办理制度，构建下级办理不了的及时上报、逐级解决的协调通道，整合各级部门资源和社会力量汇集到各级矛调中心，共同上手解决问题。

建设社会矛盾纠纷调处化解对接机制。领导干部下访与群众上访，为让群众"少跑路"，全市 2000 余名各级各部门"一把手"主动到三级社会矛盾纠纷调处化解中心接访，主动到基层下访，主动与群众约访，推动了各级党委、政府关怀走进群众心里。各级社会矛盾纠纷调处化解中心坚持有访必接，根据初访、重复访、越级访等不同情形，做好梳理分类、自办交办，规范群众答复时限，确保有访必接，有接必果。全市三级社会矛盾纠纷调处化解中心运行以来，中心的指挥调度功能充分释放，接待群众、服务咨询、调处化解、吸附稳控、预警预防、督查督办的作用得到有效发挥，实现群众初访化解不出区、街（乡镇），群众到信访接待场所集体访不断下降，矛盾纠纷化解率位于全国前列。

（三）建设以源头预防为重心的社会矛盾纠纷预防新模式

以源头防范为工作重心，坚持发现在早、处置在小，从排查、预防、疏解三方面入手，形成化解矛盾纠纷防控风险的整体合力。天津市全市范围内自下而上，从基层到部门逐级建立排查预警机制。持续开展矛盾纠纷排查行动，全市 4.8 万名专兼职网格员开展矛盾纠纷滚动排查、就地化解，会同民警、人民调解员等力量进农村、进社区、进家庭、进学校、进医院、进单位、进企业，确保排查不漏一栋、不漏一门、不漏一户、不漏一人，2021年天津市全市排查调处各类纠纷 20 余万件，调处成功率 97%。

建立天津市社会治理研究中心，聚焦防范化解社会治理领域重大风险，加强战略性预警、综合性分析、前瞻性研究，专门研究成果的对策建议得到市委决策认可实施，成为防范化解社会矛盾风险、打赢战略主动仗的有效举措。全市范围内形成重点人群服务管理机制。紧密融合智慧天津一体建设、一体运行，实时对接 110 警情、数字城管、救灾应急、民生服务等信息平台，建立重点领域、重点群体及高危人员线索分析研判系统，实现对高危人

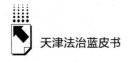

群的预测预警预防。市级部门和 16 个区完成 68 万余名"四失""五类"人员逐人建档，通过落实登记、帮扶、救助措施，加强服务管理，从源头上有效防止矛盾风险发生。

完善社会稳定风险评估机制。把预防社会矛盾纠纷贯穿于重大决策、行政执法、司法诉讼全过程，制定出台《天津市重大决策社会稳定风险评估实施办法》等一系列制度文件，成立了天津市重大建设项目社会稳定评估中心，确保凡是涉及群众切身利益的重大决策都有风险评估，从源头上减少了社会矛盾纠纷产生。2021 年全年完成风险评估项目 985 个，全市 315 场大型活动顺利举行，在全国首届重大决策社会稳定风险评估与治理优秀案例评选中天津市 5 个集体 9 个项目获奖。

完善社会心理服务机制。开展社会矛盾纠纷调处化解机制在"你"身边和社会心理健康服务专项行动，健全完善面向社区居民、在校学生、单位职工等不同群体的心理健康服务体系，针对性加强帮扶求助、心理疏导、法律援助，最大限度消解社会不和谐因素。天津市各高等院校和中小学按标准配备心理咨询教师，165 家基层医疗机构开设精神科特色诊疗服务，为符合条件的严重精神障碍患者免费发药，开通市、区两级心理援助热线，建立街（乡镇）心灵驿站 242 家、社区（村）心理咨询室 4733 家，推动专业力量下沉，就地就近提供心理咨询、化解矛盾。2021 年，全市范围内全年提供心理健康服务 4 万余次，命案持续下降，未发生有影响的个人极端案（事）件，市域化解矛盾纠纷能力水平明显提升，人民群众安全感满意度保持在 98% 以上。

（四）建设以维护群众切身利益为导向的问题解决新路径

维护群众利益不受损失、不受侵害，站在群众的立场上思考问题，强化"不怕老百姓占便宜"价值取向，通过群众利益最大化目标导向，化解深层次的社会矛盾纠纷。推进解决民生难题，增强老百姓认同心理。天津市每年完善 20 项民心工程机制，每年解决一批群众关注的民生难题。近年来，已完成中心城区 147 万平方米棚户区"三年清零"行动，打通断头路 1200 多条，整治背街小巷 800 多条，治理散乱污企业 2.2 万家，整治问题大棚房

4965 个,村居人居环境整治 21 万余处,帮扶困难村 1000 个,整治治安重点地区 800 余处,整体提升全市社会环境、城市居民生活质量。对历史遗留管理难题,积极推动解决,全市 546 块"飞地"集中开展属地化治理,让"飞地"落地。推进 150 余万名国企职工全部转入社区管理。破解了红桥区西于庄棚户区拆迁、郭家菜园渔村 130 年的危房拆迁等一批城市治理难题。对信访难题不回避不推诿,重点解决主动解决。2017 年以来,每年从信访问题中梳理出一批"骨头案""钉子案",落实"三到位一处理",一件一件盯住化解,解决信访问题 17 万余件,4600 件信访积案实现清仓见底,妥善解决了 34 万户居民房产证遗留问题。积极推进扫黑除恶专项斗争。开展"套路贷"、农村、土地建设、环境资源等领域四大攻坚战,打击非法传销、电信诈骗、涉众经济犯罪,近年依法查处了以权健集团为代表的一批涉嫌传销等非法活动,打掉传销组织数百个。

(五)建设牢靠坚实基层治理体系的社会治理新格局

积极持续加强基层党组织和基层政权建设。全面推行"一肩挑",在 2018 年社区(村)组织换届过程中,全面推行社区(村)党组织书记通过法定程序兼任居(村)委会主任,并严把人选政治关、能力关、作风关、廉政关,全市 3538 个行政村、1667 个社区 100% 完成党组织和居(村)委会换届,100% 实现社区(村)党组织书记、居(村)委会主任"一肩挑",两委班子中党员比例平均达到 70%。健全基层治理网格化服务管理体系,实施"人员全配备、入户全覆盖、信息全采集、民情全掌握、问题全上报、微信全建立、力量全整合、奖惩全兑现、责任全压实"的网格化管理"九全"机制,全市划定 2.2 万个全科网格,配备 4.8 万名专兼职网格员,每日收集社情民意、发现问题隐患,打造基层治理"一张网"。为区、街道(乡镇)两级网格化管理中心落实人员编制、办公场地,依托"津治通"平台,实现市、区、街道(乡镇)、社区(村)和网格员五级贯通,群众诉求全程闭环处置。

积极推动平安志愿者队伍建设,认真落实习近平总书记视察天津提出的

"更好发挥志愿服务在社会治理中的积极作用"要求,组织开展"平安有我、与你同行"行动,按照不低于实有人口数量6%的比例,建立四级平安志愿服务组织体系,健全实名制、队建制、奖励激励、平战结合等机制,形成"河西大姐""南开红哨""北辰百姓"等一批平安志愿服务品牌。天津市全市范围内基层治理的一系列新举措,切实实现了社会矛盾纠纷调处化解在基层,矛盾纠纷苗头消灭在基层,诱发矛盾纠纷不稳定因素消除在基层。

三 下一步工作方向

接下来天津市将着力改进和完善社会矛盾纠纷多元化解机制,以"大数据+网格化"等方法提升预警能力,提高源头预防能力,整合多元资源力量,加强基层治理,完善体系建设,将社会矛盾纠纷多元化解工作提升到一个新水平。

(一)以"大数据+网格化"提升矛盾纠纷预警感知能力

大数据代表先进科学技术水平,网格化代表先进社会治理措施,"大数据+网格化"实现科技和管理的强强融合,进一步提升矛盾纠纷预警水平。积极拓宽社会矛盾纠纷数据来源的广度,挖掘数据来源的深度,以"津治通"一体化社会治理信息化平台整合110接报警平台、12345政务服务热线、12348司法服务热线、政民直通车、智慧信访、精神卫生、心理健康咨询等信息平台,汇总群众反映诉求和发生的矛盾纠纷,提高对人和事的全息感知、实现矛盾纠纷数据的实时联动,推进矛盾纠纷数据汇聚整合和研判分析。升级个人极端案(事)件分析研判系统,打通公安、大数据、民政、司法、卫健等部门的数据壁垒,搭建专业分析研判模型,全面筛查群众密切关注且涉及面广、容易引发社会不稳定的问题,做到精确定位、精准预判、精细管理,精准指导基层社会治理力量及时消除不稳定因素。以现有网格化管理服务体系为基础,融管理于服务的理念,常态化开展重点人群"敲门行动",以老年人、残疾人、低收入人口、留守和困境儿童、失业人员为重点，面对面了解生活现状、困难诉求，严格落实服务管理、帮扶救助等政策措施，及时发现问题隐患，全面提升矛盾纠纷预警感知能力。

（二）以"全周期管理"理念提升源头预防能力

推动三级矛调中心功能定位从化解平台向预防平台延伸，对于化解矛盾纠纷中发现的新情况新问题，参照司法建议、检察建议模式，推动建立完善向职能部门制发"矛盾纠纷源头预防工作建议"程序，从加强监管、堵塞漏洞、队伍管理等角度提升相关部门源头预防水平。严格落实重大决策社会稳定风险评估机制，行政部门推出涉及人民群众切身利益的重大决策前，应将社会稳定风险评估作为前置必经程序、刚性门槛，使重大决策过程成为党委政府倾听民意、改善民生、化解民忧的过程。加强舆论引导和网络管理，对传播虚假信息的要落地查人、依法处理，对擅自发布暴力、血腥等内容引发不良影响的网民要加强训诫惩戒，严防社会矛盾纠纷向其他领域蔓延。

（三）以整合多元资源力量改进就地化解水平

整合人民调解、司法调解、行政调解等多元资源，汇集五老人员、志愿者、律师、心理专家等公益人士、专业人士等多方力量，集合法院、检察院、司法、公安、民政、律师等政法力量，推动社会治理力量从"治已病"向"治未病"转变，深入社区（村）党群服务中心释法说理、答疑解惑、化解纠纷。持续加大矛盾纠纷调处化解典型案例和救济渠道的宣传推广力度，将三级社会矛盾调处化解中心的地址、电话向社会广而告之，方便群众电话约访，提高初访化解成功率，引导群众通过合法手段和正常渠道表达诉求。推动政府购买服务等方式吸纳具有法学、心理学背景的人担任专职人民调解员，增加专职人民调解员在调解员总量中的占比，不断优化调解员队伍结构。加大行业性专业性调解委员会的培育力度，引导更多专业性调解组织深入基层参与矛盾纠纷调解。

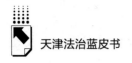

（四）以基层治理和志愿服务为基础提升保障支撑能力

建立网格长—社区民警—网格员—楼门栋长（村民小组长）—联户长的群众发动组织体系，充分发挥老党员、老干部、老政法、治安积极分子等威望较高、熟悉情况、经验丰富等优势，在社区（村）党组织的组织下及时发现纠纷、化解矛盾。对于在化解矛盾纠纷、处置个人极端案（事）件中有突出表现的个人或组织，综合运用见义勇为基金、维稳情报线索奖励等多种手段及时兑现奖励，激发群防群治主动性。充分发挥市、区两级调解专家库作用，加强法院对人民调解的专业指导，将专题培训与定期培训相结合，将法律法规与业务工作相结合，持续提高调解队伍专业化、法治化水平。

（五）以法治思维提高强化依法治理能力

以《天津市矛盾纠纷多元化解条例》立法工作为契机，规范参与社会矛盾纠纷的主体责任、预防排查、多元化解、保障措施、责任追究，明晰人民调解、行政调解、行政裁决、行政复议、诉讼等部门的职责分工，用法规的形式理清信访、诉讼、行政复议、仲裁等法定途径的边界，规范衔接程序，建立起各部门职能充分发挥、工作衔接通畅的矛盾纠纷多元化解机制。

参考文献

[1]《强化诉源治理 助推市域社会治理现代化》，《闽西日报》2021年7月19日。
[2]《解读"平安天津"建设密码》，《天津日报》2022年3月3日。
[3]《践行"八八"战略 打造"重要"窗口》，《人民日报》2022年6月3日。
[4]《一扇"矛"与"盾"的调解之门》，《天津日报》2022年5月19日。
[5] 江必新、黄明慧：《习近平法治思想中的法治政府建设理论研究》，《行政法学研究》2021年第4期。
[6]《立法让矛盾纠纷化于未发、止于萌芽》，《湖州日报》2021年6月20日。

B.18
天津市检察机关提起行政公益诉讼的
实践探索

天津市公益诉讼研究课题组 *

摘　要： 为服务全市法治建设发展大局，天津市各级检察机关从促进法治政府建设的政治高度，积极开拓行政公益诉讼新局面。2019 年以来，天津市行政公益诉讼案件结构整体稳定、案件数量稳步提升、办案领域持续拓展、诉前程序高效推进。同时，天津市各级检察机关从拓展案件范围、推进系统治理、完善诉前程序、创新制度机制等方面展开积极探索，提高行政公益诉讼质效。进一步完善天津市行政公益诉讼制度，检察机关还需要围绕制度定位，持续扩展新领域案件范围；创新手段、转变思维，切实提升调查取证能力；聚焦落实效果，促进诉前检察建议工作优化，以丰富的检察实践为保护公共利益、推动依法行政贡献"天津方案"。

关键词： 行政公益诉讼　诉前检察建议　权力监督　法治政府建设

行政公益诉讼以维护公共利益为基本定位，同时又具有鲜明的权力监督属性。2019 年 11 月 22 日，在全国政协召开的双周协商座谈会上，最高人

* 执笔人：于阳，天津大学法学院副教授、博士生导师，天津大学刑事法律研究中心研究员、法学博士；周丽宁，天津大学刑事法律研究中心助理研究员，天津大学法学院刑法学专业博士研究生。市检察院及宁河区、武清区、北辰区、津南区、河东区检察院提供相关资料。

民检察院检察长强调："公益诉讼是以诉的形式履行法律监督的本职。"① 可见，检察机关提起行政公益诉讼既是严密法治监督体系，推进国家治理体系和治理能力现代化的内在要求，也是强化行政权力运行外部监督，倒逼法治政府建设提速、提质、提效的强大动力。自 2017 年以来，天津市各级检察机关以习近平法治思想为指导，以人民群众对美好生活的期待为指引，秉持"双赢多赢共赢"理念，积极开展实践探索，稳步推进行政公益诉讼工作。在案件结构优化、案件数量提升、办案领域拓展、诉前程序质效提升等多个方面取得了不俗的成绩，打开了行政公益诉讼的新局面。与此同时，面对工作中出现的新问题、新挑战，还需因地制宜、综合施策，不断完善行政公益诉讼制度，监督行政机关依法行政，提升行政权力运行效能，为天津市法治政府建设提供有力保障。

一 天津市行政公益诉讼工作开展情况

2019 年以来，天津市各级检察机关主动提高政治站位，深刻领会党中央的决策部署和立法精神，服务全市发展大局，聚焦损害公共利益的突出问题，努力筑牢行政权力运行的制度之笼，积极拓展行政公益诉讼新局面。课题组对 2019~2021 年的相关数据进行统计分析发现，天津市行政公益诉讼工作总体呈现以下特征。

（一）案件结构总体稳定

近三年来，天津市检察公益诉讼的案件结构整体稳定且较为合理。2019~2021 年，天津市检察行政公益诉讼案件线索稳步上升，立案数占比稳定在90%以上。行政公益诉讼始终是天津市检察机关办理公益诉讼案件的主要类型。这与检察机关的法律监督职能定位相契合，也表明天津市各级检

---

① 罗韦：《检察机关提起公益诉讼是监督还是诉？最高人民检察院检察长张军回应：是以诉的形式履行法律监督的本职》，2019 年 11 月 25 日，中国政协网，http://www.cppcc.gov.cn/zxww/2019/11/25/ARTI1574646793734435.shtml。

察机关在办理公益诉讼案件时一以贯之地明确工作重点、聚焦主责主业，立足于推进法治政府建设的高度，充分重视发挥行政公益诉讼促进行政机关严格依法行政的作用。

（二）案件数量稳步上升

天津市检察行政公益诉讼工作发展态势良好，行政公益诉讼案件数量持续上升且增幅较大。自 2020 年开始，天津市行政公益诉讼检察工作的局面逐步打开，进入了一个新的阶段。可以预见，在前期案件规模快速增长之后，未来较长一段时间内，天津市检察机关将继续维持较高水平的案件基数，并更加注重案件的质效提升。

天津市各级检察机关不断加大行政公益诉讼办案力度，高度重视案件数量、质量与效果的有机统一。2019 年以来，天津市行政公益诉讼案件线索成案率一直保持在较高水平。这直接体现了行政公益诉讼案件线索质量逐步提高，也从侧面反映检察机关办案能力显著提升。此外，天津市各级检察机关围绕将"个案做优"的工作目标，切实提升办案质量。2021 年，天津市人民检察院第三分院办理的天津市古海岸与湿地国家级自然保护区海洋生态环境保护行政公益诉讼案入选最高人民检察院"守护海洋"检察公益诉讼专项监督活动典型案例；静海区人民检察院办理的一起"大运河"保护公益诉讼案件，被最高人民检察院评为专项活动典型案例。

（三）办案领域持续拓展

天津市各级检察机关在工作中持续深耕行政公益诉讼法定领域，同时，积极稳妥地探索拓展新领域。从案件类型看，主要涉及文物和文化遗产保护、国防军事、公共安全、特殊群体保护等领域。各级检察机关办理的新领域行政公益诉讼案件关乎基础性社会公共利益，涉及的问题具有一定的现实危险性和亟待解决的紧迫性。例如，北辰区人民检察院在全市率先开展无障碍环境基础设施保护监督活动，针对部分大型公共场所无障碍停车位施划不规范问题，与相关职能部门召开联席会议，并向相关行政机关制发检察建

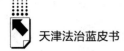

议，取得良好社会效果。宁河区人民检察院针对辖区内多所中小学附近道路的交通标志和交通设施设置不规范、不健全问题，依法进行公益诉讼"等"外领域探索，向相关行政机关制发检察建议，得到区教育局和区公安局的支持和配合，检察建议的整改措施均已落实到位。河东区人民检察院就自行车、电动车、车辆堵塞小区消防通道等危害公共安全行为及养生会馆侵害虚假宣传、服务项目未明码标价等乱象办理行政公益诉讼案件，督促行政机关对违法行为进行查处。

（四）诉前程序高效推进

作为检察机关提起行政公益诉讼的前置性程序，诉前程序以促进行政机关依法履职为主要目的。实践中，99%的行政公益诉讼案件可以通过检察机关制发检察建议等方式得到解决①。天津市各级检察机关积极发挥诉前程序的制度优势，通过磋商、制发检察建议、圆桌会议、公开听证等方式，高效推进诉前程序落地落实，有效节约司法资源，诉前整改率持续居于高位。2021年，津南区人民检察院先后以听证会方式办理案件12件，另以圆桌会议方式办理案件12件，对制发检察建议的全部案件进行了公开宣告送达。

二　天津市提升行政公益诉讼质效的积极探索

天津市各级检察机关勇于担当，坚持以行政公益诉讼监督促进法治政府建设。在实践中积极探索提升行政公益诉讼质效的工作方案，有效解决行政执法中存在的行政违法责任与刑事责任衔接、行业行政主管与地方行政管理协调、"九龙治水"等痛点难点堵点问题，取得了较好的法律效果和社会效果。

（一）聚焦社会关切，持续拓宽行政公益诉讼案件范围

天津市检察机关适应人民群众新期待，认真贯彻落实十九届四中全会提出

---

① 韩爱青：《检察公益诉讼，向"不作为"亮剑》，《天津日报》2022年6月11日，第6版。

的拓展公益诉讼案件范围要求，遵循"积极、稳妥"原则，在更广泛的领域开展行政公益诉讼检察工作，围绕军队和国防利益保护、未成年人权益保护、社会公共安全保护、残疾人等弱势群体保护等新领域持续发力。

第一，加强涉军公益司法保护。天津市人民检察院与天津市退役军人事务局联合开展"县级以下零散烈士墓"公益保护专项行动。

第二，强化校园周边安全公益司法保护。2021 年，天津市人民检察院部署开展校园周边食品安全、交通安全检察公益诉讼专项监督活动，呵护未成年人健康成长。

第三，关注公共安全领域公益诉讼案件办理。和平区人民检察院发现媒体报道某购物街发生外檐广告脱落砸伤行人事件后，于事发三日内向相关行政机关送达检察建议。津南区人民检察院发现本辖区内存在居民楼道违法停放电动自行车现象，随后采取"线上+线下"会议模式召开公开听证会，向相关行政机关制发检察建议 14 件。

第四，提升残疾人权利保障力度。天津市人民检察院同天津市残疾人联合会举行《关于开展无障碍环境建设公益诉讼专项监督行动的实施方案》会签仪式，加强与残联组织的沟通、配合，针对残疾人权益保障工作开展专项活动，不断助推全市无障碍环境建设。

（二）着眼系统治理，促进各领域共性问题集中整改

为充分发挥行政公益诉讼提升社会治理效能的积极作用，天津市检察机关抓点带面，通过开展专项活动推动各领域共性问题的常态化治理，监督促进系统治理和行业整治，取得了"办理一案、治理一片"的良好社会效果。

2019 年以来，天津市各级检察机关在最高人民检察院和天津市人民检察院党组的安排部署下，扎实开展"保障千家万户舌尖上的安全"、检察公益诉讼"回头看"、食品药品安全领域"四个最严"、"公益诉讼守护美好生活"、河（湖）水生态环境和水资源保护、"守护渤海"、"大运河公益保护"、禁渔期非法捕捞、革命文物等红色资源保护、涉铁路领域公益保护、平安铁路"清朗行动"、打击整治养老诈骗、"为民办实事　破解老

大难"公益诉讼质量提升年等检察公益诉讼专项监督活动。其中，河北区人民检察院就校园周边"五毛"食品问题制发检察建议后，积极跟踪问效，相关单位专门制订方案开展了专项整治；宁河区人民检察院在食品药品安全领域积极开展问题疫苗线索摸排、肉类市场问题线索排查、乡镇商店食品安全线索排查等专项活动，针对违规情况向相关行政部门制发诉前检察建议。

（三）完善诉前程序，力求达到保护公益的最佳司法状态

天津市检察机关充分认识到行政公益诉讼本质上是督促之诉，更是协同之诉，开展此项工作并非以追责为主要目标。因此，在实践中，天津市各级检察机关通过听证会、圆桌会议、宣告送达、跟进监督等多种方式完善诉前程序，充分发挥其统筹协调、督促多主体综合治理的功能，将公益保护的目的高效落实在诉前阶段。

其一，提升听证会的第三方参与度。北辰区人民检察院针对辖区部分幼儿园门口未设置警示标志的问题召开听证会，并邀请人大代表、政协委员、群众代表等进行评议。

其二，建立"圆桌会谈"公益诉讼诉前工作机制。津南区人民检察院就共享单车乱停乱放等问题召开圆桌会议，向区交管局、区城管委及相关街镇通报调查情况，宣告送达检察建议，督促行政机关及时约谈共享单车企业，责令其严格执行准入投放数量、精准快速干预违规停放及使用现象。

其三，协调推进诉前检察建议人大常委会备案制度。为进一步提升诉前检察建议刚性，津南区人民检察院主动提请区人大常委会对公益诉讼诉前检察建议实施监督。将涉及人民群众切身利益、具有较大社会影响的诉前检察建议报送区人大常委会备案。使其了解被建议单位存在的问题，及时监督、支持被建议单位进行整改。

其四，常态化开展公益诉讼"回头看"。河东区人民检察院在监督跟进推动垃圾分类行政公益诉讼案件过程中，向资金紧张的社区捐赠垃圾箱，帮助社区解决实际困难。此举体现了公益诉讼既监督又助力的双重定

位，受到了《天津政法报》等多家新闻媒体的关注和报道，取得良好的社会效果。

（四）创新制度机制，推动行政公益诉讼规范化发展

以法治方式推动行政公益诉讼规范化发展，是实现法律监督工作法治化、体系化、常态化的内在要求。2019 年以来，天津市各级检察机关积极开展检察行政公益诉讼工作的实践探索，高度重视制度机制管根本、利长远的作用，及时将实践中的创新性成果和成功经验转化为制度成果，将制度优势充分转换为社会治理效能。

一是强化内部协同机制。天津市人民检察院建立公益诉讼办案指挥中心，实行案件、人员统一管理，加大对重大疑难复杂案件的督促指导，通过提级办理、指定管辖等方式，为案件办理提供坚强后盾和支持。津南区、宁河区等人民检察院就公益诉讼线索发现、案件移送、审查起诉方面的协作配合作出详细规定，切实发挥内部协作优势，促进检察公益诉讼工作取得实效。

二是健全外部协调机制。天津市人民检察院加强与生态环境管理、自然资源管理、水资源管理等行政机关的沟通联系，建立健全信息共享、案件通报、联席会议等机制，实现严格执法与公正司法的良性互动。河东区人民检察院与区纪委监委签订了加强公益诉讼协作配合的相关文件，深化了与相关部门的沟通协作机制。东丽区人民检察院主动与区网格管理中心进行对接，构建"网格+公益诉讼"协作机制。

三是完善跨区域协作机制。天津市人民检察院积极与北京市人民检察院、河北省人民检察院联系，推动建立三省市跨区域案件办理机制。天津市人民检察院第三分院针对马王口湿地存在多处野码头的问题，联合河北省沧州市人民检察院、黄骅市人民检察院开展联合现场调研，多次进行座谈，就建立协作办案机制达成一致意见。武清区人民检察院在办理凤河西支水环境保护公益诉讼案中，联合上游廊坊市人民检察院共同办案，形成区域联动，实现源头治理和系统治理。

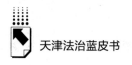

三 天津市行政公益诉讼工作中存在的问题及原因分析

天津市检察机关通过拓展案件范围、进行系统治理、完善诉前程序、创新制度机制等方式，全面提升行政公益诉讼的质量与效果，使行政公益诉讼工作真正融入天津市法治建设大局，有力助推天津市法治政府建设。当前，天津市行政公益诉讼工作已经迈进新阶段，也面临更多新问题与新挑战，检察实践工作中尚存需要改进之处。

（一）新领域案件探索力度仍需加强

当前，天津市检察行政公益诉讼案件涉及领域较广，但仍不够全面。随着相关法律的出台和修改，检察公益诉讼的法定领域已经逐步拓展至13个。虽然天津市各级检察机关办理的法定传统领域行政公益诉讼案件数量稳步上升，"等外"领域案件数量和占比均提升较快，但是在安全生产、个人信息保护等法定新领域还未实现突破，对法定新领域切入面较窄。这主要由以下两方面的原因造成。一方面，案件线索来源不够丰富。实践中，天津市行政公益诉讼案件线索发现难度还比较大，尤其是法定新领域案件。各级检察机关开拓案件渠道的办法还不够多，工作创新的力度还不够大，更加注重构建检察机关内部，或者与行政机关、人民法院之间的案件线索移送机制，较少通过与监察机关的协作配合、人民群众控告或举报等方式获取案件线索。另一方面，各级检察机关还未完全适应公益诉讼业务的新变化、新挑战。安全生产、军人权益保护和个人信息保护等新领域虽然已经有了明确的法律依据，但毕竟其成为公益诉讼法定领域的时间较短，天津市各级检察机关办理此类案件的经验还不够丰富、流程还不够完善。部分检察机关工作人员对法定新领域的相关法律法规掌握还不熟练，此类领域的检察业务实战能力和法律知识理论水平均亟待提升。

（二）调查取证能力亟待提高

行政公益诉讼案件具有复杂性高、专业性强的特点，且相关案件事实和法律关系一般处于变动过程中，对办案人员的调查取证工作提出了更高要求。调研发现，天津市部分检察机关开展行政公益诉讼调查取证工作的能力不足，未能深入挖掘专项行动中获取的案件线索，开展初查工作之后难以找准案件的切入点。这对专项活动线索转化为行政公益诉讼案件形成了制约，也不利于诉前检察建议质量的提升。主要基于以下两个方面原因。

首先，调查取证工作人员保障不够。部分基层检察院公益诉讼工作人员紧缺，存在案多人少的问题。由于相关部门人员配置较少，同时还要负责民事检察等工作，办案人员难免感到力不从心，对办案数量和质量带来不利影响，无形中制约了行政公益诉讼业务，尤其是调查取证工作的开展。同时，部分检察机关行政公益诉讼工作队伍中缺少具备相关专业知识的办案人员，难以对涉及多个专业领域的案件进行深入调查。

其次，调查取证工作对行政机关的依赖性较强。查阅、调取或者复制相关行政执法材料，询问或者约谈行政机关工作人员是检察机关在实践中常用的调查取证方式。然而上述调查方式主要依赖于行政机关的配合程度，缺少强制性。在行政机关抗拒调查或不予配合的情况下，通常会让调查取证工作陷入僵局。

（三）诉前检察建议落实效果有待提升

天津市检察机关通过制发诉前检察建议的方式将绝大多数行政公益诉讼案件终结于诉前程序，但是仍有部分诉前检察建议存在落实进展不畅、效果不佳的问题。主要表现为：一些检察机关对诉前检察建议的跟踪问效工作没有落实到位，诉前检察建议制发后没有持续跟进，或者在对行政机关回复未进行实质核查的情况下便作出结案处理；个别行政机关对诉前检察建议存在抵触情绪，实际工作中对办案人员态度冷淡，或者对检察建议的回复不够及时、不够认真甚至推卸责任。这些情况主要存在以下两个方面原因。

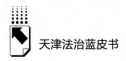

其一，检察机关制发诉前检察建议的水平亟待提升。诉前检察建议的形式质量直接影响到行政机关的重视程度，其内容的严谨性、针对性、可行性更是关乎行政机关整改履职的效率和成效。然而，有些检察机关制发的检察建议存在法条引用不正确、存在错别字、日期不准确等低级错误；还有一些检察机关制发的诉前检察建议质量不高，对行政具体职责未认真进行审查，或对违法事实、证据和法律适用阐述不严谨、不充分。

其二，尚未建立完善的诉前检察建议整改效果评估制度。当前，对诉前检察建议的成效评估缺少法律法规的明确规定。实践中，不但有部分行政机关对诉前检察建议的回复流于形式，而且一些基层检察机关在缺乏制度支撑的情况下，难以对行政机关是否整改到位作出判断，进而较多地对其进行形式上的评估、检验。同时，这也容易模糊行政公益诉讼的起诉标准，使行政公益诉讼的起诉、审判环节被诉前程序架空。

四　完善天津市行政公益诉讼制度的对策建议

针对上述存在的问题，亟须进行深入分析，找准原因，对症施策。课题组认为，有必要结合天津市检察机关开展行政公益诉讼工作的实际情况，探索具有针对性的行政公益诉讼制度完善路径。

（一）围绕行政公益诉讼制度初衷，积极稳妥推进新领域案件探索

行政公益诉讼制度以人民为中心，以公共利益保护为核心①。在新时代背景下积极稳妥地探索行政公益诉讼新领域，要紧紧围绕这一初衷，以人民呼声为指引，提升公众参与度；以公共利益保护为标准，强调案件办理质量。

第一，提高公众参与度，广辟案件线索渠道。一方面，尽快推动在全市

---

① 庄永廉、练育强、胡卫列、许祥云、刘传稿：《深化研究积极稳妥拓展公益诉讼"等外"领域》，《人民检察》2020年第1期，第41~48页。

各级检察机关建立检察公益诉讼举报中心。2020 年，河西区、北辰区人民检察院率先探索成立"公益损害与诉讼违法举报中心"，畅通了群众线索举报渠道。建议尽快对试点工作的成效进行评估，并在全市检察机关逐步推广。另一方面，要加大行政公益诉讼工作宣传力度。充分发挥基层检察机关距离群众最近的优势，制作宣传手册、陈列展板等宣传材料，深入群众开展公益诉讼宣传活动。同时，借助网络社交平台等新媒体广泛发动群众向检察机关控告、举报案件线索①。

第二，处理好案件结构关系，发挥典型案例带动作用。探索办理新领域行政诉讼案件的出发点和落脚点都是维护公共利益，拓展新领域是手段，维护公益是目的。因此，在拓展案件范围的过程中不能一味强调各新领域案件数量的均衡性，要因地制宜，聚焦本地区人民群众关心的突出问题。同时，更要量力而为，避免片面强调办案数量，努力追求办案质量提升。以典型案件为抓手，带动新领域案件办理流程、办理机制的完善与健全。

（二）充分运用调查核实手段，严把诉前程序证据关

调查取证是行政公益诉讼诉前程序的关键环节，然而检察机关的调查核实权缺乏强制力保障，在具体行使过程中面临多重阻力。因此，需要在现有法律框架下，创新手段方法、开拓办案思维、加强技术保障，多措并举解决调查取证中的难点问题。

首先，创新手段方法，提高行政机关配合程度。具体包括，依托现有的与人民法院之间的公益诉讼协作机制，通过法院的执行财产查询系统对涉案人员的财产情况进行查询②；充分重视司法警察依法采取训诫、控制、制止等手段的权力，将其编入行政公益诉讼办案组，保证调查取证工作的顺利开

---

① 最高人民检察院民事行政检察厅编《检察机关提起公益诉讼实践探索》，中国检察出版社 2017 年版，第 105 页。
② 张雪樵、万春主编《公益诉讼检察业务》，中国检察出版社，2022，第 49 页。

展①；对于妨碍调查取证的部分行政机关，依法将其行为向同级人大常委会、纪检监察机关或其上级主管机关通报，借助外部力量，督促行政机关履行配合义务②。

其次，开拓办案思维，利用其他诉前程序进行调查取证。从广义角度来看，行政公益诉讼诉前的听证、磋商等也是检察机关开展案件调查的程序，同样有查明或认定案件事实的过程。检察机关办案人员在行政公益诉讼中要充分利用听证会、磋商座谈会形成的证据材料，更多采用当事人自认作为认定事实的依据③。

最后，加强技术保障，做好调查取证人员培训工作。依托"科技强检战略"，尽快在全市范围内推动各级检察机关配备公益诉讼快速检测设备，成立公益诉讼快速检测实验室，以科技力量破解行政公益诉讼线索初步筛查、证据固定的实务难题。同时，对一线办案人员开展检测业务培训，提高检察队伍综合素质，推动形成快速检测能力。

（三）切实优化诉前检察建议工作，推动检察建议落地落实

2019年以来，天津市检察机关在加强检察建议刚性方面进行了诸多有益探索，通过高效的行政公益诉讼诉前检察建议工作提升办案质效、节约司法资源。但从课题组的调研情况看，此项工作仍有进一步优化的空间。具体而言，可从以下三个方面进行完善。

第一，强化诉前检察建议质量审查。在实践中，需要加强对诉前检察建议的形式审查与实质审查。在形式审查方面，重点审查其语言表达的正确性、格式体例的规范性、内容的完备性，保证诉前检察建议的规范化，增强其权威性。在实质审查方面，则要将关注点放在证据的充分性、法律适用的

---

① 胡卫列、解文轶：《〈人民检察院公益诉讼办案规则〉的理解与适用》，《人民检察》2021年第18期，第22~27页。
② 《人民检察院公益诉讼办案规则》第45条规定："行政机关及其工作人员拒绝或者妨碍人民检察院调查收集证据的，人民检察院可以向同级人大常委会报告，向同级纪检监察机关通报，或者通过上级人民检察院向其上级主管机关通报。"
③ 张雪樵、万春主编《公益诉讼检察业务》，中国检察出版社，2022，第183页。

准确性、说理论证的逻辑性、整改建议的针对性等方面，保证诉前检察建议的精准性与可操作性①。

第二，加强诉前检察建议与诉讼环节的衔接。对于行政诉讼的诉前检察建议，提起行政公益诉讼就是推动其落地落实的重要保障。行政公益诉讼始终是以诉讼手段维护公益的一项制度，诉前检察建议工作的开展也应当围绕行政公益诉讼环节展开：诉前检察建议提出的整改要求应当尽可能与诉讼请求相符，至少要涵盖诉讼请求的具体内容，而不能与其相冲突②。

第三，完善诉前检察建议，落实效果评估制度。一方面，要明确评估标准，从行政机关回复的及时性、完整性，整改措施的妥当性、全面性，以及公益保护的实际效果等方面细化标准，并结合案件领域特点制订类型化的评估标准③。另一方面，要探索评估方法，对于案情复杂、专业性较强的案件，建议由检察机关主导，引入专业力量、社会力量共同参与评估④。通过多方合力，保证评估程序和评估结果的中立性、专业性、公开性，进而强化诉前检察建议的刚性，有效督促行政机关履职尽责。

参考文献

［1］张雪樵、万春主编《公益诉讼检察业务》，中国检察出版社，2022。

［2］最高人民检察院第八检察厅编《行政公益诉讼典型案例实务指引》，中国检察出版社，2019。

［3］最高人民检察院民事行政检察厅编《检察机关提起公益诉讼实践探索》，中国

---

① 马怡梦、王菲：《行政公益诉讼诉前检察建议重在精准》，《人民检察》2022年第7期，第72~73页。

② 张晓飞、潘怀平：《行政公益诉讼检察建议：价值意蕴、存在问题和优化路径》，《理论探索》2018年第6期，第124~128页。

③ 张剑、李乐：《建立诉前检察建议成效评估制度的必要性》，《检察日报》2021年4月15日，第7版。

④ 柏屹颖、翁芳洁：《论行政公益诉讼诉前建议落实标准及成效评估制度》，《中国检察官》2022年第1期，第63~66页。

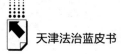

检察出版社，2017。

［4］胡卫列、迟晓燕：《从试点情况看行政公益诉讼诉前程序》，《国家检察官学院学报》2017 年第 2 期。

［5］胡卫列、解文轶：《〈人民检察院公益诉讼办案规则〉的理解与适用》，《人民检察》2021 年第 18 期。

［6］庄永廉、练育强、胡卫列、许祥云、刘传稿：《深化研究积极稳妥拓展公益诉讼"等外"领域》，《人民检察》2020 年第 1 期。

［7］马怡梦、王菲：《行政公益诉讼诉前检察建议重在精准》，《人民检察》2022 年第 7 期。

［8］柏屹颖、翁芳洁：《论行政公益诉讼诉前建议落实标准及成效评估制度》，《中国检察官》2022 年第 1 期。

［9］张晓飞、潘怀平：《行政公益诉讼检察建议：价值意蕴、存在问题和优化路径》，《理论探索》2018 年第 6 期。

［10］张剑、李乐：《建立诉前检察建议成效评估制度的必要性》，《检察日报》2021 年 4 月 15 日。

［11］韩爱青：《检察公益诉讼，向"不作为"亮剑》，《天津日报》2022 年 6 月 11 日，第 6 版。

［12］罗韦：《检察机关提起公益诉讼是监督还是诉？最高人民检察院检察长张军回应：是以诉的形式履行法律监督的本职》，2019 年 11 月 25 日，中国政协网，http：//www.cppcc.gov.cn/zxww/2019/11/25/ARTI1574646793734435.shtml。

B.19
天津市基层治理法治化建设的创新和展望

天津市基层治理法治化研究课题组 *

摘　要： 近年来，天津市推进政府管理和社会治理模式创新，着重从权力制衡、权利保障、权力与权利的良性互动以及营造社会法治风尚四个方面持续用力，在基层治理法治化建设中进行了一些有益的实践和探索，但从效果看仍然存在建设体系不完善、社会治理能力弱、基层基础工作薄弱等问题。应该从深化依法治国理念、加强良法设计、紧抓队伍建设、保障群众权益、促进"三治"融合五个方面着手，进一步加强天津基层治理法治化建设。

关键词： 权力制衡　权利保障　良性互动　法治风尚　"三治"融合

党的十八届四中全会全面对依法治国进行了具体部署，将"推进基层治理法治化"提上议程，并重点强调"全面推进依法治国，基础在基层，工作重点在基层"。基层治理法治化是依法治国的基础和实践，也是依法治国不可或缺的重要组成内容。具体来说，基层治理法治化是指以党的全面领导为主线，将基层治理的全部活动和工作都纳入宪法、法律构建的框架中，确保基层治理的各项内容可以在法律法规保障下合理、高效运行。法治保障下的基层治理优势明显，治理过程有法可依、平稳有序，治理目标和治理要

---

* 执笔人：孟睿，天津市检察官学院，法学硕士，讲师，研究方向：民商法。市委政法委提供相关资料。

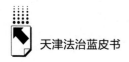

求具有很强的预测性、操作性。构建法治秩序是法治建设的基础,优质的法治秩序可以维护各方主体的基本权利,保障国家有序发展,这对于推进国家治理体系和治理能力现代化、维护改革发展稳定大局、全面建成小康社会都具有十分重要的意义。

一 天津市基层治理法治化的理论指引

党的十八大以来,习近平总书记对社会治理现代化作出了一系列具有开创性、引领性的重要论述,深入阐释了推进社会治理现代化的方向性、根本性、战略性问题。其中,对基层治理法治化建设提出了明确的要求:"党的工作最坚实的力量支撑在基层,必须把抓基层打基础作为长远之计和固本之策;要坚持和发展新时代'枫桥经验',做到'小事不出村、大事不出镇、矛盾不上交';要发挥政治的引领作用、法治的保障作用、德治的教化作用、自治的强基作用、智治的支撑作用,推进政府管理和社会治理模式创新。"①

"任何形态的治理本质上都是治理权力与治理权利的协作"②,体现在基层治理法治化建设方面,就要求政府重新规划权力和权利的行使边界和互动方式,使其均在法律的框架内有序运行。天津市委、市政府将法治建设引入基层治理的各个方面,树立了"法治保障治理权利、治理权利制约治理权力"原则。

(一)权力监督:基层治理法治化建设的重点

现代社会治理强调多元参与、合作共赢,这也为基层治理提供了良好的基调。基层政府要转变传统观念,将协同合作作为法治建设的主线来抓,着

---

① 《中共中央关于坚持和完善中国特色社会主义制度 推进国家治理体系和治理能力现代化若干重大问题的决定》,中国政府网,http://www.gov.cn/zhengce/2019-11/05/content_5449023.htm?ivk_sa=1024320u;《中共中央 国务院关于抓好"三农"领域重点工作确保如期实现全面小康的意见》,中国政府网,http://www.gov.cn/zhengce/2020-02/05/content_5474884.htm。

② 马俊:《新时代基层治理法治化路径探讨——基于对合肥市部分街道的调查》,《社会治理》2021年第4期。

重厘清权力边界、持续强化服务意识。在市场经济条件下，政府职能出现变化和衍生，导致基层政府在行使市场监督、社会管理、公共服务等不同类型的基础职能过程中极易出现治理理念和管理方法的冲突，出现权力失衡或错位。在基层治理法治化建设过程中，天津注重基层政府权力的监督制约机制建设，通过出台相关法规、制订责任清单等方式划定基层政府权力边界，将权力行使的全过程置于法律约束范围内，并加强对权力运行的实时监督，确保基层公权力的行使有法可依。

（二）权利保障：基层治理法治化的核心

十九大报告指出："党的一切工作必须以最广大人民根本利益为最高标准。"[①] 体现在现代社会治理层面，就要求国家权力要置于公民权利之后，强调国家权力要服务于人民权利。由此，保障公民权利成为现代社会治理的核心要务。天津市正处在改革发展关键期、战略机遇期、改革攻坚期、矛盾凸显期，叠加交织的阶段性特征明显，社会结构发生显著变化，人民群众对政治活动的参与意识和对自身合法利益的追求日益增强，对社会环境的秩序感和公正性有更多的期待。力求以更高的起点和水准，营造一个更加有利于公民权益保护的法治环境，不断增强人民群众的获得感幸福感安全感，为基层治理法治化奠定坚实的社会基础。

（三）互动和参与：基层治理法治化的要务

"治理是各种公共的或私人的个人和机构管理其共同事务的诸多方式的总和，它是使相互冲突或不同的利益得以调和并且采取联合行动的持续过程。"[②] 权力制衡与权利保障相互制约、此消彼长，促进权利与权力良性互动，才能维护公共利益、促进社会健康发展。政府要充分保障个人权利，用私权利的充分行使促进公权力的依法合规，最终促进社会公共权益良性

---

① 十九大报告辅读本编写组：《党的十九大报告辅读本》，人民出版社，2017，第 49 页。
② 俞可平：《治理和善治引论》，《马克思主义与现实》1999 年第 5 期。

发展、整体向好。同时，社会公共权益的健康发展，也会对个人权利保障起到正向激励作用，由此循环往复便产生了现代社会治理的内生动力。权利与权力良性互动还体现在公众参与公共决策的过程中，要实现利益表达机制的有序化和合理化，需要公众权利充分参与到基层治理中来，政府应将基层治理各阶段情况及时公布，保障公众的参与权，并随时接受监督，最终达到基层治理决策科学化、实施规范化。天津市已经意识到良性互动对基层治理法治化进程的重要意义，力求通过制定规章制度、完善基层治理机制、拓宽公众参与渠道等，达到正向平衡，更好地保障公众权益的实现。

（四）法治效果：基层治理法治化的价值追求

让权力和权利在各自的领域正向发展，并产生良性互动，最终形成整个社会、整个国家遵从法律、崇尚法治的良好风尚。党的十九大报告指出："要以良法促进发展、保障善治"[①]，宪法和法律是依法治国的根本依据，也为现代化治理指明了法治方向。现代政府要注重发挥法律在基层治理法治化中的重要作用，"把法律作为维护自身权益、限制公权力滥用的最有效武器，最大限度地信奉法律的权威，通过法律的实施建立严整的社会秩序"[②]。天津将法律面前一律平等、权利与义务相统一等原则融入基层治理法治化建设，严格按照法律规定的各主体的权力与职责、权利与义务处理基层各项事务，引导公众自觉尊法、学法、守法、护法、用法，营造积极向上的基层法治环境，为社会和谐稳定、国家长治久安夯实基层基础。

二　天津市基层治理法治化的创新经验

天津市委以更高的政治站位，准确把握天津之特，大力推进市域社会治

[①] 十九大报告辅读本编写组：《党的十九大报告辅读本》，人民出版社，2017，第38页。

[②] 陈荣卓、颜慧娟：《法治视域下的社会治理：区域实践与创新路径》，《江汉论坛》2013年第12期。

理观念、思路、体制、机制、方法、手段创新，在全市全面推开"战区制、主官上、权下放"党建引领基层社会治理创新。将平安建设和党建引领基层社会治理一同部署、一同推进，形成了市、区、街（乡镇）、社区（村）四级战区，一把手担负本战区主责、首责、全责的市域社会治理工作新格局，为天津市基层治理法治化建设奠定了坚实的实践基础。

在实践层面，天津基层治理法治化建设在结合社会实际和治理类型的基础上，着重从权力监督、权利保障、互动和参与以及法治效果四个方面持续用力，最终达到权力与权利的相互平衡，进而实现基层治理的法治化目标。

（一）权力监督方面

1. 找准立法切口，划清权力边界

2019 年至今，天津立法工作体制机制不断加强，立法质量和效率明显提升，创造了多项全国首次，填补了法律"真空"。为推进新时代有效治理经济、文化、社会、生态等领域的突出问题，顺应市场化、法治化、国际化营商环境要求，先后出台和修改了预防和治理校园欺凌、物业管理、保护生态环境、促进文明行为、警务辅助人员管理、优化营商环境、禁食野生动物、突发公共卫生事件应急管理等方面的法规，为基层政府行使权力明确了法律依据。

2. 规范行政行为，推进依法行政

天津市委以推动政府工作全面纳入法治轨道为切入点，全面推进依法行政。健全行政决策机制，建立市政府法律顾问制度、政府法治智库，基本实现各区各部门全覆盖。对重大行政决策程序进行补充，突出地方立法的刚性约束，重点在行政决策主体、决策事项范围、法定程序和法律责任等四个方面加以立法明确。通过建立健全行政执法过程记录制度和行政执法主体资格制度，进一步完善优化行政执法体制机制。深入开展行政执法"典型差案"评查活动，推动严格规范公正文明的行政执法意识在全市行政机关和公务员中逐步形成。

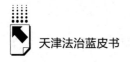

3. 提升司法质量，深化法治建设

成功办结一大批中央交办重大专案，司法标准化、"典型差案"评查和"示范优案"评选、司法裁判执行联动等经验做法得到中央有关部委肯定，法检两院工作报告屡创历史新高。依法严厉打击危害人民群众生命财产安全的违法犯罪活动，命案、枪案、绑架案、爆炸案连续五年全破，刑事警情连续五年下降，命案发案量连续两年不过百，街头"两抢"得到有效遏制。

（二）权利保障方面

1. 强化基层法治建设，夯实执政为民基础

天津市委始终把巩固党的执政基础作为贯穿基层治理的一条红线，以提升基层党组织的组织力为重点，严把政治关、能力关、作风关、廉政关，全市社区（村）换届全面推行"一肩挑"，社区（村）党组织书记通过法定程序兼任社区（村）委员会主任，全市 3520 个行政村，1895 个社区 100%完成党组织和社区（村）委员会换届，100%实现社区（村）党组织书记、社区（村）委员会主任"一肩挑"，两委班子中党员比例平均达到 70%。

2. 转变政府职能，提升服务效率

近年来，天津市委、市政府不断深化行政体制改革，政府职能转变取得明显成效，通过"放管服"改革为政府"瘦身"、给市场"添力"，深入实施承诺制、标准化、智能化、便捷化"一制三化"审批制度改革，市级行政许可事项从 1133 项减少到 228 项，96%的政务服务事项实现"一网通办"。

3. 治源头防风险，保障群众合法权益

持续推进矛盾纠纷排查化解"双百行动"，固化三级中心、四级机制经验做法，就地调处化解小矛盾小纠纷，将矛盾纠纷化解在早、化解在小。大力推进预测预警预防动态化，利用天津市社会治理研究中心的数据整合作用，加强对不安全、不稳定深层次问题的分析研判。抓统筹联动，完善了党委维护稳定责任，制定出台了重大决策社会稳定风险评估办法。加强与中央部委、京津冀协调联动，完善了涉敌、涉恐、涉稳、涉访、涉众、涉军、涉

疫交流协作机制。

4. 清积案破难题，切实解决群众"急难愁盼"问题

强力推进解决管理难题，对全市管辖"飞地"集中开展属地化治理。强力推进解决信访难题，积极开展"重复信访治理、积案攻坚化解"专项行动，严格按照主官主办原则，对梳理出的 579 件"钉子案""骨头案"逐案解决。截至 2022 年 6 月底，579 件积案已化解 573 件，化解率达 98.96%，在实体化解、事心双解上初见成效。

（三）互动和参与方面

1. 畅通多种渠道，坚持开门问策

近年来，天津市委、市政府坚持通过多种途径开门问策，及时准确公开决策事项、依据等信息，主动听取各方意见建议，特别是对影响人民群众生产生活的项目决策，坚持与群众充分沟通，防止"邻避"问题产生。秉持共商共议原则，对群众合理意见照单全收，合法诉求切实解决，有分歧的问题加强研究论证、权衡利弊，并对群众意见采纳情况通过新闻发布会、现场走访等形式及时反馈。

2. 发挥专家作用，提高论证质量

天津市委、市政府坚持把专家论证意见作为决策的重要依据，坚决防止拍脑袋、凭感觉决策。积极推动建好决策咨询论证专家库，建立动态退出机制，真正把专业能力过硬、敢于坚持真理的人员遴选入库。必要时组织公开论证，为客观、独立、科学论证决策提供良好条件。

3. 做实风险评估，把握决策方向

切实把风险评估作为决策前置程序，对有可能影响社会稳定、生态环境等方面决策的风险，实事求是确定风险等级，有针对性地提出风险防范措施和化解处置预案。对于风险评估可控的，通过合法性审查和集体讨论后及时作出决策；对反对意见强烈、可能引发群体性事件等重大风险的，立即调整优化决策方案，或作出不予实施的决定。对风险评估不实，造成重大损失的，严肃追责问责。

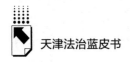

（四）法治效果

1.突出重点抓思想

为加强基层治理的法治化根基，天津市委、市政府把深入学习宣传习近平法治思想作为基层法治建设的重中之重，在全市范围内开展全方位、系统性的培训轮训，进一步筑牢法治思想理论基础。突出《宪法》《民法典》《反有组织犯罪法》等与人民群众生产生活、社会治理密切相关的法律法规宣传，让人民群众知法懂法。以提升基层工作人员依法行政能力和服务群众意识为目标，不断加强基层法治教育。聚焦青少年法治教育，用法治精神为他们"扣好人生的第一粒扣子"。

2.普法责任严落实

推动健全党委领导、政府主导、人大监督、政协支持、部门各负其责、社会广泛参与、人民群众为主体的法治宣传教育体制机制，形成大普法工作格局。制订普法责任清单，落实"谁执法、谁普法""谁主管、谁普法""谁服务、谁普法"普法责任制，督促加强本系统本行业本单位人员学法用法工作，加大对执法对象、服务管理对象的普法力度，不搞"不教而诛"。

3.创新载体强宣传

充分把握宣传时机，做到人民群众急需什么类型的法律，就宣传什么法律知识，真正实现"要我学"为"我要学"。用好典型案例，每年精选一批多发高发的案（事）件，通过开放庭审、现场调解等方式，以案释法，让身边案教育警示身边人。把宣传法律条文与传统文化、公序良俗有机融合，让人民群众听得懂、传得开、用得上。健全全媒体法治传播体系，从小角度讲大道理、以正能量激发大流量，让天津市民切实感受到法治的强大力量。

4.社区创建再上新水平

自《天津市文明行为促进条例》实施以来，至 2020 年 12 月 31 日全市共创建了 1061 个美丽社区（全市社区共 1780 个），占全市社区总数的60%。将《天津市文明行为促进条例》规定及时充实到美丽社区与精品美丽社区评估指标中，完善创建标准，科学组织创建实施，2020 年全年完成创建美丽社区 139 个、精品美丽社区 8 个。将倡导文明行为、革除陈规陋俗等内容纳入居民公约和村规民约，积极营造文明行为人人做、文明成果大家享的良好氛围。新冠肺炎疫情发生后，开展"筑牢心理防线打造安心社区"心理援助志愿服务，组织 55 家社会组织，招募 267 名社会工作师、心理咨询师，开通心理服务热线、微信平台 7 个，为社区工作者、困难群众家庭提供心理援助服务约 2000 人次。

5. 政务服务便利度进一步提升

在各级政务服务中心和专业办事大厅设置 379 个"办不成事"反映窗口，倒逼各级各部门最大限度解决企业群众的"急难愁盼"问题。政务服务事项容缺受理实现全覆盖。制定"免申即享"政策清单，发展改革、检验检疫、生态环境、城市管理、工程建设、教育、税务等方面 59 项惠企便民政策，符合条件的企业群众不必申报即可直接享受。推动政务服务应用适老化改造，为老年人办事提供便利化服务。实现水电气一体化报装等 15 个"一件事"场景应用，开辟残疾人、老年人特色服务专区专栏，网站无障碍、适老化服务能力明显提升。推行智能服务，全市建成 140 个自助服务区，在 625 个银行网点智慧柜员机上开通政务服务功能，上线 200 余项自助办理事项。市级行政许可事项网上审批和"零跑动"事项比例由 30% 提升到 81%。

6. 创建安全稳定的社会环境

全市公安机关坚持严格规范公正文明执法，依托三级矛盾纠纷调解新机制，排查化解矛盾纠纷 18 万起。依法开展疫情防控。严打各类违法犯罪，常态化推进扫黑除恶斗争，开展"雷霆""昆仑"等专项行动，刑事发案量在四大直辖市中最低，破案率再创历史新高。审慎使用查封扣押冻结强制措施，出台市场主体首次轻微行政违法免罚清单，大力推进"互联网+公安政务服务"建设，公安政务服务事项实现"应上网尽上网"办理。落实"谁执法、谁普法"责任制，制订年度普法工作方案，为学校配备法治副校长、开展法治宣传进课堂，引导社会公众广泛关注、积极参与法治建设。2020

年圆满完成全市 16 个属地分局执法办案管理中心建设和 53 个基层派出所办案区智能化升级改造任务，全面推行刑事案件和重大治安行政案件在执法办案管理中心"一站式"办案工作机制。

这些成功的实践与探索，为今后工作打下了坚实基础，积累了有益经验，带来了深刻启示。实践告诉我们，推进基层法治建设，要将党的领导放在首位，在立法、执法、司法、守法四个环节充分发挥党的领导、保障和带头作用，确保基层法治建设方向的正确性；始终坚持人民主体地位，要在基层法治建设全过程、各方面体现人民利益、维护人民权益、增进人民福祉；依法执政与依法行政共同促进，法治政府和法治社会一体建设，共同解决好基层法治建设中的突出问题；始终从天津实际出发，把中央要求和天津的实践紧密结合起来，求真务实、开拓创新，一步一个脚印向前推进。

三 天津市基层治理法治化展望

加强基层治理法治化建设，既是市域社会治理现代化的必然要求，也是全面依法治国的题中应有之义。天津作为一个超大城市，基层治理法治化建设还面临许多问题和挑战。一方面，基层治理法治化建设体系还很不完善，缺乏较为完善的顶层设计、政策体系和统筹协调机制，条块分割、政策碎片化、部门利益问题突出，基层组织、自治组织、社会组织、市场组织工作缺位、越位、错位现象仍然存在。另一方面，社会治理能力不强，基层基础工作薄弱，系统治理、依法治理、综合治理、源头治理能力还比较差，当前推进天津社会治理的任务十分艰巨繁重。

下一步天津推进基层治理法治化的具体举措包括以下几个方面。

（一）深化全面依法治市理念，加强基层治理的党建引领

1. 充分发挥基层党组织的领导作用

将工作重点转移到新时代基层治理建设上来，继续抓好 50 条措施落实，

将习近平法治思想"十一个坚持"贯穿到法治建设的全过程、各方面，落实到基层社会发展全领域、各行业，为天津基层治理法治化建设提供有力的政策支持和制度保障；吸收"领导包案""吹哨报到"等经验做法，创新方法手段、固化天津经验，加快基层法治化党组织建设。

2. 持续督促"关键少数"履职尽责

党的十九届四中全会指出，"各级党委和政府以及各级领导干部要切实强化制度意识，带头维护制度权威，做制度执行的表率"。各级党委、政府应继续深入学习宣传贯彻习近平法治思想，各级领导干部特别是基层领导干部要切实发挥示范引领作用，带头学习、带头宣讲、带头落实，做到学思用贯通、知信行统一。完善落实基层法治建设第一责任人职责工作责任清单，知责明责、履责尽责，带头抓好法治天津建设"一规划两纲要"落地实施，做尊法学法守法用法的模范。

（二）立法当先，为基层治理法治化建设提供法治保障

法治政府建设是重点任务和主体工程，必须率先突破，用法治给行政权力定规矩、划界限，基层治理法治化是天津法治政府建设的基础。

1. 要加快出台与天津基层社会现状相适应的配套法律法规

"尊重私法领域多元主体的合作治理，以法规制度约束基层治理多元主体特别是基层干部的行为，营造一种办事依法、遇事找法、解决问题用法、化解矛盾靠法的氛围"①，促使基层治理法治化程度逐步提升。

2. 要健全完善依法行政制度体系

加快推进重要领域、新兴领域立法，加强评估论证、合法性审核、备案审查等监督管理工作，严格落实向社会公开征求意见程序，以良法促进发展、保障善治。

3. 要加强重大行政决策能力建设

推动出台公众参与、专家论证、风险评估、合法性审查、集体讨论等相

---

① 马俊：《新时代基层治理法治化路径探讨——基于对合肥市部分街道的调查》，《社会治理》2021 年第 4 期。

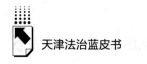

关配套制度，主动公开决策事项、依据和结果，加大法律顾问、公职律师制度推进力度，提高科学决策、民主决策、依法决策水平。

4. 要促进严格规范公正文明执法

深化行政执法体制改革，严格执行行政执法"三项制度"，抓实抓细法治政府示范创建，用好法治政府建设第三方评估成果，开展"典型差案"评查和"示范优案"评选，构建职责明确、依法行政的政府治理体系。

（三）法治保障，守护人民美好生活

基层治理法治化建设最广泛、最深厚的基础在人民，必须坚持法治为了人民、依靠人民。基层治理要坚持开门搞整改，边治理边向群众问需、边向群众请教、边向群众汇报，深化法治为民办实事活动，切实解决群众操心事烦心事揪心事和"急难愁盼"问题，让群众在治理中得到实惠。

一是要加大重点领域执法力度，特别在食品药品、公共卫生、生态环境、安全生产等方面持续用力，严厉打击拐卖妇女儿童违法犯罪，深入开展全市校园配餐食品安全排查整治专项行动，持续整治拖欠农民工工资、"懒政""怠政"、疫情防控层层加码而服务保障又跟不上等问题，织密民生法治保障网。

二是要依法保护各类市场主体的产权和合法权益，加强经济新业态和新领域的依法保障和规范发展，打通经济循环堵点，激发市场主体活力，提亮高质量发展的"法治底色"。

三是要持续优化法治化营商环境，杜绝随意"拉闸限电"、一律"关停禁止"等影响生产生活问题，依法规范行业协会，防止"红顶中介"等加重企业负担。

四是要强化契约精神，依法治理恶意拖欠账款和逃废债行为，加强金融法治建设，完善金融风险处置机制，防止经济金融风险向政治、社会领域传导。

（四）提升能力，加强基层法治队伍建设

毛泽东同志指出："政治路线确定之后，干部就是决定的因素。"[1] 加强基层法治建设，就要打造一支高素质的基层法治队伍，培养一批能依法办事的基层法治人才。

1. 要增强基层干部的法治思维，提升为民服务意识

引导干部转变传统的基层治理思维，将法治化理念融入日常工作，在执法、管理和服务过程中遵循权力清单、责任清单、负面清单、公共服务清单、涉企收费清单等清单制度，严格按照法律法规规定的边界行使权力。

2. 要创新机制和方法，加强法治培训

明确各级政府法制培训职责，深化基层法治工作部门全战线、全覆盖培训轮训，进一步扩大社会面宣传，用好《论坚持全面依法治国》《习近平法治思想学习纲要》等权威教材，强化法治工作队伍思想武装、灵魂武装、法理武装，推动习近平法治思想走进千家万户、走进群众心里。要把学习宣传贯彻情况列为年度重点考查内容，加强基层法治工作者学法用法考法，切实把法治思想熔铸于心、落实于行。

3. 要增强监督合力，加大对基层权力运行的监督力度

应强化对基层公权力行使的全过程监督，完善党内监督、民主监督、社会监督、舆论监督等多种形式并存的监督体制机制建设。扩大干部考核范围，将法治素养和依法履职情况列为评价考核的重要内容，把法治建设第一责任人履职情况列为全面依法治市考评指标，作为领导班子和领导干部年度考核的重要内容，让法治考核实起来、硬起来。

（五）形成治理合力，营造法治化社会风尚

党的十九届四中全会决定强调："健全党组织领导的自治、法治、德治

---

[1] 《毛泽东选集》（第二卷），人民出版社，1991，第 526 页。

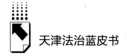

相结合的城乡基层治理体系。"① 自治、法治、德治各自独立，却又相互融合、协同合作，最终形成了一个科学严谨、协调统一、动态调整、彼此平衡的"三治融合"协同治理体系。

要积极发挥"德治"的基础性作用，用"德治"为"法治"发展辨明方向。"法律是成文的道德，道德是内心的法律"②，道德建设的目标就是要形成全社会共识的内在约束。天津要注重道德建设与法治建设的融合，"在基层治理中将传统德治文化与现代法治精神结合起来，在基层厚植法治精神和道德底蕴，用德治的文化因子激活法治的责任情感"③，让内在约束与外在约束的价值导向相统一，最终形成相互尊重、和谐友善、互谅互让的良好社会风尚。

要完善"法治"对"德治"的保障作用，提升基层社会"自治"水平。要进一步完善与天津市基层治理相适应的法律保障体系，发挥基层自治组织和团体章程、市民公约的基础性作用，唤醒基层群众的自治热情，共建社会化、法治化、专业化、智能化的基层治理体系。

在新起点上加强基层法治建设，必须深入贯彻落实习近平总书记全面依法治国新理念新思想新战略，立足天津之特、担当天津之责、作出天津之为，努力争创"法治建设先行区"。实现这个目标，一个是要在"先"上做足功夫，就是要在制度规章建立、法治政府建设、执法司法水平和法治社会建设等方面领先、创先、争先；一个是要在"行"上用足长劲，以坚定的法治信仰、科学的法治理念、担当的法治精神、过硬的法治本领，始终贯彻党的路线方针政策，做好国家宪法法律的执行、施行和遵行，切实增强法律法规的执行力，提升基层治理法治化水平。

---

① 党的十九届四中全会决定学习辅导百问编写组：《党的十九届四中全会决定学习辅导百问》，党建读物出版社、学习出版社，2019，第 22 页。
② 习近平：《习近平谈治国理政》（第二卷），外文出版社，2017，第 133 页。
③ 马俊：《新时代基层治理法治化路径探讨——基于对合肥市部分街道的调查》，《社会治理》2021 年第 4 期。

典型案例

Typical Instance

B.20
天津市知识产权行政保护的
创新实践与展望

天津市知识产权保护研究课题组*

摘　要： 天津市知识产权行政保护形成了六大方面的成功经验：紧盯关键，生产销售多环节全方位监控；双线并进，投诉举报与主动执法相结合；行刑协同，构筑知识产权综合保护体系；夯实基础，健全知识产权保护各项制度；加大力度，切实提高违法成本；突出重点，持续强化商标专用权保护等。天津市需继续重视思想引领，统筹推进知识产权行政保护；完善工作机制，全面提升知识产权行政保护法治化水平；深化法治宣传，积极营造良好的知识产权舆论环境；加强制度供给，夯实知识产权行政保护的法治根基；深化协同机制，构筑知识产权大保护工作格局；创新执法方式，形成知识产权行政保护长效治理机制。

---

*　执笔人：王果，天津商业大学法学院讲师，法学博士。市知识产权局提供相关资料。本文系天津市法学会2022年度法学研究专项委托课题"天津市知识产权行政保护的创新实践与展望"（课题编号：TJWT2022004）研究成果。

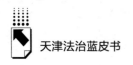
关键词： 知识产权行政保护 协同保护 专项治理

《知识产权强国建设纲要（2021~2035 年）》指出，要建设支撑国际一流营商环境的知识产权保护体系，健全便捷高效、严格公正、公开透明的行政保护体系。为深入贯彻落实这一要求，天津市着力提高知识产权保护水平，积极打造知识产权保护高地，在知识产权行政保护方面进行了诸多探索，初步形成了知识产权快保护、严保护、大保护和同保护的格局。

一 天津市加强知识产权保护概况

近年来，天津市认真落实党中央、国务院关于知识产权工作的决策部署，全面抓好知识产权创造、保护、运用、服务等各项工作，取得了明显成效。

一是知识产权创造水平不断提高。2021 年全年天津市专利、商标、作品、植物新品种等各项知识产权发展状况（见表 1)①。

表 1 2021 年天津市主要知识产权发展状况

单位：件，%

	专利授权	有效专利	有效发明专利	每万人口发明专利拥有量	高价值专利拥有量	每万人口高价值专利拥有量
数量	9.8 万	30.8 万	4.3 万	31.3	1.7 万	12.4
同比增长率	29.8	25.5	13.8	28.3	—	—
	商标注册申请	核准注册商标	有效注册商标	作品登记数量	农业植物新品种申报	植物新品种授权
数量	9.5 万	6.8 万	35.3 万	9.14 万	88	27
同比增长率	11.7	32.9	22.1	—	—	28.6

---

① 张璐：《我市发布 2021 年知识产权发展状况白皮书和知识产权保护状况白皮书》，《天津日报》2022 年 4 月 26 日，第 6 版。

从表1的数据可以看出，天津市知识产权高质量发展取得新成绩，主要知识产权数量指标再创新高，这得益于天津市始终将提升知识产权质量和效益贯穿知识产权创造的全过程。

二是知识产权保护力度持续加强。2021年度，全年各级知识产权行政执法部门立案查处知识产权行政案件1954件，调解各类专利纠纷案件118件。市市场监管委全年共查办知识产权类案件469件，罚没款合计1137万元。市知识产权局调解专利纠纷案件36起①。天津市在加大知识产权行政保护力度的同时，也重视行政保护手段创新，提高行政保护效率。

二 典型案例与经验做法

案例来源于实践，天津市在持续加强知识产权行政保护的过程中，涌现了大量具有重要理论意义与现实意义的案例。这些案例充分反映了天津市的地区实际，深入剖析案例，不仅有助于发挥典型案例的引领、示范、指导作用，更有利于总结经验，进一步提升知识产权行政保护水平。

（一）天津市加强知识产权行政保护的典型案例

2022年4月25日，天津市发布2021年度知识产权行政保护十大典型案例，现以其中三个涉及商标专用权的案例为样本，分析天津市知识产权行政保护的经验做法，案例主要案情与处理结果如下。

案例一：天津某乐器公司生产侵犯"YAMAHA"
注册商标专用权架子鼓案

2021年4月6日，天津市静海区市场监管局执法人员对天津某乐器公司进行执法检查，经现场确认与调查认定，标有"YAMAHA"注册商标标

---

① 张璐：《我市发布2021年知识产权发展状况白皮书和知识产权保护状况白皮书》，《天津日报》2022年4月26日，第6版。

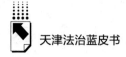

识的架子鼓 30 套，系当事人未经授权擅自使用注册商标，依据《商标法》和《天津市知识产权保护条例》的相关规定没收上述侵权物品，并对当事人处以 60000 元罚款①。

案例二：天津市滨海新区某烟酒经营部销售侵犯
注册商标专用权的商品案

2021 年 5 月 20 日，天津市市场监管综合行政执法总队根据举报线索，在公安机关的配合下，对当事人进行检查，共发现茅台、五粮液、剑南春等六种知名品牌白酒 286 瓶，涉案金额 19.7 万元。经调查认定，这些商标未获得权利人合法授权，且当事人具有明显主观故意，涉嫌构成犯罪，依据《商标法》《刑法》的相关规定，移送公安机关进行处理②。

案例三：天津市某商业管理公司某休闲广场商标侵权案

2021 年 4 月，天津市和平区市场监督管理局根据举报线索，在对场内商户销售侵犯商标专用权行为进行查处后，对当事人天津市某商业管理公司某休闲广场进行立案调查，认定其知道市场内经营者实施侵权行为仍未采取必要措施制止，构成《商标法》和《商标法实施条例》规定的帮助侵权，罚款 40000 元③。

（二）天津市知识产权行政保护的经验做法

从上述三个案例可知，天津市知识产权行政保护之所以取得显著成效，得益于以下五项举措。

---

① 《市知识产权局发布 2021 年度知识产权行政保护典型案例》，《天津日报》2022 年 4 月 27 日，第 10 版。
② 《市知识产权局发布 2021 年度知识产权行政保护典型案例》，《天津日报》2022 年 4 月 27 日，第 10 版。
③ 《市知识产权局发布 2021 年度知识产权行政保护典型案例》，《天津日报》2022 年 4 月 27 日，第 10 版。

1. 紧盯关键，生产销售多环节全方位监控

案例一涉及的侵权行为是未经商标注册人许可，擅自在自己生产的商品上使用与注册商标相同的商标，是生产环节的商标侵权行为；案例二和案例三则是销售环节的商标侵权行为，但案例二和案例三的侵权主体与侵权性质并不相同。案例二的行为是销售侵犯注册商标专用权的商品，是直接侵权行为，销售者是侵权主体；而案例三涉及的行为是故意为侵犯他人商标专用权行为提供便利条件，帮助他人实施侵犯商标专用权的行为，是间接侵权行为，其责任主体是经营场所。为强化知识产权行政保护效果，天津市同时紧盯生产与销售等关键环节，多渠道、全方位监控，尤其是在生产环节对商标侵权行为的制止，有利于从源头改善市场秩序和消费环境。在责任主体方面，除强调经营者个人，也同时重视经营场所的行为规范。打击经营场所帮助侵权行为，有利于促进经营场所落实知识产权保护主体责任，自觉维护并监督场所内部知识产权市场环境。

2. 双线并进，投诉举报与主动执法相结合

在查处方式上，案例一是市场监管部门主动执法，案例二和案例三来源于线索举报。投诉举报的被动执法与监管部门的主动执法结合形成保护合力，共同保障了天津市知识产权保护效能提升与营商环境持续改善。投诉举报是民众参与知识产权社会治理的重要途径，其畅通与否直接关系到社会监督作用能否实际发挥。为服务社会各界、促进经济发展，天津市市场监督管理委员会、天津市知识产权局等主要部门，努力利用现代化信息手段为广大群众提供便民服务，其官方网站上均设有"投诉举报"栏目，包含服务热线、投诉举报邮箱、投诉举报地址等各项信息，为群众提供了多种快速便捷的投诉途径。天津市市场监督管理委员会在网站互动平台栏目还公布了市市场监管委机关各处室联系电话、各区市场监管局通讯录。

监管部门的主动执法则主要依托"双随机、一公开"的随机抽查。在市场监管领域全面推行"双随机、一公开"监管，是党中央、国务院在新的市场环境下市场监管理念和监管方式的重大创新，对减轻企业负担、转变政府职能具有重大现实意义。为落实"双随机、一公开"常态化监管要求，

天津市首先结合本市实践进一步细化了国务院、市场监管总局的工作要求；同时，各部门深入开展"双随机、一公开"检查，根据《天津市市场监管部门随机抽查事项清单》《天津市部门联合"双随机、一公开"抽查事项清单》的规定，专利真实性、商标使用行为、商标代理行为、专利代理行为等，均在检查范围内，检查方式包括现场检查与书面检查。

3. 行刑协同，构筑知识产权综合保护体系

在案例二中，因涉案金额19.7万元，且当事人主观故意明显，已达到刑事追诉标准，市场监管部门按照规定将该案移送给公安机关处理。该案是知识产权保护行刑衔接的典型，案件本身也是在市场监管部门与公安部门的配合下查处的。知识产权行政保护具有主动性强、高效便捷等特点，可有效弥补知识产权司法保护的不足。实践证明，知识产权行政执法与司法双轨并行、协调配合契合我国国情，能够为权利人提供事前、事中和事后全过程、全方位的保护，同时也有利于严厉打击违法侵权行为。2020年，天津市人民检察院第二分院与天津市知识产权保护中心、天津市版权局共同签署了《知识产权刑事保护合作框架协议》，旨在不断完善知识产权协同保护工作机制，实现知识产权行政执法与刑事司法的无缝对接，提升知识产权保护工作水平。

除行刑衔接外，天津市各部门持续深化知识产权协同机制，努力构筑新时期"严保护"工作格局。市知识产权局组织公安、检察、法院、商务、版权、文化行政执法、海关等知识产权保护重点部门，建立了定期交流、案件协查、专题研判、重点企业服务等工作协调机制，推进全市知识产权保护工作形成"一盘棋"。2020年，天津市高级人民法院、市司法局、市农业农村委、市文旅局、市市场监管委、市知识产权局及市仲裁委员会七家单位会签《关于深入推进知识产权纠纷多元化解工作的实施意见》，共同构建了天津市知识产权纠纷多元化解长效机制。天津市高级人民法院与市贸促会签订《关于建立完善知识产权纠纷诉调对接机制合作备忘录》，天津第一中级人民法院与市娱乐场所协会签署《关于建立音乐作品等著作权侵权纠纷多元化解工作机制的意见》，建立了知识产权诉调对接机制。

4.夯实基础,健全知识产权保护各项制度

天津市着力健全知识产权保护各项法律制度,推进知识产权依法治理。按照依法治市、严格保护的总体要求,天津市先后制定、修改了《天津市知识产权保护条例》《天津市优化营商环境条例》《天津市专利促进与保护条例》《天津市市场和质量监督管理委员会行政处罚裁量适用规则》等法律法规和政策性文件,形成了层级分明、体系完备的知识产权保护法律体系。其中,2019年制定实施的《天津市知识产权保护条例》,是全国首部省级知识产权保护的综合性地方性法规,该条例的实施标志着天津市知识产权工作迈上了法治建设新台阶。在案例一中,执法部门的处罚依据就同时包含了《商标法》与《天津市知识产权保护条例》。

其他各部门也积极完善内部制度建设,市市场监管委印发《2020~2021年天津市强化知识产权保护推进计划》,大力提升知识产权保护力度。市高级人民法院颁布《关于为创新驱动发展提供知识产权司法保障的若干意见》和《关于加强知识产权司法保护的实施意见》,出台40余项司法保护举措,保障了权利人的合法权益。市人民检察院制定《天津市检察机关关于打击侵权假冒工作要点》,明确了知识产权保护重点工作;出台《办理侵犯商标权类犯罪案件指引》和《办理侵犯著作权犯罪案件指引》,进一步提升侵犯知识产权犯罪案件的办理质量;研究制定《关于建立捕诉分离案件双向通报听取意见机制的意见》,发挥捕诉一体优势,有效解决知识产权刑事案件捕诉分离问题。市司法局制定《关于健全行政裁决制度 加强行政裁决工作的指导意见》,使行政裁决在化解矛盾纠纷、维护社会和谐稳定中的作用更加突出。整体来看,天津市知识产权保护制度不断完善,保护体系更为健全,知识产权在优化营商环境、促进经济高质量发展中的作用更加显著。

5.突出重点,持续强化商标专用权保护

知识产权保护一直是天津市行政执法的重点领域,而商标专用权又是知识产权保护重点中的重点。2021年度发布的十个知识产权行政保护典型案例中,有6个涉及商标专用权侵权,可见天津市对商标专用权的保护力度之大。商标专用权侵权一般集中在群众反映强烈、社会舆论关注的重点领域,

以商标专用权的保护为重点,重拳出击、整治到底,对震慑潜在侵权、净化市场环境、维护消费者权益具有重大意义。2020年,市知识产权局先后印发了《新冠肺炎疫情期间打击侵犯注册商标专用权违法行为的通知》和《做好2020年度商标专用权保护工作的通知》,重点打击生产销售防疫用品、食品等侵犯注册商标专用权违法行为,维护商标权利人和消费者合法权益。积极贯彻落实市市场监管委关于开展知识产权执法保护百日专项行动的部署,以保护驰名商标、老字号商标品牌为重点,指导各区局严厉查处商标侵权、地理标志侵权等违法行为,助力驰名商标、老字号企业健康发展,提升品牌经济效益和市场活力。

三 天津市继续深化知识产权行政保护的对策建议

(一)重视思想引领,统筹推进知识产权行政保护

认真学习领会习近平总书记关于知识产权保护的重要论述,以习近平法治思想统领知识产权行政保护的各项工作,推动贯彻落实习近平法治思想的系列文件,将习近平法治思想指引体现到知识产权创造、保护、运用、服务等各项工作中。将习近平法治思想作为重点学习内容,纳入执法人员培训计划,加强对《习近平法治思想学习纲要》《习近平法治思想概论》等的学习,推动习近平法治思想入脑入心、走深走实。推进《天津市知识产权保护条例》《天津市知识产权强市建设纲要(2021~2035年)》《关于强化知识产权保护的实施意见》《天津市知识产权"十四五"规划》落实落地。

(二)完善工作机制,全面提升知识产权行政保护法治化水平

加强党对法治建设的领导,坚持以人民为中心的发展思想,以法治建设为抓手,把政治和业务有机结合,不断提高各级领导干部的政治判断力、政治领悟力、政治执行力。推进法治队伍能力建设,开展多层次的政治理论、

法律法规、业务知识等教育培训，重点围绕《天津市知识产权保护条例》《商标一般违法判断标准》《商标代理管理办法》《专利行政执法办法》等法律法规，集中学习和自主学习相结合，多路径加强执法人员的专业素养和综合素质培训，深化执法人员对知识产权领域新法律法规和业务知识的理解，重点培养执法人员实际运用法律法规查办违法违规案件的能力和查处复杂、新型疑难案件的能力。完善公职律师、法律顾问工作制度，用好外脑资源，充分发挥公职律师、法律顾问作用，为立法论证、重大行政决策、行政规范性文件合法性审查、重大执法决定法制审核、行政执法监督、矛盾纠纷化解等工作提供法律支撑服务，落实法治建设推进机制。

（三）深化法治宣传，积极营造良好的知识产权舆论环境

统筹推动法治宣传教育，推动"谁执法、谁普法"普法责任制落实，把矛盾纠纷排查化解与法律法规政策宣讲有机结合起来，把普法教育贯穿于事前，大力推进知识产权法律法规进企业，通过印发《商户知识产权明白纸》《知识产权知识一纸通》《知识产权金融明白纸》等多种方式，为企业、商户答疑解惑，加强正面引导，推动落实经营场所、市场人员学法用法制度。突出宣传重点，以专利、商标、地理标志、奥林匹克标志、特殊标志与知识产权相关的法律、法规、规章为重点，面向社会开展普法宣传，利用"4·26"世界知识产权日、"中国专利周"、"12·4"普法宣传日等契机开展多形式、全覆盖的宣传活动，营造尊重知识、崇尚创新、诚信守法的良好知识产权舆论环境。创新法治宣传方式，讲好普法故事。大力推进智慧普法，运用新媒体推进网络普法，制作并推送人民群众喜闻乐见的普法宣传产品，提升网络普法的到达率、阅读率。扎实推动精准普法，深化分业、分类、分众法治宣传，提高知识产权普法产品供给的针对性和实效性。推进阵地普法，在新闻媒体开设专栏，打造普法阵地和窗口。推进以案释法，及时发布典型案例，通过普法视频、典型案例的发布，进一步增强全社会尊重和保护知识产权意识。

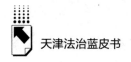

（四）加强制度供给，夯实知识产权行政保护的法治根基

为贯彻落实党中央、国务院关于知识产权工作决策部署和市委、市政府有关要求，天津市研究制定了面向 2035 年的知识产权强市战略纲要和知识产权"十四五"规划，为天津市当前和今后一段时间做好知识产权保护工作打下了坚实基础，提供了有力遵循①。为强化知识产权保护效果，要继续聚焦知识产权行政保护工作重点和热点难点问题，积极参与重点领域的立法工作，以良法促发展、保善治。积极开展重点领域法律制度研究，主动适应新经济时代知识产权保护的法治需求。严格管理行政规范性文件，加强行政规范性文件评估工作，强化行政规范性文件备案审查、监督纠错功能，健全并落实规范性文件动态清理工作机制。

（五）深化协同机制，构筑知识产权"大保护"工作格局

继续深化知识产权大保护工作协调机制，各级知识产权局在加强内部合作的同时，要加强与公安、检察、法院、海关等其他单位的协作，确立并健全知识产权跨部门、跨地区执法联席会议制度，形成线索通报、信息共享、案件查办、案件移送等方面的长效合作机制。优化快速协同保护机制，充分发挥中国（天津）知识产权保护中心和中国（滨海新区）知识产权保护中心"双中心""一站式"保护服务平台作用，在开展执法培训、共享保护资源、提供技术咨询、协助整理案卷等领域深入协作。

（六）创新执法方式，形成知识产权行政保护长效治理机制

健全日常执法与专项执法相结合机制。日常执法要继续转变监管理念，创新监管方式，积极推进"双随机、一公开"检查，以监管促发展。专项执法要突出重点，坚持线上线下同步治理、同步保护，密切关注群众反映强

---

① 王敏：《〈2020 年天津市知识产权发展状况白皮书〉和〈2020 年天津市知识产权保护状况白皮书〉发布》，2021 年 4 月 26 日，中国战略新兴产业网，http://www.chinasei.com.cn/lpz/202104/t20210426_ 38024. html。

烈、社会舆论关注、侵权多发的领域和区域。建立健全日常执法与专项执法衔接机制，充分发挥日常执法长期性与专项执法规模化的优势，提高执法水平与执法效率，形成知识产权行政保护长效治理机制，维护市场经济秩序的有序运转。

参考文献

［1］李春晖、林子韬：《论知识产权行政保护体系之健全——从〈知识产权强国建设纲要〉基本要求切入》，《中国市场监管研究》2022 年第 4 期。

［2］张璐：《我市发布 2021 年知识产权发展状况白皮书和知识产权保护状况白皮书》，《天津日报》2022 年 4 月 26 日，第 6 版。

［3］戚建刚：《走中国特色知识产权行政保护之路》，《中国高校社会科学》2020 年第 6 期。

［4］申长雨：《深入学习贯彻党的十九大精神，推动新时代知识产权工作再上新台阶》，《人民论坛》2018 年第 9 期。

［5］戚建刚：《优化营商环境与知识产权保护法研究》，《理论探索》2021 年第 2 期。

B.21
天津市危险废物治理法治化的典型实践

天津市危险废物治理法治化研究课题组*

摘　要： 近年来，天津市深入践行习近平生态文明思想和习近平法治思想，不断提高政治站位，持续推进危险废物治理。相继出台了《天津市生态环境保护责任清单》《关于加强我市2021年危险废物监管工作的通知》《天津市"十四五"危险废物规范化环境管理评估工作方案》等，深化履行危险废物治理职能，着力完善危险废物规范化监管体系，深入开展系列集中整治行动，精细优化危险废物环境执法方式，用法治的力量推动危险废物治理水平和能力全面提升。

关键词： 生态环境　危险废物　环境保护执法　法治政府

　　危险废物是指列入国家危险废物名录或者根据国家规定的危险废物鉴别标准和鉴别方法认定的具有危险特性的固体废物，是生产生活不可避免但又危害极大的"副产品"。为切实保障人民群众的生态环境安全，天津市深入践行习近平生态文明思想和习近平法治思想，不断强化危险废物全过程依法监管、优化执法方式，用法治力量推动危险废物高效能治理，形成了一系列经验做法和典型案例。

---

* 执笔人：张新宇，天津社会科学院资源环境与生态研究所，法学博士，副研究员。市生态环境局提供相关资料。

一 天津市危险废物治理的基本情况

在现有技术条件下，危险废物的产生不可避免。虽然我国近年来不断强化污染物源头减量，但随着经济规模、社会规模的扩大，危险废物的产生仍呈现不断增长趋势。2021 年天津市工业危险废物共计 94.8 万吨，与 2018 年相比增长了 28.9%①。其中主要危险废物类别包括 HW34 废酸、HW18 焚烧飞灰、HW08 废矿物油、HW49 其他废物（主要为沾染废物、实验室废液及电子类危险废物）、HW17 表面处理废物以及 HW09 油/水、烃/水混合物或乳化液等。此外，2021 年全市医疗废物为 21676 吨，其中 5941 吨为涉新冠肺炎疫情医疗废物②。

危险废物对生态环境安全构成极大威胁。为此，天津市近年来不断提高政治站位，始终保持方向不变，力度不减，持续推进危险废物治理，依法严厉打击危险废物环境违法行为。2018 年全面启动污染防治攻坚战三年行动，依托净土保卫战大力推进危险废物处置治理，制定实施了《坚决遏制固体废物非法转移和倾倒，进一步加强危险废物全过程监管实施方案》，深化开展了危险废物规范化管理督查考核。2019 年组织开展了"危险废物经营单位安全隐患排查行动""医疗废物专项行动"等一系列行动。2020 年以新修订的《固体废物污染环境防治法》实施为契机，又组织开展了"天津市全面排查整治危险废物专项行动"以及"2020～2022 年天津市危险废物专项整治""危险废物等安全专项整治三年行动"等一系列长期性、连续性行动。在 2020 年生态环境部、最高人民检察院、公安部联合开展的打击危险废物环境违法犯罪行为活动中，天津市武清区生态环境局等八个集体以及天津市生态环境保护综合行政执法总队等部门的 12 个个人受到了表彰；天津市武清区刘某某非法收集处置废铅蓄电池涉嫌污染环境犯罪案入选"生态

---

① 以上数据根据《2018 年天津市固体废物污染防治公告》《2021 年天津市固体废物污染防治公告》所公布的数据整理计算所得。

② 数据来源：《2021 年天津市固体废物污染防治公告》。

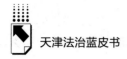

环境部公布打击危险废物环境违法犯罪典型案例（第一批）"。

在"十三五"危险废物治理成效基础上，2021年天津市有关部门继续深化落实主体责任，相继出台了《关于加强我市2021年危险废物监管工作的通知》《天津市"十四五"危险废物规范化环境管理评估工作方案》等规定，进一步完善相关规范化监管体系，深入开展集中整治，推动环境保护执法效能、危险废物治理水平和能力进一步提升。到2021年底，全市共有危险废物持证单位43家，收集、处置、利用总能力达218.7万吨/年，全年工业危险废物年综合利用量达到73.6万吨，无害化处置量达到21.2万吨①，实现危险废物零排放。同时，危险废物全过程管理模式更加完善，危险废物管理计划备案、产生情况申报、电子转移联单运行、持危险废物许可证单位年报报送等规范化管理制度更加完备。危险废物违法犯罪执法处罚力度也得到有力加强。在天津市深化推进危险废物治理进程中，法治化建设发挥了重要作用。

二　法治化治理的主要做法

天津市在推进危险废物法治化治理进程中，明确防治职责，规范职权事权，加强全过程规范化管理，落实企业主体责任，整合资源形成合力，优化执法方式，取得了良好的治理效果，形成了丰富的法治化治理经验。

（一）明确责任清单，全面履行危险废物污染防治和风险防范职责

2021年天津市制定发布了《天津市生态环境保护责任清单》，全面梳理了市、区、街相关党政机关共9类50个主体247条环境保护责任事项。在加强环境污染防治、防范生态环境风险方面，各部门的职权事项和职责边界得到进一步规范，市、区、街各级部门（单位）的相关主体责任进一步明确，"党政同责、一岗双责"进一步强化，责任主体设置做到"横向到边、

---

① 数据来源：《2021年天津市固体废物污染防治公告》。

纵向到底"。在此基础上，天津市生态环境局制定发布了《关于加强我市2021年危险废物监管工作的通知》，进一步明确了市区生态环境部门危险废物监管范围和工作职责。围绕持续提升危险废物治理"三个能力"、严格落实中央生态环境保护督查整改要求、强化危险废物规范化环境管理、推进危险废物环境管理信息化工作、继续开展铅蓄电池生产企业集中收集和跨区域转运制度试点工作、加大《固体废物污染环境防治法》宣传贯彻力度等方面提出了具体工作要求，作出了明确工作安排。同时，细化制定了《天津市机动车维修等行业危险废物专项整治行动工作方案》《天津市工业园区污水处理厂污泥处理处置专项排查整治工作方案》《天津市2021年危险废物规范化管理工作方案》，全面推进有关危险废物监管专项行动。

（二）优化法治化营商环境，有效提升危险废物监管政务服务质量

2021年以来，天津市环境保护部门深化落实《关于进一步优化营商环境 以生态环境高水平保护推动经济高质量发展的若干举措》（津环综〔2021〕10号）。持续推动实施天津市环境保护企业"领跑者"制度，瀚洋汇和、合佳威立雅等多家涉危企业入选，对全市危险废物产生和经营企业产生正向激励效应。全面落实生态环境监督执法正面清单制度，在危险废物规范化管理评估、执法检查等领域推动差异化执法监管，在涉危险废物执法案件中全面落实《天津市环境行政处罚裁量基准》。将涉危险废物企业监管纳入"双随机、一公开"工作机制，在坚持对重点污染企业全面监管、严格检查的基础上切实减少对企业正常生产经营活动的干扰，减轻企业负担。制定发布《天津市危险废物利用行业建设项目投资引导性公告》，有效引导企业和社会资本依法参与危险废物治理经营。依托危险废物安全隐患大起底大排查等专项行动，组织市级安全生产专家对危险废物经营单位开展帮扶。

（三）依法加强危险废物全过程规范化管理，深化落实企业主体责任

全面实施《固体废物污染环境防治法》，严格推行危险废物标识制度、

管理计划及备案制度、申报登记制度、源头分类制度、转移联单制度、经营许可证制度、应急预案及备案制度、污染防治责任制度等规范化管理制度。围绕上述制度和环节，深入实施危险废物全过程信息化监管，实现登记、备案、转移全流程线上管理。启用"天津市医疗废物运输轨迹监控系统"。到2021年底，全市工业危险废物在线转移平台注册用户达2.1万家，市内危险废物转移手续全部实行网上办理。深化开展天津市危险废物集中收集试点、铅蓄电池生产企业集中收集和跨区域转运制度试点，不断完善危险废物规范化管理闭环体系。加强重点企业监管，动态更新危险废物重点监管企业清单。2021年共有423家单位被纳入天津市固体废物及危险废物环境重点监管单位名录。

完善制定《天津市"十四五"危险废物规范化环境管理评估工作方案》（以下简称《评估方案》），通过健全依法评估机制推动企业自觉有效履行危险废物规范管理主体责任。《评估方案》明确了危险废物规范化管理方面危险废物产生单位和经营单位两类企业的主体责任以及市、区两级生态环境相关部门各自的监管、评估职责。《评估方案》建立了分级负责评估机制，明确了评估重点。同时，《评估方案》还明确了相应考核、激励机制。其中，规定市生态环境局要把评估工作纳入各区政府目标管理绩效评估，相关项目设立奖惩机制；对于产生废物的单位及经营单位，评估结果好的企业可以给予纳入生态环境监督执法正面清单、适当减少抽查频次等奖励，有违法问题的则严厉查处，有效引导企业自觉履行相关规范管理主体责任。

（四）充分整合法治资源，不断增强危险废物治理合力

深化人大执法检查促进机制。2021年天津市深入开展市人大"一法一条例"执法检查，对贯彻实施《固体废物污染环境防治法》《天津市生活垃圾管理条例》情况进行检查，充分总结经验，及时发现问题，提出了依法改进有关工作的意见建议，推动各区、各部门积极整改并完善长效管理机制。深化完善区域联合执法机制。持续强化京津冀联合执法，全面完成三省市毗邻区县联合执法协议的签署。召开京津冀生态环境执法联动工作会，进

一步明确 2021 年度固体废物（危险废物）等领域联合执法部署。2021 年底，天津市与北京市、内蒙古自治区、河北省、山西省共同签订了《华北地区危险废物联防联控联治合作协议》，对危险废物跨省区市转移等事项开展协同管理，加强联合执法，进一步夯实区域生态环境安全。深化环保、公安、司法等部门合作，推进联合执法。进一步强化"行刑衔接"，着力构建"刑责治污"新体系。2021 年天津市生态环境局、市人民检察院、市公安局联合实施"清源 2021"专项行动，以查处非法收集、利用、排放、倾倒、处置废矿物油等危险废物和污染物排放自动监测数据弄虚作假等违法行为为重点，开展联合执法，发现并严惩一批危险废物环境违法犯罪企业，探索形成了"行刑衔接""专案联合查办""提级查办"等执法机制。深化危险废物治理社会多元参与，持续加强涉危险废物的举报、信访受理机制及线索查处机制。2021 年印发了《天津市生态环境违法行为有奖举报办法》，对于涉及危险废物的几种违法行为的举报给予最高等级奖励。

（五）优化执法方式，全面提升危险废物环境执法效能

在危险废物环境执法中深入落实生态环境部《关于优化生态环境保护执法方式 提高执法效能的指导意见》（环执法〔2021〕1 号）。积极推行非现场监管方式，通过危险废物线上管理系统的信息数据发现问题、查找线索，利用无人机、走航车等科技手段辅助开展危险废物监测和执法检查，提高危险废物违法行为打击精准度。2021 年西青区生态环境局相关业务科室通过"天津市危险废物综合监管信息系统"发现某汽车维修公司进行了年度危险废物备案，但未录入电子台账，于是将该问题线索移交执法支队。经现场执法检查发现，该单位确实存在未建立危险废物管理台账的违法行为。经立案审理后对其作出了责令改正并处罚款人民币十万元的行政处罚决定。在加大对环境违法犯罪行为查处力度的同时，依法实施包容审慎执法。依据《天津市环境行政处罚裁量基准》，对未规范设置危险废物识别标志等首次轻微违法行为，加强教育引导，指导督促其限期整改，并视整改情况决定是否免予处罚。同时，深入实施环境保护体检式执法、全程说理式执法、帮扶

式执法，特别是将执法同普法有机结合，全面提升执法效能。2021 年天津市生态环境保护综合行政执法总队的执法人员在某印务公司巡查时发现，其光氧催化减排设备内部部件出现部分损坏，会降低其减排处理效率，考虑到尚未造成严重环境污染影响且为初犯，于是要求其现场整改，免于处罚。同时，针对其设备更换及其他作业过程中可能产生的相关危险废物，执法人员向其详细宣讲了有关法律规定，督导其严格落实规范化管理，从而将危险废物环境污染及违法隐患消除于未然①。在 2021 年度全国环境保护执法"大练兵"中，天津市生态环境局排名从 2019 年的第 24 名上升到第 5 名，环境保护执法能力、水平明显提升。

三　典型执法案例推介

在危险废物监管和治理中产生了一些较为典型的执法案例。下文从危险废物监管前端环节、危险废物储存环节和危险废物转移处置环节分别选取一个典型执法案例，分析总结具体执法过程，总结经验和法治化治理的意义。

（一）危险废物监管前端环节执法典型案例

2021 年 4 月，天津市生态环境局执法人员对位于天津市西青区某镇的某再生资源回收公司进行现场执法检查。执法人员结合有关书面文件报告以及天津市危险废物在线转移监管平台信息等资料，进行核对检查后发现，该公司于 2020 年 9 月取得"危险废物经营许可证"，但在相关废矿物油回收储运项目竣工环保验收过程中存在弄虚作假等违法行为。

现场查询天津市危险废物在线转移监管平台显示，该公司于 2020 年 11 月 3 日收入第一批 1.8 吨废矿物油。但经第三方机构检测验收后，在编制"废矿物油回收储运项目竣工环境保护验收监测报告表"中载有：该公司于

---

① 案例来源："天津生态环境"微信公众号：《市生态环境局多措并举为企业排忧解难，助力优化本市营商环境》，2021 年 5 月 7 日，微信：https://mp.weixin.qq.com/s/3wxVsCOGs7rSbxl6b05jyg。

2020 年 8 月 25 日、26 日进行有组织排放废气环保验收检测，检测生产负荷为 100%，单位时间废矿物油装卸量为 15.3 吨/小时。两项数据差异显示验收检测存在虚假。执法人员通过文件复印、视频录像、相关笔录等对有关证据进行了固定。

天津市生态环境局经立案审理后，向该公司送达了"天津市生态环境局行政处罚听证告知书"，详细告知其违法事实、处罚依据和拟作出的处罚决定，并明确告知其有权进行陈述、申辩或申请听证。经法定期限，该公司未按法定要求申请听证，天津市生态环境局依据《建设项目环境保护管理条例》第 23 条第 1 款的规定，对其作出行政处罚决定，责令该公司限期 3 个月内改正违法行为，同时处以 20 万元罚款[①]。

案例意义：该案例体现了应用危险废物规范化管理信息系统对于加强危险废物监管、提高执法效能具有重要意义。推行危险废物数字化监管、智能化监管、非现场网络化监管是未来的重要趋势。这也表明，必须加强危险废物治理的源头管控，重视涉危险废物项目建设审批、验收环节，加强经营许可审批管理，强化对相关检测机构的规范化管理。

（二）危险废物储存环节执法典型案例

2021 年 9 月，天津市静海区生态环境局执法人员对位于静海区某镇的天津某金属制品公司进行现场检查。

经查，该公司主要生产冷拔丝，年产量为 15000 吨。现场检查时发现，该单位存有危险废物代码为 336-066-17 的污泥约 2.9 吨，未储存于危险废物间内。其中约 900 公斤该种污泥与润滑油、废铁丝、塑料线轴等混存于固体废物间。该行为违反了《固体废物污染环境防治法》第 81 条第 2 款的有关规定："贮存危险废物应当采取符合国家环境保护标准的防护措施。禁止

---

① 案例来源：天津市生态环境保护综合行政执法总队"天津市生态环境局行政处罚决定书"（津市环罚字〔2021〕45 号），2021 年 6 月 10 日，天津市生态环境局官网，http://sthj.tj.gov.cn/ZWGK4828/ZFXXGK8438/FDZDGK27/XZCFQZXZCFXX7581/202106/t20210610_5475705.html。

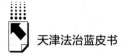

将危险废物混入非危险废物中贮存。"执法人员通过文件复印、视频录像、相关笔录等对有关证据进行了固定。

静海区生态环境局立案审理后向该公司下达了"行政处罚听证告知书"及"行政处罚决定书",该公司逾期未提交听证申请及相关申辩意见,遂根据《固体废物污染环境防治法》第 112 条第 1 款规定,责令其改正并对其处以人民币 105000 元罚款①。

案例意义:危险废物在其产生企业的储存阶段,关系到存放安全、合规转移处置以及后续溯源管理,是危险废物规范化管理的重要一环,同时又是目前违法多发环节,特别是不依法专门存放、不按规定设置标识、不依法建立相关台账问题比较普遍。一方面,需要行政执法人员加强现场执法检查,及时纠正违法行为;另一方面,也要加强普法宣传贯彻工作,督导企业自觉履行规范管理主体责任;同时也要进一步加强视频监控等科技化监管手段的应用。

(三)危险废物转移处置环节执法典型案例

根据群众举报,2021 年 10 月,天津市武清区生态环境局环境执法人员联合天津市生态环境保护综合行政执法总队、天津市生态环境监测中心、天津市公安局武清分局打击犯罪侦查支队以及武清区某镇政府相关人员,共同对徐某某经营的位于武清区某镇的废机油壶粉碎加工点开展现场执法检查。

专业执法人员检查发现,堆放于其厂区内的一批废机油壶及其碎片,属于《国家危险废物名录》中的 HW08 类、危险废物代码为 900-249-08 的危险废物。执法人员通过计量称重和调取徐某某妻子与周某某的微信聊天、转账记录,并结合当事人供述,确认该加工点采取倒卖以及粉碎后售卖等方式共非法处置危险废物超过 3 吨。执法人员采取录像、笔录、移动记录等方式

---

① 案例来源:天津市静海区生态环境局"静海区生态环境局 2021 年行政处罚决定书"(津静环罚字〔2021〕044 号),2021 年 11 月 8 日,天津市静海区人民政府官网,http: // www.tjjh.gov.cn/jhqzf/zwgk_ 28985/zfxxgk_ qjjg1/sthjj1/fdzdgknr12/xzcf_ qz12/202111/ t20211108_ 5696851.html。

对现场证据进行了固定。

按照《最高人民法院、最高人民检察院关于办理环境污染刑事案件适用法律若干问题的解释》（法释〔2016〕29号）第1条第2项、《关于办理环境污染犯罪案件若干问题的意见》、两高三部《关于办理环境污染刑事案件有关问题座谈会纪要》规定，该案已涉嫌严重污染环境犯罪。2022年1月，根据《行政处罚法》《行政执法机关移送涉嫌犯罪案件的规定》等相关规定，环保部门将此案移交公安机关办理①。

案例意义：非法转移、排放、倾倒、处置危险废物是目前危害最大、风险最高的涉危险废物违法行为，情节严重的会触及犯罪，因此，加强行刑衔接联合执法具有重要意义。同时，此案线索源于群众举报，充分表明发挥公众监督作用对提升环境保护执法效能具有重要意义。此外，三个案例从执法人员现场检查过程、证据固定、立案审理、依法听证及最终作出处罚决定等各方面都严格遵循了生态环境保护执法规范化要求，是天津市环境保护法治建设水平的集中体现。

四　前景展望

危险废物治理及其风险防控任重而道远，未来还需持续加强。2022年初，天津市为贯彻落实《国务院办公厅关于印发〈强化危险废物监管和利用处置能力改革实施方案〉的通知》（国办函〔2021〕47号），进一步提升危险废物治理能力，制定发布了《天津市落实强化危险废物监管和利用处置能力改革的若干举措》。立足相关领域改革要求，未来应在以下重点领域加强法治化建设，为全面提升危险废物治理能力提供法治保障。

一是进一步加强危险废物监管部门权责衔接，建立制度化的部门协调沟通机制。推动建立联席会议制度，完善顶层协调决策机制，合力研究、解决

---

① 案例来源："武清生态环境"微信公众号：《利刃出鞘，武清区严厉打击涉固体废物环境污染违法犯罪行为》，2022年3月9日，微信：https://mp.weixin.qq.com/s/CzlHTpDUb6CHhIXXgYaFzw。

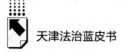
危险废物治理工作中的重大事项和综合问题，推动相关监管制度和政策措施创新。建立涉危险废物的部门监管信息共享机制，强化各部门工作信息沟通。统筹行政资源，完善相关审批、许可、查办业务衔接合作机制。

二是进一步完善危险废物环境管理信息化体系，提升智慧监管能力。进一步强化"以智管危""以智治废"。推动涉危险废物规范化管理业务流程全面在线操作，进一步提升现有危险废物综合监管信息系统的数字信息技术水平，强化智能化监控功能、预警功能、溯源跟踪功能，助力危险废物规范化管理和执法监测。

三是进一步实施危险废物鉴别管理制度，依法严格开展危险废物鉴别工作。积极落实国家危险废弃物鉴别管理办法，细化管理制度，制定天津市相关细则实施文件，规范危险废物鉴别程序和鉴别结果应用机制，强化对鉴别单位的规范化管理。积极推进新化学物质环境管理登记工作。

四是进一步规范危险废物经营相关管理制度，引导企业履行主体责任。加强危险废物投资引导，严格涉危险废物建设项目环境影响评价管理。进一步深化落实危险废物排污许可制度，规范危险废物经营活动。持续加强华北地区危险废物联防联控联治，推动区域合作共赢。

B.22

天津市行政复议妥善解决典型案例分析

天津市行政复议典型案例研究课题组*

摘　要： 近年来，天津着力推进行政复议案件妥善解决，取得了突出成效。行政复议机构以复议监督促依法行政，发挥行政复议化解纠纷纾解矛盾的功能。公安派出所行政处罚复议案件妥善解决，充分展示行政复议机构借助案件指导改进执法尺度，借助法律监督推动执法理念更新，借助以案释法实质性化解执法矛盾纠纷。行政复议工作助力行政机关增强依法行政能力，取得显著效果。完善行政复议工作，以强化案件审理，健全复议司法协调联动机制，完善行政复议意见书、建议书执行监督机制为方向，提高行政复议纠错率，推动行政案件实质性解决，全面提升行政执法工作水平，提高依法行政能力。

关键词： 行政复议　执法理念　案件指导

　　近年来，天津市各级行政机关通过行政复议以案促法，实现个案监督纠错与依法行政有机结合，以行政复议推动行政执法机关提升执法水平。各级行政机关按照《法治天津建设规划（2021~2025年）》和《天津市法治政府建设实施纲要（2021~2025年）》要求，严格落实公正执法、文明执法和规范执法，其中行政复议机关功不可没。行政复议还具有化解纠纷、纾解矛盾的功能。行政执法涉及行政相对人的利益或权益，不可避免衍生纠纷和

---

　　* 执笔人：张智宇，天津社会科学院法学研究所，助理研究员。市司法局提供相关资料。

矛盾。行政复议机构面对的往往是已经浮于表面或正在发酵的矛盾纠纷，唯有以更高站位、更宽视野审查案件，衡量其中风险，方可在维护法律尊严、维护行政执法权威、维护行政机关形象基础上，有效化解争议，实现真正案结事了。2020年以来，天津市倡导行政复议案件妥善解决，行政复议机关妥善解决行政争议，既能减少当事人不必要的诉累，又能避免大量司法及行政资源浪费，切实践行以人民为中心的发展理念。

一　天津市行政复议妥善解决典型案例概述

2020年12月17日，天津市公安局G派出所查实天津M企业协会未履行在全国互联网站安全管理服务平台（公安ICP备案网站）备案义务的情况，就此以不履行国际互联网备案职责为由对天津市M企业协会作出"行政处罚决定书"。M企业协会于2019年9月3日注册域名为tseda.cn的网站，后向工业和信息化部备案，但未在全国互联网站安全管理服务平台备案。G派出所根据《计算机信息网络国际联网安全保护管理办法》第12条、第23条的规定，对其给予警告处罚。

天津市M企业协会认为，未在公安系统备案没有主观过错，而且违法行为轻微，及时予以改正，没有造成任何不良影响和后果，G派出所作出的"行政处罚决定书"不符合行政执法的法治精神和理念，行政机关不能以罚代管，执法机关可以采取柔性执法方式处理。根据新修订的《行政处罚法》第33条规定，其不应当给予行政处罚，M企业协会不服行政处罚提起行政复议。

复议机关受理案件后，经过调查发现，M企业协会在2019年9月3日至2020年12月17日没有履行国际互联网备案职责，的确违反了《计算机信息网络国际联网安全保护管理办法》第12条的规定，对这一事实，申请人与被申请人双方没有任何异议，但对于是否处罚，双方分歧很大。行政复议机构审查后认为，对于是否处罚，应当根据M企业协会违法行为是否轻微、是否及时改正、是否造成危害后果综合判断。根据G派出所调查取证材料，M 企业协会是初次违法、网站浏览量不大、未发现造成有关危害后果，但未履行备案职责期间过长，对于计算机信息网络国际互联网安全产生一定客观影响。结合新修订的《行政处罚法》第33条的立法宗旨和实践趋势："违法行为轻微并及时改正，没有造成危害后果的，不予行政处罚。初次违法且危害后果轻微并及时改正的，可以不予行政处罚"，行政复议机构认为对 M 企业协会违法行为的处罚并非必须。

基于该判断和认定，行政复议机构与 G 派出所和 M 企业协会进行了沟通，G 派出所认同行政复议机构的意见并自行撤销了处罚决定，M 企业协会非常认同这一结果，主动撤回了行政复议申请。

二 天津市行政复议助力行政执法水平提升

行政机关执法水平不高在一定程度上影响了行政管理工作的有序开展，行政管理工作体现了行政机关运用法治思维和法治方式解决问题的能力和水平。在一定程度上，行政机关执法水平不高影响了人民群众对执法工作的认同感。行政复议机关借助行政行为合法性审查工作，充分发挥法律监督职能，间接督促行政机关改进执法理念、增强执法能力、提升执法水平。

（一）行政复议借助法律监督推动执法理念更新

此案例中申请人与行政机关争议的关键在于执法尺度的把握。实践中行政执法机关往往将案件类型化和执法模板化，尽管此做法能够形成统一的执法尺度和相对公平的执法结果，但并不等同作出的结论真正实现公平和合理。案件类型化有助于执法人员查清违法行为，也可能为执法人员忽视案件个性差异埋下伏笔，执法模板化帮助执法人员迅捷作出执法行为，也为案件公平合理处理留下隐患。随着时代发展与理念更新，行政执法更应与时俱进。近年来行政执法在公平执法、文明执法背景下，逐步推出善良执法和柔性执法理念，柔性执法强调公平执法前提下更多考虑法理和情理的融合。

此案例中，申请人未备案行为属于忽视或工作失误，但其并无对抗行政

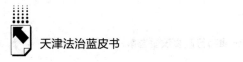

管理和刻意违反行政法规的主观基础。行政执法机关没有考虑案件自身特点，一味按照之前经验和照搬既往处罚模板，势必造成执法刻板和僵化，也给行政相对人形成行政执法冷硬无情的印象，无益于行政机关的公众形象。G派出所在复议审查中，行政复议机构复议工作人员与派出所充分沟通了不同位阶法律之间的衔接关系、柔性执法理念、新旧法衔接以及行政执法"三个效果"有机统一等方面的认识和理解。

行政复议通过对法律法规更深层的解读，彻底修正了行政执法机关的疏漏和不足，挽回行政机关的公众形象，更是以案释法。促成行政机关知晓行政执法的首要目的是保护和恢复法益和法律保护的某些秩序，首要任务是阻却违法行为的继续和负面影响，需始终秉持处罚是手段而非目的的理念，尽量减少对社会秩序的不良影响，引导行政执法机关接触柔性执法和善良执法的先进理念，以少罚慎罚为原则，在保护社会公益和社会秩序的同时，以更好的服务态度促进违法行为人改正违法行为、消除违法后果，促进阳光执法和和谐执法有机统一，为提升行政执法水平夯实基础。

（二）行政复议借助案件指导改进执法尺度

随着中央全面依法治国战略的持续深入推进，公民的权利意识日渐增强，对如何通过行政复议、行政诉讼等救济途径保护自己的权利有了更深入的认识。违法查处问题往往与当事人的自身利益密切相关，一旦有关执法部门作出调查处理，当事人极有可能通过行政复议、行政诉讼寻求救济。

执法尺度和处罚标准，是争议焦点和矛盾的关键。只有提高行政执法水平，提升办案质量，设置公平合理的执法尺度和有据可依的处罚标准，行政执法才能契合国家和社会的法治发展，行政机关适用法律，衡量执法尺度和采纳处罚标准，应坚持以人民为中心的行政执法理念，采取审慎原则，以事实为依据，及时领会新出台的法律政策规定。执法单位在日常行政执法工作中，工作人员首先应该加强自身的法律业务学习，积极主动地通过各种途径各种形式加强法律学习和业务研究，努力提高自身工作能力，采用公平合理有法可依的执法尺度和处罚标准。行政复议机关则应从全局出发，以更大程度的法律理解和更深层次的价值标准审查执法机关的执法尺度是否公平、是否切合实际，是否符合情理，考量处罚标准是否与法律规定一致，是否与法律理念契合，是否与立法本意相符。

在此案例中，行政复议机构对于行政相对人是否应得处罚，根据其违法行为是否轻微、是否及时改正、是否造成危害后果综合判断。认定其属于法律明确规定的"不予行政处罚"或"可以不予行政处罚"范围。借助案件指导，行政复议机关提示行政机关查处违法行为要综合违法行为人的主观过错、危害后果、及时改正消除违法影响的态度等因素，考量给予何种处罚，修正了原行政执法机关对于该案件的执法判罚，以实践案例方式修正改进行政执法机关的执法尺度。

（三）行政复议借助以案释法实质性化解执法矛盾纠纷

行政复议是在依法审查行政行为基础上化解行政争议，依法审查行政行为是过程，化解行政争议是目的。行政复议机构如果简单依照法条审理，后续难免出现行政诉讼，增加行政机关处理涉法涉诉事务成本，激化当事人与行政机关的矛盾。

在此案例中，行政复议机构主动了解申请人的真实意思和目的，针对性采取有助于当事人合法合理诉求解决的措施，统筹兼顾行政机关依法行政和当事人权益保护的关系。行政复议机构竭力做好法律解释工作，帮助治安派出所认识到其在没有充足证据证明 M 企业协会违法行为造成危害后果的情况下，直接依据《计算机信息网络国际联网安全保护管理办法》第 23 条的规定给予处罚，首先是没有深入理解《行政处罚法》与《计算机信息网络国际联网安全保护管理办法》的关系；其次是没有及时了解新修订的《行政处罚法》的立法趋势及背后的法治理念；最后是没有妥善做好行政处罚"三个效果"的有机统一，帮助派出所认同和理解其作出行政处罚决定并不妥当，G 派出所主动加强了有关法律的理解并自行撤销了处罚决定，M 企业协会对 G 派出所给予特别感谢，案件结果满足了当事人的需要，避免了行政纠纷激化。

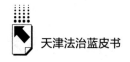
行政复议机构妥善化解了行政争议，以有效行动实质化解了行政争议，以实际行动践行了复议为民宗旨。实现了法律效果、政治效果和社会效果的有机统一。

三　完善行政复议工作的具体举措

（一）完善行政复议意见书、建议书执行监督机制

行政复议意见书和行政复议建议书是行政复议活动衍生的特殊法律文书，行政复议意见书督促行政执法机关或行政主体纠正违法行为或做好善后工作，行政复议建议书则是向有关机关发出的，就复议过程中发现法律法规以及规章实际实施的普遍性问题，提出完善制度和改进行政执法的建议，尽管两种法律文书作用和对象不尽相同，但都是行政复议机构向复议所涉行政行为作出的行政主体或行政执法机关发出的文书，其中列出的意见或建议需要接受者具体实施或后续改进工作。

本质上行政复议意见书、复议建议书是行政复议机构指导行政机关改进行政执法、提升行政管理水平的途径、手段。《行政复议法》没有对如何执行行政复议建议书、行政复议意见书作出具体规定，导致该两种行政复议文书缺乏明确的执行法律依据和强制效果。如何发挥行政复议意见书、行政复议建议书的作用和效果，需要制定相关执行监督机制。执行监督作为行政复议活动的配套机制和衍生活动，不仅需要明确的相关制度和管理规范，还需要长期不懈的督促和坚持。

近年来，天津市行政复议机构更加重视行政复议意见书发挥行政复议层级的监督作用，借助行政复议意见书督促行政机关落实行政执法"三项制度"，严格行政程序，规范行政行为，做到严格规范公正文明执法。建立健全相关行政复议意见书、行政复议建议书执行监督机制，对更好地发挥行政复议功能、提升行政执法水平具有重要现实意义。

（二）强化案件审理，提升行政复议纠错率

行政复议活动类似于司法程序的案件审理，行政复议机构对复议申请案件通过当堂审理和调查才能发现其中是否涉及行政违法。行政复议功能上具有倒逼依法行政的制度优势，行政复议目的在于从源头上规范共性执法问题。提升行政复议纠错率，对行政复议机构提出了高水准新要求，复议机构审慎进行案件审理，以行政复议人员的专业能力、长期培育行政法律素养为基础，通过个案审查检视行政行为不足和疏漏，以高质量案件审理及时纠正行政违法行为，推动行政机关提高依法行政总体水平。

行政复议机构应建构以变更决定为中心的行政复议决定体系，强化变更和责令履行等实质性改变决定形式。行政复议决定除对个案结论产生根本性影响外，其外部效果也因决定类型不同有明显差异。维持性决定更有助于维护行政行为作出机关的权威，但权威不等于公信力，片面强调维持性决定可能引发群众对行政机关感官下降和公信力缺失的负面效应。撤销性决定强调行政机关自行纠正行政违法行为，但行政机关常因自身"面子"考虑和处于"局中"的视野局限，自行纠正的初衷往往被搁置甚至被无视。变更性决定纠正行政机关作出错误的违法行为，既能维护行政机关的整体形象和公信力，又能直接指导行政行为作出机关提升行政管理水平和依法行政能力。

以变更性决定为中心提升行政复议纠错率，推动行政复议工作规范化建设，不断推出细化措施，提升行政复议案件质量。行政复议机构发挥复议平台监督作用，通过正反典型案件指导行政机关匡正执法行为。

（三）建立复议司法协调联动机制，提升行政争议实质性化解率

行政复议过程是对行政机关作出具体行政行为的重新审视。复议活动源于行政相对人的申请，其蕴含前提是行政相对人不认同行政机关先前的行政决定，对行政机关的具体行政行为不服。

复议活动一经启动，行政相对人和行政机关之间已经形成了源于行政决定的矛盾。行政复议机构肩负纾解矛盾、化解纠纷的职责。矛盾纠纷久拖不

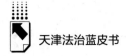

决的因素不限于违法行政，还包括有权机关的法律适用不统一、当事人法律理解差异、心理失衡和利益表达不畅等其他原因。法律适用不仅要在行政机关内部实现统一，还需要行政机关与具有审查行政行为职能的人民法院法律适用一致。法律适用统一既维护了行政复议决定的权威和公信力，也有助于实质性解决行政争议。

　　坚持以人民为中心，切实保护群众合法权益为宗旨的预防和实质化解行政争议，是实现社会治理现代化的关键。行政案件法律适用统一，需要行政复议机关与司法机关建立协调联动机制，共同发挥行政复议与行政审判各自的优势，推进法治共建和行政争议实质性化解。

参考文献

［1］徐运凯：《行政复议法修改对实质性解决行政争议的回应》，《法学》2021年第6期。

［2］马太建：《习近平法治思想中的推进依法行政建设法治政府理论》，《法治现代化研究》2022年第1期。

［3］张榆：《不予行政处罚决定之诉的利益和证据审查》，《人民司法》2021年第14期。

Abstract

The Report to the Party's 20th National Congress made strategic plans for "upholding the rule of law in all respects and promoting the construction of the rule of law in China", injecting strong legal impetus into the mighty ship of socialism with Chinese characteristics to ride the wind and waves and achieve steady and lasting progress.

In recent years, Tianjin has thoroughly studied and implemented Xi Jinping's thought of rule by law, and further promoted the construction of the rule of law in Tianjin. We will comprehensively implement the central government's overall plan for comprehensively governing the country according to law, adhere to the Party's leadership of comprehensively governing the city according to law, adhere to the people-centered, adhere to the integrated construction of the rule of law in Tianjin, the rule of law in the government and the rule of law in society, and speed up the process of the rule of law in all areas of economic, political, cultural, social and ecological progress. New progress has been made in building the rule of law in Tianjin. In building a law-based government, we will strengthen the problem-oriented, goal-oriented, and result-oriented approach, focus on trial, reform and innovation, serve the overall interests, and make coordinated progress. We will speed up the building of a system of government governance with clear responsibilities and law-based administration, and comprehensively build a law-based government that has scientific functions, statutory powers and responsibilities, strict law enforcement, open and fair, intelligent and efficient, clean and honest, and the people are satisfied with. It provides a strong legal guarantee for the comprehensive construction of a modern socialist metropolis.

The Office of the Commission for the Overall Law-based Governance of the

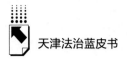
Tianjin Municipal Party Committee, Tianjin Law Society, and Tianjin Academy of Social Sciences compiled and published the Annual Report on the Rule of Law in Tianjin No. 2 (2022). It reflects the innovative measures, outstanding achievements and experience enlightenment of Tianjin in comprehensively implementing the overall plan of the central government to comprehensively govern the country by law and promoting the construction of the government under the rule of law, which is of great significance for further promoting the construction of the rule of law in Tianjin.

The book is composed of a general report and 21 sub-reports in thematic section. The general report gives the complete statement of Tianjin's enforcement of the Party Central Committee's strategic plan for overall law-based governance since 2018, the initial success and experiences of the elevation of Tianjin's construction of a law-based government. Furthermore, the general report analyzes the large amounts of practical innovations of Tianjin's law-based governmental construction, introduces the key breakthroughs among it, and puts forward the outlook for the future.

The sub-reports elaborate on the important aspects of Tianjin's building of a law-based government, which include the reform practice of promoting the law-based business environment in Tianjin, the specific methods of motivating the law-based administrative decision-making, the rewarding experiences of facilitating the standardization of administrative law enforcement and strengthening the supervision of law enforcement, and the practical innovation in administrative litigation.

In thematic section, the related sub-reports concentrate on several major projects and priority programs in Tianjin's building of a law-based government. In terms of the demonstrative construction of law-based government, the relevant reports systematically summarize the accomplishment and experience of Binhai New Area's supervision platform of law enforcement and Xiqing District's comprehensive demonstration area of law-based government. Furthermore, the sub-reports of this part also summarize some major programs of the building of a law-based government.

In countermeasure research part, the related sub-reports make a thorough analysis on some aspects of practical exploration and reform and innovation in

Tianjin's law-based government and put forward the development proposals for the future. According to the reports, there is still a broader space for reform in building a law-based government.

In the section of typical highlights and case series, the related sub-reports summarize the highlights in the aspects of intellectual property administrative protection, hazardous waste management, administrative reconsideration and proper settlement of administrative litigation. The related reports select typical cases for illustration and outline the impetus role of specific cases in the construction of a law-based government.

Keywords: Prospect of Rule of Law; Law-Based Governance; Law-Based Administration of Government; Practical Exploration

Contents

I General Report

Abstract: The report of the 20th National Congress of the Communist Party of China pointed out that "building a law-based government is the key task and main project of comprehensively ruling the country by law. " In recent years, Tianjin has deeply promoted the construction of the government under the rule of law, and made significant achievements in scientific government legislation, transforming government functions, optimizing decision-making mechanism, strict administrative law enforcement, optimizing business environment, strengthening law enforcement supervision and other aspects. The construction of the city's law-based government jumped to a new level in terms of administrative ability and administrative law enforcement. Strengthening the leadership responsibility, helping scientific decision-making, enhancing the ability of administration according to law, strengthening the supervision of administrative power, improving the supervision mechanism of administrative law enforcement, further promoting the openness of government affairs and resolving social conflicts are all measures to build the government under the rule of law with Tianjin characteristics. In view of the current problems, during the "14th Five-Year Plan" period, the construction of the government under the rule of law in Tianjin will strengthen the leadership of the Party and carry out further exploration and innovation to complete the construction goal of the government under the rule of law.

Keywords: Government Under the Rule of Law; Tianjin; Administration According to Law; Government Service

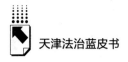
II Sub Reports

B.2   Promote the Legalization of Business Environment

Reform Practice in Tianjin

Research Group on the Legalization of Business

Environment of Tianjin / 033

Abstract: In recent years, Tianjin business environment construction has made great achievements. With regard to legalization, we improve the business environment by rule of law thinking and rule of law way, deepen the reform of the administrative examination and approval system, innovate and improve market supervision, and promote the innovative development of market entities. In terms of internationalization, strengthen the docking to relevant international rules and continue optimize the development environment of foreign trade. Among them, the "one system and three changes" reform highlight, digital government services achieved remarkable results. Further deepening the business environment in Tianjin, we can continually follow up and make efforts in three areas: promote the digitalization of government services and optimize service operation, deepen the reform of "one system and three changes" and realize the greatest convenience for private enterprises, strengthen institutional development and improve the effectiveness of business environment construction.

Keywords: Business Environment; Legalization; Internationalization

B.3 Achievements, Experience and Optimization
Thinking of Tianjin in Promoting the Legalization of
Major Administrative Decisions

Research Group on Legalization of Administrative

Decision-Making of Tianjin / 050

Abstract: Tianjin has achieved remarkable results in promoting the
legalization of major administrative decision-making, especially actively promoting
the institutionalization of administrative decision-making, the main performance is
to strengthen the decision-making consciousness scientifically, democratically and
legally of leaders and cadres, to strengthen the system construction and perfect the
system of major administrative decision-making, to promote the level of
legalization in major administrative decision-making through the catalogue
management, and to promote the establishment of municipal's major administrative
decision-making consultation and argumentation expert database; strictly follow the
procedures of public participation, expert evaluation, risk assessment, legality
review, and collective discussion and decision. Various functional departments have
gained a series of experiences in promoting the legalization in major administrative
decision-making, and highlight the work of legal advisers and public lawyers in
party and government organs. Next, we should further optimize the legalization of
major administrative decision-making from the aspects of perfecting the working
mechanism of government legal counsel, establishing a standardized and unified
legality examination working mechanism, and strengthening the construction of
public participation mechanism.

Keywords: Major Administrative Decision-Making; Legalization; Optimization
Ideas

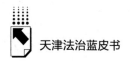

B.4 Tianjin's Innovative Practice and Prospect of Promoting the Standardization of Administrative Law Enforcement and Supervision

Tianjin Administrative Law Enforcement and Supervision Standardization Research Group / 065

Abstract: The standardized construction of administrative law enforcement and supervision is an important starting point to speed up the construction of law-based government. It is a fundamental and strategic measure to accurately grasp the rule of law and promote the long-term development of administrative undertakings. It is also an inevitable requirement to effectively safeguard the vital interests of the broad masses of the people and implement the basic strategy of governing the country by law. To improve administrative law enforcement and supervision, we should make timely plans, adhere to the construction principle of system layout, efficiency first and rules first, and rely on modern intelligent technology and the core value guidance of administrative law to improve the internal system and rule system, so as to truly realize the self-restraint and self-correction of administrative power.

Keywords: Administrative Law Enforcement; Administrative Supervision; Standardization

B.5 Practical Innovation and Prospect of Administrative Litigation in Tianjin

Research Group on Administrative Litigation in Tianjin / 081

Abstract: The administrative litigation system is the crucial part of the legal institutions under socialism with Chinese characteristics. It plays an important role in safeguarding the legitimate rights and interests of the people, promoting the construction of a law-based government and administration according to law, and resolving social contradictions and disputes. In the past five years, Tianjin actively promoted the institutional implementation of the administrative litigation reform, innovated the work cohesive mechanism of administrative litigation, strengthened the benign judicial and administrative interaction, and explored the multiple settlement mechanism of social contradictions. Tianjin has made a series of practical and innovative accomplishments in promoting the perfection of administrative public interest litigation system, focusing on solving administrative cases related to people's livelihood and giving play to the function of maritime administrative adjudication. Tianjin will continue to improve the effectiveness of administrative litigation, explore a new mode of "lawsuit source management", and enhance the ability to substantively resolve administrative disputes.

Keywords: Administrative Litigation; Administrative Public Interest Litigation; Maritime Administrative Adjudication; Lawsuit Source Management

B.6　Practice and Exploration of the Third-Party Evaluation of

the Construction of the Rule of Law Inspector and

the Rule of Law Government in Tianjin

Tianjin Legal Supervision and Evaluation Research Group / 096

Abstract: Rule of law inspections and third-party assessments are important means to promote the construction of our government under the rule of law. In accordance with the existing problems and rectification suggestions listed by the rule of law inspectors and third-party assessments, strengthening their implementation and rectification will contribute to constantly promote the high-quality development of the construction of a rule of law government. In 2021, Tianjin Municipal Office of the Rule of Law will organize the city-wide legal inspection work closely around the "implementation of the system, the implementation of supervisory responsibilities, and the implementation of investigation work", and remarkable

results have been achieved. In the same year, a professional evaluation agency was hired to conduct a third-party evaluation of the construction of the rule of law government, which was helpful for self-examination in the construction of the rule of law government. Through the combination of supervision and evaluation, rectification promotes development, and promotes the continuous improvement of the construction level of Tianjin's rule of law government.

Keywords: the Construction of the Rule of Law Government; the Rule of Law Supervision; the Third-Party Evaluation; the Combination of Supervision and Evaluation

B.7 Practice and Improvement of the System of Legal Counsels and Public Lawyers in Party and Government Organs

Research Group on Public Lawyers & Legal Counsels / 110

Abstract: Tianjin Municipal Committee of the Communist Party of China and Tianjin Municipal Government have issued a series of documents including Opinions on the Implementation of the Legal Counsel System and the Legal System of Public Service Lawyers and Opinions on Further Deepening the Work of Government Legal Counsel to guide and standardize the work of legal counsels and public lawyers, the contents of which cover range of responsibilities, conditions for recruitment, rights and obligations, management mechanism, etc. The system of legal counsels and public lawyers in Party and government organs has been increasingly improved. In terms of system operation, the transformation from "tangible coverage" to "effective coverage" has been preliminarily realized. Looking into the future, we should continue to promote the system optimization in terms of clarifying the division of labor between legal counsel and public lawyer, giving full play to the decision-making role of legal counsels, and innovating the management mode.

Keywords: Party and Government Organs Legal Counsel; Public Lawyer; Law-Based Government; System Construction

B.8 Practice and Prospect of the System of Law Study

and Law Examination for National Staff in Tianjin

Research Group on the Study and Application of

Law by State Functionaries / 122

Abstract: In recent years, Tianjin has adhered to the guidance of the system, promoted learning through examinations, and combined learning with application, continued to explore and innovate, strengthened assessment and supervision, and continued to promote the institutionalization, standardization, and long-term effect of the national staff's study of law and law examination. Remarkable results have been achieved. Practical innovations such as the independent research and development of the online law study system and the exploration and establishment of a law study and usage list system have produced positive demonstration effects in the country.

Keywords: National Staff; Learning; Using and Testing Law; Innovative Measures

Ⅲ   Special Reports

B.9 Innovative Practice and Experience Enlightenment of Tianjin

Binhai New Area Law Enforcement Supervision Platform

Binhai New Area Law Enforcement Supervision

Platform Research Group / 134

Abstract: To further standardize the Tianjin Binhai New Area administrative law enforcement organs of administrative behavior examination, promote accurate, efficient, standardized, civilized law enforcement, Binhai New Area build a comprehensive, three-dimensional, full coverage of the administrative law enforcement surveillance platform, promote the rule of law the Binhai coastal fusion depth and wisdom, the administrative supervision function upgrade platform, power construction of the rule of law government innovation

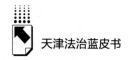

development, We will constantly strengthen the aggregation and management of law enforcement information, improve the ability to analyze and apply law enforcement information, and timely identify weak links in administrative law enforcement, so as to provide strong support for strengthening and improving administrative law enforcement, administrative legislation, administrative decision-making and risk prevention.

Keywords: Administrative Law Enforcement; Supervision Platform; Data Sharing

B.10 Practice and Exploration of Establishing Comprehensive Demonstration Area by Demonstration of Government Ruled of Law in Xiqing District

Tianjin Xiqing District Legal Government Demonstration

Creation Research Group / 146

Abstract: Since the establishment of the comprehensive demonstration zone for the demonstration of the rule of law government, Xiqing District has deeply promoted the reform of "releasing, managing and serving", optimized the business environment, simplified the government organization structure, strengthened the standardization of administrative document management, promoted the scientific, democratic and legal administrative decision-making, deepened the reform of administrative examination and approval and administrative law enforcement system, improved the administrative law enforcement supervision mechanism, and strengthened the supervision and restriction mechanism, We will build a diversified dispute resolution mechanism, constantly improve our ability to administer according to law, promote energy conservation and environmental protection, innovate social governance and public legal services, and comprehensively build a digital government ruled by law. It has carried out innovative practice of rule of law in many fields and achieved positive results.

Keywords: Xiqing District; Rule of Law Government; Demonstration Creation; Legal Administration; Law Enforcement Supervision

B.11　Practice Analysis of the Evaluation System of "Typical Poor Cases" and "Exemplary Excellent Cases" of Administrative Law Enforcement in Tianjin

Research Group on the Evaluation System of "Typical Poor Cases"

and "Exemplary Excellent Cases" of Administrative Law

Enforcement in Tianjin / 161

Abstract: The reform of administrative law enforcement has always been an extremely important part of the national governance system and an inevitable requirement for improving the country's governance capacity. Since the Fourth Plenary Session of the 19th CPC Central Committee, the reform of administrative law enforcement has been deepened. Tianjin carried out the evaluation of "typical poor cases" of administrative law enforcement and the selection of "excellent model cases". The typical experience of "good and bad evaluation" of administrative law enforcement is the innovative system of promoting administrative law enforcement in Tianjin, which has been recommended by the Central Office of the Rule of Law. Through this system, the experience and innovative practices of administrative law enforcement in Tianjin were summarized in a timely manner, the problems and weaknesses in administrative law enforcement were found and corrected, and the combination of positive guidance and reverse spur was realized to improve the law enforcement ability and standardize the law enforcement behavior.

Keywords: Administrative Law Enforcement; Good and Bad Double Evaluation; Institution Standard

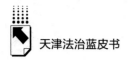
天津法治蓝皮书

B.12 Empirical Study on Overcoming the Problem of Legalization in Grassroots Social Governance

—*A Case Study of "Enclave" Management*

Tianjin "Enclave" Management Research Group / 175

Abstract: With the development of social economy and the urbanization process accelerated, a large number of "enclaves" accumulated in the process of urban planning and social construction in Tianjin. Due to the inconsistency of administrative division and jurisdiction and the unclear responsibility of social governance, there is a blind area of management and service in the "enclaves", and the living environment, social services and rights and interests protection of residents in the "enclaves" can not obtain sufficient social support and protection. Tianjin adhered to the principle of administrative localization. By standardizing the governance process, increasing the participation of multiple subjects, integrating the means of governance and promoting the construction of wisdom, Tianjin had overcomed the difficulties of grassroots social governance in "enclaves", and constantly promotes the modernization and legalization of grassroots social governance.

Keywords: Social Governance; "Enclaves"; Localization; Legalization

B.13 The Innovative Practice of "12345" Government Service Hotline in Tianjin

Research Group on Tianjin Government Service Hotline / 185

Abstract: Since the merger of Tianjin 12345 Government Service Convenience Hotline, it has paid close attention to the optimization of service processes and system upgrades, coordinated the prevention and control of epidemics and unblocked telephone calls, insisted on speed, strength and warmth in work, and effectively resolved the complaints of enterprises and the public. It has accumulated a series of experience and practices in innovative development, operation mechanism, collaborative joint office, and intelligent service. The 12345 government service convenience hotline will further improve the functions of the new system, straighten out the acceptance of government service matters, continue to optimize the work process, improve the accountability mechanism for immediate handling of complaints and supervision, and promote the scene-based and precise construction of the knowledge base. It will continue to play an important role in social stability, grassroots governance, and resolving conflicts.

Keywords: Government Service Convenient Hotline; Service-Oriented Government; Closed Loop Operation; People's Livelihood Project

B.14　On the System Construction of Tianjin Digital

Government Rule of Law from "Jinxinban"

Research Group of Tianjin Digital Government

Ruled of Law / 200

Abstract: In recent years, Tianjin has further promoted the construction of a government ruled by law, relied on digital means to innovate government management and improved public service efficiency. Actively explore the "Internet + government service", established the "Jin xin ban" platform, and strived to promote the construction of the city's integrated government service platform. The "Jin xin ban" platform integrates the city's mobile government services. It is a mobile "general window" for all regions and departments to provide government services. It provides one-stop government services for the public and enhances the quality and efficiency of services for the people in an intelligent manner. Our city will continue to optimize the "Jin xin ban" platform, promote the standardization, standardization and interconnection of the mobile end of the integrated government service platform, and lay a solid foundation for the transformation of the digital government. At the same time, based on the

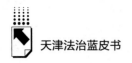
characteristics of the city and the demand for government services, and relying on the "Jin xin ban" platform, we will promote the construction of a standardized, accurate and intelligent digital legal government system.

Keywords: "Jin Xin Ban"; Government Service; Digital Government; Rule of Law Government

B.15 Exploration and Practice of Continuous Improvement of Real Estate Registration Services in Tianjin

Tianjin Real Estate Registration Service Research Group / 215

Abstract: Tianjin has further promoted the institutional innovation of real estate registration, and ensured the legal and compliance of real estate transaction process through standardized management. We will extend service hours and shorten the registration time limit to continuously improve the quality and efficiency of real estate registration services. Through the "Internet Plus" real estate registration, the digital reform has been continuously promoted, and the expansion of "Real estate registration in one network" and online real estate registration business has been promoted. It has launched a new reform measure of "three synchronizations" of house delivery, land delivery and certificate delivery, normalized the "delivery of housing and land is delivery of certificates at the same time", and explored the mode of "delivery of ground delivery of certificates at the same time". The core of the reform experience of Tianjin real estate registration is to pay attention to the overall planning, carry out the work creatively, and develop the "Tianjin Model" of real estate registration.

Keywords: Real Estate; Registration Service; All in One Network; Reform and Innovation

Abstract: In recent years, Tianjin emergency management department has thoroughly studied and implemented Xi Jinping's thought of rule by law, intensified efforts to spread the law in emergency response. We will perform emergency management functions in accordance with the law, improve the law-based decision-making mechanism, and enhance our law-based administrative capacity. We will advance the reform of administrative law enforcement for emergency management, carry out classified and tiered law enforcement for work safety, implement the "double random" law enforcement method, innovate emergency management, carry out special treatment, consolidate safety responsibilities, and intensify law enforcement supervision. We will make government information public and improve mechanisms for resolving disputes in accordance with the law. We will accelerate the construction of a digital emergency management system.

Keywords: Emergency Management; Rule of Law; System Construction; Bability Improvement

Ⅳ Reform and Innovation

Abstract: Tianjin innovates and develops the "Fengqiao Experience" in the new era, establishes a three-layer coordinated mediation and settlement center for

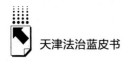

social contradictions and disputes at the city, district, street and township levels, forms a one-stop platform, provides a "package" solution and an "integrated" operation for mediation and settlement of contradictions and disputes. These mechanisms strengthen the system for preventing and resolving social conflicts and disputes under the leadership of the CPC, give priority to unimpeded expression of people's interests, focus on preventing the source of social conflicts, and develop the unique characteristics and innovations by relying on a solid system of community-level governance. Tianjin will improve the ability of early detection, perception, prevention and local resolution of the social conflicts through "big data plus gridding", "full-cycle management", and integration of diverse resources. Tianjin will also enhance the supporting capacity based on grassroots governance and voluntary services, and strengthen the law-based governance capacity with the legal thinking.

Keywords: Social Conflicts; Coordinated Mediation and Settlement Center; Integrated Mechanism; Grassroots Governance

B.18 The Practice and Exploration of Tianjin Procuratorial Organs Bringing Administrative Public Interest Litigation

Tianjin Public Interest Litigation Research Group / 251

Abstract: In order to serve the overall situation of the construction and development of the rule of law in Tianjin, the procuratorial organs at all levels in Tianjin actively open up a new situation of administrative public interest litigation from the political height of promoting the construction of a government ruled by law. Since 2019, the overall structure of administrative public interest litigation cases in Tianjin has been stable, the number of cases has steadily increased, the field of handling cases has continued to expand, and the pre litigation procedures have been efficiently promoted. At the same time, procuratorial organs at all levels in Tianjin have actively explored from the aspects of expanding the scope of cases, promoting systematic governance, improving pre litigation procedures, and innovating systems and mechanisms, so as to improve the quality and efficiency of administrative public interest litigation. In order to further improve the administrative public interest litigation system in Tianjin, the procuratorial organs also need to continuously expand the scope of cases in new areas around the system positioning; innovate means, change thinking, and effectively improve the ability of investigation and evidence collection; focus on the implementation effect, promote the optimization of pre litigation procuratorial suggestions, and contribute the " Tianjin plan " to protect public interests and promote administration according to law with rich procuratorial practice.

Keywords: Administrative Public Interest Litigation; Pre-litigation Procuratorial Suggestion; Power Supervision; Construction of Government under the Rule of Law

B. 19   Tianjin's Innovative Practice and Prospect of Promoting the

Rule of Law in Grass roots Governance

Research Group on the Legalization of Grass-roots

Governance in Tianjin / 265

Abstract: In recent years, Tianjin promotes innovation of government management and social governance model, it focuses on four aspects of power checks and balances, rights protection, benign interaction between power and rights, and building a social rule of law, it has made some beneficial practices and explorations in the construction of the rule of law in grass-roots governance. However, from the perspective of effectiveness, there are still problems such as imperfect construction system, weak social governance capacity and weak basic work at the grass-roots level. We should deepen the concept of administering the country according to law, pay close attention to the construction of the contingent, protect the rights and interests of the masses, and promote the

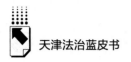

integration of "three governance" to further strengthen the construction of the rule of law in Tianjin's grass-roots governance.

Keywords: Power Checks and Balances; Rights Protection; Benign Interaction; Rule of Law; Integraton of "Three Governance"

V   Typical Instance

B. 20   The Innovative Practice and Prospect of Administrative

Protection of Intellectual Property in Tianjin

Tianjin Intellectual Property Protection Research Group / 279

Abstract: In terms of administrative protection of intellectual property rights, Tianjin has formed six aspects of experience, including: a comprehensive regulatory system covering production and sales, a combination of reporting and active law enforcement, the collaborative construction of administrative protection and criminal protection of intellectual property rights, laying a solid rules and regulation foundation of intellectual property rights, raising the cost of intellectual property infringement, and strengthing trademark protection. For the sake of furtherly strengthening the high level of intellectual property protection, Tianjin should continue to take the following measures: attaching importance to ideological guidance and promote the administrative protection of intellectual property; improving the working mechanism to comprehensively enhance the legalization level of intellectual property rights administrative protection; intensifying the publicity of law to actively create a good public opinion environment for intellectual property rights; strengthening the supply of institutions, and consolidate the legal foundation of intellectual property administrative protection; intensifying the coordination mechanism and building the work pattern of "strict protection" of intellectual property; innovating law enforcement methods and forming a long-term governance mechanism for intellectual property rights administrative protection.

B.21 Typical Practices of Legalization of Hazardous Waste Management in Tianjin

Tianjin Hazardous Waste Treatment Research Group / 290

Abstract: In recent years, Tianjin has deeply practiced Xi Jinping's Thoughts on Ecological Civilization and Xi Jinping's Thoughts on the Rule of Law, continued to raise its political stance and promote the management of hazardous waste. A series of management regulations have been issued, such as Tianjin Eco-Environmental Protection Responsibility List, Notice on strengthening the supervision of hazardous waste in 2021, Tianjin "14th Five-Year" Programme of work on hazardous waste standardized environmental management assessment, etc. According to these regulations, Tianjin has deepen its functions of hazardous waste management, strived to improve the standardized supervision system of hazardous waste, carried out a series of intensive rectification actions, optimized the law enforcement methods of hazardous waste management, and promoted the comprehensive improvement of the level and capacity of hazardous waste management with the use of rule of law.

Keywords: Eco-environment; Hazardous Waste; Environmental Protection Enforcement; Rule-of-Law Government

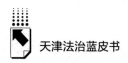

B. 22   Analysis of Typical Cases Appropriately Solved by

Administrative Reconsideration in Tianjin

Research Group on the Typical Cases of Administrative

Reconsideration in Tianjin / 301

Abstract: Tianjin's administrative reconsideration organization advances law-based administration by virtue of reconsideration supervision. In recent years, Tianjin advocates the appropriate settlement of cases by administrative reconsideration. Tianjin Jinjie Police Station properly solved cases through administrative sanction reconsideration, which fully demonstrates that administrative reconsideration improves law enforcement standards by means of guiding cases, promotes the renewal concept of law enforcement with the help of legal supervision, and substantively resolves law enforcement contradictions and disputes through case interpretation. Tianjin's administrative reconsideration assists the administrative departments to enhance their law-based administrative capacity in following manners: by improving the supervision mechanism for the implementation of administrative reconsideration opinions and suggestions, perfecting the jurisdictional coordination mechanism to improve the substantive resolution of administrative cases, strengthening case hearing, and realizing better error-correcting.

Keywords: Administrative Reconsideration; Concept of Law Enforcement; Guiding Cases

皮 书

智库成果出版与传播平台

❖ 皮书定义 ❖

皮书是对中国与世界发展状况和热点问题进行年度监测，以专业的角度、专家的视野和实证研究方法，针对某一领域或区域现状与发展态势展开分析和预测，具备前沿性、原创性、实证性、连续性、时效性等特点的公开出版物，由一系列权威研究报告组成。

❖ 皮书作者 ❖

皮书系列报告作者以国内外一流研究机构、知名高校等重点智库的研究人员为主，多为相关领域一流专家学者，他们的观点代表了当下学界对中国与世界的现实和未来最高水平的解读与分析。截至2021年底，皮书研创机构逾千家，报告作者累计超过10万人。

❖ 皮书荣誉 ❖

皮书作为中国社会科学院基础理论研究与应用对策研究融合发展的代表性成果，不仅是哲学社会科学工作者服务中国特色社会主义现代化建设的重要成果，更是助力中国特色新型智库建设、构建中国特色哲学社会科学"三大体系"的重要平台。皮书系列先后被列入"十二五""十三五""十四五"时期国家重点出版物出版专项规划项目；2013~2022年，重点皮书列入中国社会科学院国家哲学社会科学创新工程项目。

皮书网

（网址：www.pishu.cn）

发布皮书研创资讯，传播皮书精彩内容
引领皮书出版潮流，打造皮书服务平台

栏目设置

◆ 关于皮书

何谓皮书、皮书分类、皮书大事记、
皮书荣誉、皮书出版第一人、皮书编辑部

◆ 最新资讯

通知公告、新闻动态、媒体聚焦、
网站专题、视频直播、下载专区

◆ 皮书研创

皮书规范、皮书选题、皮书出版、
皮书研究、研创团队

◆ 皮书评奖评价

指标体系、皮书评价、皮书评奖

◆ 皮书研究院理事会

理事会章程、理事单位、个人理事、高级
研究员、理事会秘书处、入会指南

所获荣誉

◆ 2008 年、2011 年、2014 年，皮书网均
在全国新闻出版业网站荣誉评选中获得
"最具商业价值网站"称号；

◆ 2012 年，获得"出版业网站百强"称号。

网库合一

2014年，皮书网与皮书数据库端口合
一，实现资源共享，搭建智库成果融合创
新平台。

皮书网

"皮书说"
微信公众号

皮书微博

权威报告·连续出版·独家资源

皮书数据库
ANNUAL REPORT(YEARBOOK)
DATABASE

分析解读当下中国发展变迁的高端智库平台

所获荣誉

- 2020年，入选全国新闻出版深度融合发展创新案例
- 2019年，入选国家新闻出版署数字出版精品遴选推荐计划
- 2016年，入选"十三五"国家重点电子出版物出版规划骨干工程
- 2013年，荣获"中国出版政府奖·网络出版物奖"提名奖
- 连续多年荣获中国数字出版博览会"数字出版·优秀品牌"奖

皮书数据库　　"社科数托邦"
　　　　　　　微信公众号

成为会员

　　登录网址www.pishu.com.cn访问皮书数据库网站或下载皮书数据库APP，通过手机号码验证或邮箱验证即可成为皮书数据库会员。

会员福利

- 已注册用户购书后可免费获赠100元皮书数据库充值卡。刮开充值卡涂层获取充值密码，登录并进入"会员中心"—"在线充值"—"充值卡充值"，充值成功即可购买和查看数据库内容。
- 会员福利最终解释权归社会科学文献出版社所有。

数据库服务热线：400-008-6695
数据库服务QQ：2475522410
数据库服务邮箱：database@ssap.cn
图书销售热线：010-59367070/7028
图书服务QQ：1265056568
图书服务邮箱：duzhe@ssap.cn

社会科学文献出版社　皮书系列
SOCIAL SCIENCES ACADEMIC PRESS (CHINA)
卡号：228198619869
密码：

S 基本子库
UB DATABASE

中国社会发展数据库（下设 12 个专题子库）

紧扣人口、政治、外交、法律、教育、医疗卫生、资源环境等 12 个社会发展领域的前沿和热点，全面整合专业著作、智库报告、学术资讯、调研数据等类型资源，帮助用户追踪中国社会发展动态、研究社会发展战略与政策、了解社会热点问题、分析社会发展趋势。

中国经济发展数据库（下设 12 专题子库）

内容涵盖宏观经济、产业经济、工业经济、农业经济、财政金融、房地产经济、城市经济、商业贸易等 12 个重点经济领域，为把握经济运行态势、洞察经济发展规律、研判经济发展趋势、进行经济调控决策提供参考和依据。

中国行业发展数据库（下设 17 个专题子库）

以中国国民经济行业分类为依据，覆盖金融业、旅游业、交通运输业、能源矿产业、制造业等 100 多个行业，跟踪分析国民经济相关行业市场运行状况和政策导向，汇集行业发展前沿资讯，为投资、从业及各种经济决策提供理论支撑和实践指导。

中国区域发展数据库（下设 4 个专题子库）

对中国特定区域内的经济、社会、文化等领域现状与发展情况进行深度分析和预测，涉及省级行政区、城市群、城市、农村等不同维度，研究层级至县及县以下行政区，为学者研究地方经济社会宏观态势、经验模式、发展案例提供支撑，为地方政府决策提供参考。

中国文化传媒数据库（下设 18 个专题子库）

内容覆盖文化产业、新闻传播、电影娱乐、文学艺术、群众文化、图书情报等 18 个重点研究领域，聚焦文化传媒领域发展前沿、热点话题、行业实践，服务用户的教学科研、文化投资、企业规划等需要。

世界经济与国际关系数据库（下设 6 个专题子库）

整合世界经济、国际政治、世界文化与科技、全球性问题、国际组织与国际法、区域研究 6 大领域研究成果，对世界经济形势、国际形势进行连续性深度分析，对年度热点问题进行专题解读，为研判全球发展趋势提供事实和数据支持。

法律声明

"皮书系列"（含蓝皮书、绿皮书、黄皮书）之品牌由社会科学文献出版社最早使用并持续至今，现已被中国图书行业所熟知。"皮书系列"的相关商标已在国家商标管理部门商标局注册，包括但不限于LOGO（▦）、皮书、Pishu、经济蓝皮书、社会蓝皮书等。"皮书系列"图书的注册商标专用权及封面设计、版式设计的著作权均为社会科学文献出版社所有。未经社会科学文献出版社书面授权许可，任何使用与"皮书系列"图书注册商标、封面设计、版式设计相同或者近似的文字、图形或其组合的行为均系侵权行为。

经作者授权，本书的专有出版权及信息网络传播权等为社会科学文献出版社享有。未经社会科学文献出版社书面授权许可，任何就本书内容的复制、发行或以数字形式进行网络传播的行为均系侵权行为。

社会科学文献出版社将通过法律途径追究上述侵权行为的法律责任，维护自身合法权益。

欢迎社会各界人士对侵犯社会科学文献出版社上述权利的侵权行为进行举报。电话：010-59367121，电子邮箱：fawubu@ssap.cn。

社会科学文献出版社